아프면 보이는 것들

**한국 사회의 아픔에 관한
인류학 보고서**

아프면 보이는 것들

한국 사회의 아픔에 관한 인류학 보고서

1판 1쇄 | 2021년 8월 2일

기획 | 의료인류학연구회
지은이 | 제소희, 김지원, 서보경, 윤은경, 박영수, 강지연, 이기병,
　　　　김태우, 이현정, 이예성, 김보영, 유기훈, 김관욱

펴낸이 | 정민용
편집장 | 안중철
책임편집 | 강소영
편집 | 윤상훈, 이진실, 최미정

펴낸곳 | 후마니타스(주)
등록 | 2002년 2월 19일 제2002-000481호
주소 | 서울 마포구 신촌로14안길 17, 2층 (04057)
전화 | 편집_02.739.9929/9930 영업_02.722.9960 팩스_0505.333.9960

블로그 | humabook.blog.me
트위터, 페이스북, 인스타그램 | @humanitasbook
이메일 | humanitasbooks@gmail.com

인쇄 | 천일문화사_031.955.8083
제본 | 일진제책사_031.908.1407

값 18,000원

ISBN 978-89-6437-380-4 93300

한국 사회의 아픔에 관한
인류학 보고서

의료인류학연구회 기획

보이는

후마니타스

제소희
김지원
서보경
윤은경
박영수
강지연
이기병
김태우
이현정
이예성
김보영
유기훈
김관욱

차례

일러두기

❖ 책에 인용되는 모든 구술자의 이름은 이니셜 또는 가명으로 처리했다.
  가명의 경우 본문에 처음 등장하는 이름 뒤에 '(가명)'이라고 표기했다.

❖ 단행본·간행물에는 겹낫표(『 』)를, 논문·기사에는 홑낫표(「 」)를,
  영화·노래 등의 제목과 온라인 매체명에는 홑화살괄호(< >)를 사용했다.
  처음 나오는 법령에는 큰따옴표(" ")로 표시했다.

의학 너머의 아픔에 관한 인류학 보고서

고통, 죽음, 애도의 실존적 과정은 우리가 합리적이라고 생각하는 이성이나 기술에 의해 변질되었으며 이러한 변질을 통해 고통의 치유책에 대한 관심은 더욱 옅어진다.[1]

"아파 본 사람은 안다." 이 말의 의미를 이해하지 못하는 사람은 아마 없을 것이다. 아픔을 이해하거나 아픈 사람을 돌보기 위해 반드시 아파 볼 필요는 없겠지만, 아파 본 사람과 그렇지 않은 사람 간의 오해는 제법 깊을 수 있다. 이 책은 바로 그 오해의 폭을 좁혀 보고자 하는 인류학 연구자 열세 명의 노력을 담아낸 것이다. 오늘날 미디어를 보면 현대 의학의 지식과 기술이 해결하지 못하는 아픔이란 없는 것처럼 느껴질 때도 있다. 코로나19 같은 팬데믹 상황에서 사람들은 현대 의학이 초월적 힘이라

---

1 아서 클라인먼 외, 『사회적 고통』, 안종설 옮김, 그린비, 2002, 11쪽.

도 발휘하기를 바란다. 백신과 치료제를 하루빨리 개발해 인류를 구원하기를 기대한다. 그러나 의학이 아무리 발달해 개개인이 겪는 아픔을 치료하고 고통을 완화시키더라도, 아픔의 경험이 남긴 상처를 온전히 치유하지는 못한다. 의학적 치료는 유한하고 때가 되면 종결되지만, 아픔은 많은 경우 당사자나 그 가족의 몫으로 남는다. 애초에 의학적 치료의 대상으로 인정받지 못하거나 배제되는 아픔도 있다. 똑같은 아픔이라도 누구의 것인지에 따라 의학적 개입이 달라지기도 한다. 이 책은 이처럼 현대 의학 너머 이해되지 못한 아픔들에 다가가기 위해 기획됐다. 책은 하나의 범주로 묶을 수 없을 정도로 정말 다양한 아픔의 주제들을 다룬다. 이 아픔들을 경유해 한국 사회에서 아픔의 사각지대에 있는 삶들을 보게 되길 바란다. 특히 의학으로 다 설명되지 않는 아픔과 함께 살아가거나, 적확한 의학적 개입을 받을 수 없었던 이들과 연대하는 데 이책이 하나의 참고가 되기를 바란다.

의료화 논의의 지평을 넓히다

열세 명의 저자들이 각자의 현장에서 만난 아픔의 경험들은 매우 다양하다. 공통적으로 경험한 것은 현대 의학이 병원 안팎으로 성행하고 있지만, 어느 면에서는 의학적 개입이 과잉되고, 또 다른 면에서는 결핍이 뚜렷이 존재한다는 사실이었다. 연구자들은 이런 과잉이 초래한 문제에 대해 '의료화'medicalization 개념을 통해 검토해 보았다. 미국의 의료사회학자 피터 콘래드는 『어쩌다 우리는 환자가 되었나』*Medicalization of Society*를 통해 현대 의학의 과잉에 대해 지적한다. 그는 "의료화는 비의학적 문제가 질병이나 질환과 같은 의학적 문제로 정의되고 치료되는 일련의 과정"이라고 정의한다. 그의 말대로 과거에 듣지 못했던 여러 질병들(남성갱년기, 탈모, 발기부전, 과잉행동 아동, 성인 ADHD, 저신장증, 항노화, 성형수술, 성정체감장애, 유전자 등)이 이제는 너무나 당연한 듯 여겨지고 있다. 콘래드가 우려한 점은 단순히 의학적 영역의 확대가 아니다. 그는 "의학적 규범의 정의는 그 자체로 문화적 사회통제가 되며, 나아가 신체, 행동, 건강에 대한 새로운 기대를 창조해 낸다"라는 점을 지적한다. 더불어 의학의 사회적 통제 역할이 확대될수록 질병의 책임이 사회가 아니라 '개인'에게 넘겨진다는 점이 중요하다. 의학의 영역에 아픔이 포함되어도 개인에게 책임이 전가될 수 있으며, 포함되지 못하는 경우는 더더욱 개인의 문제로 외면당할 수 있다. 그 경계선을 의학이 형성하고 있는 것이다.

물론, 콘래드의 '의료화' 논의는 몇몇 제한점이 존재한다. 우선, 의학 지식을 바탕으로 한 의료화 논의는 그 지식의 정의에서 '배제'된 환자들을 포괄하지 못한다는 한계가 있다. 즉, 어떤 부분은 의료의 영역으로 편입되고 어떤 부분은 오히려 의료 개입이 반드시 필요한데도 배제되는 역동을 설명하는 데 한계가 있다. 다양한 주체가 여러 방법을 통해 경합하는 것, 의료화 과정에서 생산되는 생물학적으로 파편화된 개인이 다시 정치 집단화되는 것, 보다 거시적 차원의 구조 속에서 맡은 역할을 수행하게 되는 것 등은 콘래드의 관계 도식에서 누락되기 쉬운 부분이다. 예를 들어, 한국에서 산후풍, 가습기 살균제 참사, 난임, 지중해빈혈 등과 같은 실질적 고통들이 의학, 의료 제도의 영역이나 치료와 보호의 영역에서 배제된 채 당사자 스스로 아픔을 입증해 내거나 감내해야 하는 현실이다. 더 나아가 콘래드의 의료화 개념의 밑바탕을 이루고 있는 의학 지식 및 체계는 '생의학'biomedicine이지만, 한국에는 한의학이라는 또 다른 의료 체계가 공존하며 이에 따라 의료 분야 안팎에서, 한 개인의 상황 안에서 의학 지식이 경합을 벌이는 모습이 종종 나타난다. 따라서 한국 사회의 의료화의 현실이나 의료와 관련된 다양한 아픔의 경험들을 이해하기 위해서는 한국 사회에서의 '의료란 무엇인가?'라는 질문역시 중요하다.

한편, 콘래드의 '의료화' 논의에 앞서 인류학의 영역에서 아픔을 사회적 차원에서 다룬 책이 있다. 아서 클라인먼, 비나 다스, 마거릿 로크 등이 참여한 『사회적 고통』Social Suffering으로, 제목처럼 사회적 힘이 인간에게 파괴적 상처들을 초래한다고 보았다. 한국의 인류학 연구자들이 이 책에 주목한 이유는 이들이 인류학자로서 의료 및 고통의 현장에서 '문화'가 오용되고 있음을 지적했기 때문이다. 즉, 개개인이 사회 구성원으로서 경험하는 고통이 누군가(대부분 지위와 권력의 소유자일 테다)의 효용을 위해 사용되고 그것에 '문화'라는 포장지가 붙는 것이다. 문화적 관점은 아픔과 고통에 대한 논의에서 자칫 오용될 수 있는 지점이 존재한다. 아픔의 경험처럼 오해의 여지가 많은 경우라면 더더욱 그럴 것이다. 『사회적 고통』에서 저자들이 대안으로 강조한 것은 사회의 암묵적 '가정들'에 대한 '의문'이었다. 구체적으로 지식·진실·도덕성·사회·문화·역사 등 상대주의적 시선/해석/논증의 근간이 되는 개념들에 대해서 '부정'이 아니라 '의문'을 가지는 것이다. 이것은 의학(지식) 너머의 아픔을 보려 하는 연구자들에게 다음과 같은 질문을 던지게 만든다. 한국 사회에서 "아픔이란 무엇인가?" "아픔이 어떻게 정의되는

가?" "아픔이 어떻게 개념화되는가?" 이 책의 저자인 열세 명의 인류학 연구자들은 각자의 현장에서 이런 질문들에 대해 나름의 성찰점을 제시한다.

13개의 '아프면 보이는 것들'

1부 아픔의 경험이 연결하는 관계들에서는 산후풍, 가습기 살균제 참사, HIV/AIDS, 난임, 지중해빈혈이라는 다양한 아픔의 경험에서 관계적 측면에 주목한다.

먼저 1장 "산후풍의 바람風, 그리고 바람望"(제소희)에서는 민간 의료와 한의학의 중간 지점에 존재하는 '산후풍'이라는 질병의 의료화를 사례로 들어 그 과정에서 배제된 사람들의 이야기에 담긴 의미를 살핀다. 이 글은 노년기 여성들의 산후풍 서사를 다루면서 그들이 개개인의 질병 경험을 넘어 한국 사회의 특정 시대를 살아온 많은 이들이 공유하는 사회적 서사로서 전승되고 있음을 밝히고, 당시 여성들이 경험했던 사회적 차원의 배제와 폭력을 산후풍 경험을 통해 논의하면서 의료화가 포섭하지 못하는 부분들, 즉 가정 안에서 여성의 위치, 임신과 출산의 사회적 맥락에 주목할 필요성을 이야기한다.

2장 "부모이자 피해자로 살아가기"(김지원)는 가습기 살균제 참사 피해자들의 이야기를 다룬다. 이 글에서는 가습기 살균제 피해자들이 살아가고 있는 현실과 그 현실을 만들어 낸 사회적 맥락들, 피해자 구제 제도의 형성과 작동, 가습기 살균제가 불러온 부모–자녀 관계의 변화를 논의하면서 현대의 삶에서 너무나 일상적인 화학용품이 가져올 수 있는 변화를 살펴본다. 한편 피해자들의 아픔과 배제의 경험을 연대로 승화시킨 합창단 활동은 참사를 경험한 사회가 어떻게 이를 극복해 나가야 할지에 대한 실마리를 보여 준다.

3장 "당신이 내게 남긴 것"(서보경)은 HIV 감염을 둘러싼 의료화의 역사가 세계적으로 전개된 모습과 이것이 한국 사회에 드러난 모습을 논의하고, 한국의 감염인들이 HIV의 의료화 과정 속에서 어떤 불합리와 부정의를 감내하게 되었는지를 살핀다. 한국 사회는 HIV에 적절하게 대처할 수 있는 의학적 자원이 있음에도 불구하고, 감염인에게 불합리한 배제와 격리를 지속적으로 해오면서 그들의 생존과 사회적 성원권을 위협하고 있다. 이는 HIV를 둘러싼 혐오와 징벌의 상징적 질서로부터 비롯되며, 이 '비정상성'을 솎아 내는 방식은 한국 사회에서 감염병을 다루는 방식으로서 오늘날까지 이어지고 있다. 저자는 이를 탈피하기 위해 감염과 고통을 징벌이 아닌 인간적 삶의 생물학적·윤리적 조건으로 재정의할 필요가 있음을 강조한다.

4장 "아이 없음의 고통"(윤은경)은 난임 당사자들의 경험을 통해 의료화의 산물인 현대의 난임 개념과 실천을 들여다보고, 그것이 당사자들의 관계에 일으키는 변화와 더불어, 난임에 전제되어 있는 관계적 측면을 고찰한다. 의료적 맥락에서 난임과 관련된 실천이 달성하고자 하는 목표는 얼핏 여느 질병과 다르지 않은 것 같지만, 그 목표가 새로운 생명으로 귀결된다는 점에서 특수한 의미를 지니며, 이는 다름 아닌 관계의 응축으로서의 인간 존재에 기인한다. 의료화가 포섭하지 못한 관계성에 대한 환기를 통해 이야기되지 못한, 이야기되지 않은 난임의 고통을 재조명한다. 또한 생의학과 한의학 각각의 난임에 대한 서로 다른 접근에서 비롯되는 경험의 차이가 이 관계성의 맥락에서 어떤 함의를 지니는지 의문을 제기한다.

5장 "한 희귀난치 질환자의 삶과 연대"(박영수)는 한 지중해빈혈 환자의 이야기를 통해 DNA 염기서열 변화라는 가장 미세한 생물학적 변화가 한 사람의 생애와 가족, 꿈과 관계에 어떤 변화를 가져왔는지 살펴본다. 그런 삶의 궤적이 한국의 의료 체계와 거시적 조건에 의해 굴곡되는 과정을 고찰하며, 한국 사회에서 희귀난치성 질환자로 살아가는 어려움과 희망에 대해 논의한다. 이 글에 등장하는 환자와 가족들의 삶은 생물학적 시민권으로부터 지속적으로 배제되어 왔지만, 오히려 아픈 몸의 취약성을 공통 기반삼아 다른 아픈 몸들과 연대한다. 이는 공통의 취약성을 기반으로 하는 새로운 주체성을 드러내며, 보다 나은 삶과 사회로 나아갈 가능성을 모색하는 동력이 된다.

2부 아픔의 구조가 드러내는 문제들은 우리를 아프게 만드는, 보다 근원적이고 거시적인 지점들을 살펴본다.

6장 "법이 결정해 주지 못하는 것들"(강지연)은 의료 시스템 속 죽음의 경로를 따라간다. 오늘날 다수의 한국인들이 병원에서 사망한다. 병원에서 보다 '존엄한' 죽음을 가능하게 하기 위해 연명의료결정법이 시행되고 있지만, 사실 병원 조직과 의료 시스템 내부에는 이미 견고하게 짜인 생애 말기의 경로가 있다. 이 시스템화된 경로에서 과연 온전한 자기 결정이 가능한지, 연명의료결정법은 그 선택권을 담보해 줄 수 있는지 묻는다.

7장 "돌봄 노동과 생명정치"(이기병)는 돌봄 노동이 조직되는 사회

구조를 살펴본다. 오늘날 '조선족'이라 불리는 중국 교포들이 돌봄 노동자로서 요양 병원의 환자들을 간병하고 있는데, 이주 노동자를 생성하는 경제 논리와 그 경제 논리가 은폐하는 현실을 드러내기 위해 이기병은 푸코와 아감벤, 그리고 키테이를 엮으며 돌봄 노동자들이 생명정치의 필수적인 주체이자 동시에 대상화되고 도구화된 시스템의 일부로 현전함을 그려낸다.

8장 "의료화된 근대성과 일상화된 의료화"(김태우)는 지금(근대) 여기(동아시아-한국)에서 의료를 주목해야 하는 당위성을 제시한다. 근대 국민국가의 성립과 발전에 의료 체계가 특별한 역할을 수행하였을 뿐만 아니라 근대 의학의 인식론/존재론은 근대성의 핵심 내용을 함축하고 있다. 이 글은 우리 내면과 몸이 어쩌다가 소통 불가능한 관계가 되었는지에 대한 답을 제시한다.

9장 "무엇이 사고를 사회적 참사로 만드는가"(이현정)는 어떻게 세월호 '사고'가 '사건'이 되었는지 조목조목 짚는다. 제구실을 하지 못한 채 관음증적 폭력을 행사한 언론, 정치적 프레임을 이용하여 공동체가 분열하게 만든 정치인, '가만히 있으라'며 순응하는 주체를 훈육해 냈고 여전히 무능하고 무책임한 학교, 정치적 회피 속에 오히려 피해자들이 부가적인 폭력적 경험을 하게 만든 의료 전문가 모두 세월호 참사라는 사회적 고통의 책임에서 자유로울 수 없다.

3부 아픔의 경계가 던지는 질문들에서 장애, 성매개감염, 국가유공자, 흡연자를 둘러싼 아픔과 오염의 경계에 대해 질문을 던진다.

우선, 10장 "나를 설명해 주지 못하는 이름표"(이예성)는 한 청년 대안학교의 사례를 통해 '장애'라는 개념의 쓰임과 그 한계에 대해 다룬다. 특히, 일상에서 쉽게 접할 수 있는 장애라는 용어가 사람들의 아픔이나 불편함 등을 얼마나 적절하게 설명해 주는지, 혹은 누군가를 더 아프게 하는 부작용을 가지고 있는 것은 아닌지 논의한다. 이를 위해 청년 대안학교에 다니는 정신적 장애가 있는 학생들과 부모들, 그리고 교사들의 경험 등을 통해 왜 이곳에서 '장애'라는 개념 대신에 '어려움'이라는 표현으로 장애에 대한 정체성을 구축해 나가고 있는지를 자세히 살펴본다.

11장 "성매개감염 경험이 말해 주는 것"(김보영)은 20, 30대 한국 여성들의 사람유두종바이러스HPV 감염 경험을 중심으로 여성의 성매개감염에 대한 낙인과 성적 권리에 대해 다룬다. 최근 자궁경부암의 주요 원인으로 HPV 감염이 주목받으면서 의학계는 주로 백신 접종에 의존해 여성의 불안감을 해결하려 한다. 하지만, 김보영은 이 글에서 HPV에 감염된 여성들의 질병 서사를 통해 성매개감염에 대한 사회적 통념과 함께 남성 중심적 성관계에 대해 자세히 소개한다. 또한 이런 상황 속에서 결과적으로 여성의 성적 실천 및 권리가 포기되고 제한되는 현실에 대해서 논한다.

12장 "'성스러운 몸'과 '무의미한 몸'"(유기훈)은 베트남전쟁에 참전했던 상이군인들의 경험을 중심으로 한국 현대사 속에서 여러 '손상된 몸들'이 국가로부터 어떻게 상징화되었는지를 다룬다. 실제로 같은 절단장애라 해도 누군가는 '5·18 1급'으로, 누군가는 '한국전쟁 2급'으로 호명되면서 국가에 의해 맥락화된 몸으로 살아간다. 유기훈은 이 글에서 국가라는 주체와 개인의 고통이 상호작용하며 만들어 내고 있는 '국가유공자'라는 개념의 구축을, 지나간 한국 현대사와 오늘날까지 재생산되고 있는 '아픔'들에 비추어 풀어낸다.

13장 "오염의 경계선 찾기"(김관욱)는 너무나 일상적이어서 아픔의 대상으로 인식되기 어려운 흡연이라는 주제에 대해 다룬다. 특히, 신종 담배(궐련형 전자담배)의 출시로 촉발된 전자담배의 해로움 논쟁을 시작으로 실제 남녀 사용자들의 다양한 경험을 소개한다. 이를 통해 의학적 해로움을 강조하는 '의료화' 관점을 넘어 담배에서 흡연자로, 흡연자에서 흡연하는 사람 자체에게 옮겨 가는 낙인적 시선과 같은 '오염의 경계선들'에 대해 인류학적으로 살펴본다.

함께 바라보는 아픔

아픔은 온 세상이 몸 하나로 위축되는 경험이라고 한다. 이 책은 일상에 가려져 있던 아픔의 현장을 드러내기 위해 쓰였다. 흙 밭 위 줄기들을 따라가 감자 덩굴을 캐내듯, '아픔' 속에 엉켜 있던 관계들을 끄집어내어 인류학의 시선으로 풀어헤쳐 보고 싶었다. 이렇게 아픔의 현장을 대면하면, 이전에는 보이지 않았던 관계들이 보인다. 이는 기존의 아픔과 건강에 대한 개념들에 '의문'을 제기하게 만든다. 이 책은 아픔을 수사하고 설명해 온 기존의 언어와 개념들에 대해, 그것의 바탕을 이루는 인식론적·존재론적 가정들에 대해 질문을 던진다. 단순히 비판하고 부정하려는 게 아니라, 새로운 가능성을 찾아보자고 제안한다. 한국 사회에서 아픔이 지닌 가능성에 대한 기대. 아픔으로부터 시작될 수 있는 치유와 연대에 대한 희망. 책을 통해 그 가능성과 희망에 대해 독자들과 많은 이야기를 나눌 수 있게 되기를 기대한다. 그를 통해 저자들이 미처 보지 못한 아픔까지도 볼 수 있게 되기를 바란다.

2021년 7월,

필자들을 대신해 강지연·김관욱·윤은경 씀.

1부

아픔의 경험이
연결하는 관계들

산후풍의 바람風, 그리고 바람望

민속병의 의료화 과정과 질병 서사와의 괴리

제소희

일본에서 산후풍 연구하는 사람이 왔다며, 마을 회관에 모인 할머니들이 반갑게 다가온다.

"거긴 좋은 약이 있답니까?"

"이거 대답해 주면 거기 일본에서 약 좀 보내 줍니까?"

("일본엔 산후풍이란 병이 없어요. 산후풍 약도 없는 것 같아요.
죄송해요.")

"잉? 그럼 우린 왜 아픈 거예요? 좀 봐줘요."

("할머니, 근데 전 의사가 아니에요.")

"그럼 뭐 하러 왔어요?"

"아니랴. 의사가 아니랴, 고쳐 주러 온 게 아니랴."

마을 회관 안에서 다들 웅성웅성 말을 전한다. 나는 아직도 실망 가득한 그 목소리들을 잊을 수가 없다.

　내 연구를 위해 그들의 아픈 이야기를 들쑤셔 냈고, 가슴에 한이 되어 버린 이야기들을 캐묻고 다녔지만, 연구를 할수록 내 무지함, 무능함, 무기력함에 눌리게 되었다. 그들에겐 생생하게 아픔과 고통이 존재하는데, 보듬어 주지도, 치료해 주지도, 심지어 논문으로 잘 담아내지도 못했다. 그래서인지 한참을 슬럼프에 빠져, 자료를 열어 보지도 못 하고 자괴감에 빠져 있었다. 그러던 어느 날, '목소리를 낼 수 없는 사람들을 위해, 목소리를 낼 수 있는 기회'the opportunity to use our voice for the voiceless가 있음에 감사한다는 한 배우의 수상 소감을 듣게 됐다. 그때 문득 내가 가진 이 자료들도 어쩌면 목소리를 내지 못한 사람들의 이야기가 아닐까 하는 생각이 들었다. 그들의 이야기를 듣고 기록했으면서도 침묵해 버렸고, 자신이 없어서 한구석에 묵혀 두었었다. 내게 기대 섞인 목소리로 물어 왔던 그 질문 '우린 왜 아픈 거예요?'를 수면 위로 올려 보기로, 그것만으로도 약간의 보답은 될 수 있을까 하는 생각에 자료를 다시 잡기로 결심했다. 어찌 보면 이 글은 '우리 때는 말이야'라고 시작되는, 소위 '꼰대'의 이야기라고 치부해 버린 앞 세대의 이야기이다. 각종 인터넷 게시판이나, SNS 등을 통해 개인의 일상이 실시간으로 불특정 다수에게 공유되고, '좋아요' 등으로 공감을 받으며 공공연하게 유포되고, 또 자유롭게 정보가 확장되는 지금의 시대에서, 목소리를 제대로 내지 못하는 구세대의 이야기일 것이다. 이 글을 통해 민간 의료와 한의학의 중간 지점에 존재하는 '산후풍'이라는 질병의 의료화를 사례로 들어, 한국의 의료 상황을 드러내고, 그 의료화 과정에서 배제된 사람들의 이야기에는 어떤 의미가 담길 수 있을지 살펴보고자 한다.

연구 대상의 규정

사람이 태어나서 죽을 때까지 여러 가지 통과의례가 있는데, 그중에서
도 임신과 출산을 둘러싼 문화 의례와 관습은 어느 문화에서건 쉽게 찾
아볼 수 있다. 특히, 출산 이후의 산모와 신생아를 일상의 영역에서 격리
해 상이한 생활 규범이나 음식 금기를 따르게 하고, 일정 기간(예: 삼칠일,
쮜위에즈坐月子1) 이후 의례(예: 백일잔치, 오시치야お七夜2) 등을 통해 한 공동
체의 구성원으로서 새로운 지위가 부여되는 과정은 많은 문화에서 상
당히 보편적으로 볼 수 있다. 하지만, 구체적으로 산모와 신생아를 어떤
대상으로 규정해 일상에서 분리시키느냐, 어떤 금기와 규범이 존재하
고, 산후 의례의 의미와 방식은 어떠하냐의 문제는 문화에 따라 아주 다
양하다. 즉, 산모와 신생아를, 엄밀히 말하자면 분만의 과정에서 배출된
태반, 혈액, 양수 등을 부정不淨한 것으로 보고 멀리하는 남아시아의 문
화나, 이 시기에는 악귀의 공격 위험이 크다고 여기는 아랍권의 문화, 산
후의 여성은 '기혈'이 약한 상태라고 보는 동아시아 문화 등, 문화에 따
라 근거는 상이하지만 이들을 일상에서 분리해 보호하고자 하는 금기
나 출산 의례는 항상 존재해 왔다.

그럼에도 불구하고 금기를 어기거나 의례를 따르지 않으면 각종 이

1　중화권에서 한 달간 행해지는 전통적인 방식의 산후조리.
2　아이가 태어난 지 7일째 되는 날 밤에 이름을 짓고 축하하는 일본의 전통 산후 의례.

상異常이 발생하게 된다고 여기는데, 그 대표적인 것이 산모나 신생아의 몸에서 나타나는 이상 증상이다. 이런 큰 틀을 한국이라는 지역에 초점을 맞춰 구체적으로 기술해 보고자 한다.

산후풍이라는 병명까지는 언급이 안 되더라도, 아기 낳고 산후조리를 잘 해야 한다는 것은 한국에서 흔히 들을 수 있는 이야기이다. 몸을 따뜻하게 해야 한다, 바람 들지 않게 조심해야 한다, 미역국 잘 먹고 피를 깨끗하게 해야 한다, 관절에 무리되게 움직이면 안 된다 등의 산후조리 규칙이 존재해 왔고 아직도 많은 여성들이 그것을 따르고 있다. 이는 그렇게 하지 않으면 나중에 골병든다, 평생 고생한다는 통념이 존재하기 때문이다. 이런 신체 이상 증상의 발현은 단순한 관념으로 존재하는 것이 아니라, 주변의 많은 여성들에게서 어렵지 않게 들을 수 있는 '체험담'으로 구전되어 왔다.

이 장에서 다루고 있는 산후풍은 산후조리를 못한 여성에게 나타나는 신체적 이상 증상을 총칭하는 민속병folk illness3으로, 한의학적 지식이 기반이 되어 있지만, 민간으로 확대되는 과정에서 일상의 어휘로 고착화되고 경험적으로 전승되어 왔다. 이는 민간의 영역과 전문 한의학

3　여기서 '민속'(folk)의 의미는 아서 클라인먼의 '건강 돌봄 체계'(Local Health Care System) 구분에 따르면, 대중 영역(popular sector)에 해당하는 개념(Kleinman 1980, 49-53)으로, 원보영이 규정한 '의료민속' 개념에 가깝다(원보영 2010, 15). 원보영은 의료민속의 성격에 대해 민간의 경험적인 차원과 당대의 주류 의학과 의료 제도의 차원에서 형성된 것의 두 측면이 있음을 지적하고, 의료민속을 '한 민족(공동체)이나 민간에서 육체를 보존하고 각종 질환에 대응하기 위해 민간에서 생성되어 양식화된 독특한 관념, 행위, 기술'로, '민간의 경험적인 부분과 사회 변화에 따른 지식의 발전, 의료 기술 발달의 영향으로 전문적인 약재 부분이 결합된 것'으로 봤다.

의 영역에 걸쳐져 있기 때문에, 산후편신동통, 산후신통 등의 한의학의
질병과는 완전히 동일한 개념은 아니다.

병에 관한 민간의 통념

내가 아를 낳고 일주일 만에 도랑에 가가 기저귀를 빨러 갔어. 딱
손을 여니까 온몸이 짜릿한 거야. 오한이 들어서 몸이 딱 굳어 버
려. 오~온몸이 굳어서 꼼짝을 못하겠는 거야. 막 벌벌벌벌 떨면
서 집에 왔어. 지금 생각해도 소름이 끼치네. 온몸이 오그라들더
라니까 이가 빡빡빡 갈리고. 온몸이 굳어 버려 숨을 못 쉬겠는 거
야. 다리고 뭐고 손이고 뭐고 오그라들어서 펴질 못하겠는 거야.
셋째 낳고 그랬다니까. 여름에 낳고서 조리를 하나도 못 했어. 그
래서 지금도 이 차가운 데 등을 못 대. 시원하다고 누우면 온몸이
아픈 거야. 이제는 나이가 드니까 아파. 그때는 한기가 들고 그랬
는데, 이제는 아파. 내가 여름이라도 웬만하면 전기장판 틀어 놓
고 선풍기를 틀어. 위에는 시원하더라도 밑에는 따시야[따뜻해
야] 해. 나는 땅바닥에서 못 자. 그게 나이 드니까 병이 되더라구.

1951년생 A(1980년 출산)

저는 어렸을 때부터 침대 생활을 해서 바닥에서 산후조리를 안 하
고 침대에서 산후조리를 했단 말이에요. 전기장판을 켜고, 오리
털 이불을 덮었는데, 너무너무 갑갑한 거예요. 제가 애 낳은 게 9
월이에요. 그나마 [이불에서] 빼놓을 수 있는 부위가 발이더라고

요. 근데 지금도 밤에 잘 때 발이 시려서 잠을 못 자요. 증상이 어
떤가 하면 찬물에 담가서 시린 것은 바깥쪽에서 시려 오잖아요.
그게 아니라 뼛속에부터 싹 시려서 나오는 거예요. 저는 산후풍이
라는 건, 이 발 때문에 느끼거든요.

1974년생 B(2006년 출산)

앞서 언급한 것처럼 산후 기간의 성격을 규정함에 있어 각 문화마다 차
이가 있는데, 한국에서 산후의 몸은 기혈이 부족한 상태, 뼈마디가 모두
벌어져 외부 자극에 극히 취약한 상태로 규정된다. 산욕기의 건강관리
가 여성의 건강을 일생 동안 좌우할 정도로 중요하게 간주되는 바탕에
는 이런 동양의학적 이론이 존재한다. 동양의학의 문헌적 근거를 기반
으로, 민간에서 실제로 아픈 사람들의 경험담이 구전되며, 증상에 관련
한 용어가 일상의 어휘로 통용되어 고착화된 것이 산후풍이다. 흔히 몸
이 약해져 있는 산후조리 기간에 쉬지 못했다거나, 제대로 된 돌봄을 받
지 못했기 때문에 아프게 됐다는 이야기는 쉽게 들을 수 있다. 풍風, 허虛,
혈血, 기氣 등의 한의학 전문용어는 민간에서 일상의 어휘로 변화되는
데, 그중 특히 '바람'은 추위와 관련된 단어 —한기, 냉기, 찬 기운 등—
와 엄밀하게 구분되지 않고 외부의 강한 자극을 통칭하는 표현으로서
포괄적으로 쓰인다. 증상 역시 차가움과 그에 따른 동통, 풍감을 많이 토
로한다. 발병 부위나 증상의 종류는 개인의 경험에 따라 차이가 크다.
즉, 모든 것이 다 '열려 있는' 취약한 상태에서, 산모가 어떤 돌봄을 받았
는지, 무슨 환경에서 어떤 행동을 했는지의 개인 경험에 따라 발병의 부
위 및 증상이 상이하게 나타난다. 뼈마디가 다 벌어지고 느슨해진 상태

에서 몸에 들어온 '바람'은, 산모의 몸이 원래대로 회복되고 나서도 몸에 남아, 산욕기 후에도 고질 증상으로 이어진다. 예를 들어, 산후조리 기간에 머리에 찬바람을 쐰 사람은 머리에 구멍이 휑하게 나 있는 것처럼 바람이 통한다고 늘 느끼거나, 그 시기에 찬물에 손을 담구고 빨래를 한 사람은 늘 손이 시리는 것 등의 다양한 신체 이상을 호소한다. 많은 노년 여성들은 이렇게 한번 몸에 들어간 바람으로 인해 특정 부위의 증상이 시작되고, 이 바람이 몸속에서 끊임없이 움직이면서 각종 질병, 통증의 원인이 된다고 생각한다. 이런 민간의 통념은 치료법에서도 잘 드러난다. 산모의 몸은 분만 시 모든 관절과 근육이 이완되고, 산후에는 나쁜 것을 배출하기 위해 땀구멍까지 모두 열린다고 본다. 산욕기가 지나 몸이 닫히고 난 후에는 산후풍 치료가 불가능하고, 혹여 증상을 치료하려면 산후조리 기간 중에 몸을 보신하거나 아니면, 다시 한번 아이를 낳아 제대로 조리를 하는 수밖에 없다고 생각한다. 따라서 아이를 더 이상 낳지 않는 여성들에게 산후풍은 평생 안고 갈 수밖에 없는 난치병, 불치병으로 간주되며, 한의학적 치료법이 존재해 왔음에도 불구하고 치료조차 시도하지 않는 편이다.

한의학으로의 포섭

민간의 돌봄 영역에 포함돼 왔던 산후풍은 한의학의 근대화와 저출산 국가라는 사회 배경 속에서 본격적으로 한의학의 영역으로 포섭된다.

1973년 '한의 질병 표준 사인 분류'Korean Classification of Disease on Oriental Medicine, KCD-OM가 제정된 이래 세 차례의 개정을 거쳐 한의학은 독립

적 질병 분류 체계를 완성했다. 분류 체계는 '한국 표준 질병 사인 분류' Korean standard classification of disease and cause of death, KCD[4]에 포함되면서 일원화라는 변화를 겪는다. 이 일원화의 목적은 국내적으로 통일된 보건 의료 통계자료를 수집해야 하기 때문이며, 국제적으로도 '전통 의학 국제 분류'International Classification of Traditional Medicine, ICTM를 국제 질병 분류 ICD–11에 편입시켜 전통 의학의 표준화를 꾀하는 국제보건기구WHO의 흐름에 부합하고자 하기 때문이었다. 통계청은 한의학과 생의학의 병명 체계를 일원화하는 데 있어, '같은 질병에 동일한 코드 사용'이라는 원칙을 가지고, 생의학상의 질병명으로 대체 가능한 질병에 대해서는 한의학 분류가 아닌 '한국 표준 질병 사인 분류' 체계를 사용했다. 그 과정에서 한의학의 병명과 생의학의 병명을 일치시키는 것이 어려운 질병의 경우 특수목적 코드(U코드)를 사용하기로 했다. 그렇게 만들어지고 2011년부터 시행된 KCD 6차에는 한의 병명/병증 코드 U코드가 306건이고, 2015년 KCD 7차 개정에서 149건으로 점차 줄어들게 되지만, 산후풍의 코드는 아직 U32.7로 남아 있다. 산후풍이 독립된 질병 분류로 이렇게 잔존하게 된 것은 실제 환자들이 존재함에도 불구하고 생의학에서 대응하는 유사한 증상 또는 질병이 존재하지 않는 것이 가장 큰

---

4 '질병 및 관련 건강 문제의 국제 통계 분류'(The International Statistical Classification of Diseases and Related Health Problems) 또는 간단히 '국제 질병 분류'(International Classification of Diseases, ICD)를 의미한다. 이는 인간의 질병 및 사망 원인에 관한 표준 분류 규정으로, 세계보건기구에서 발표한다. ICD-11은 2018년에 발표된 11차 개정판을 말한다. 세계보건기구의 국제 질병 분류를 기준으로 한국에서는 국내 실정을 반영하여 '한국 표준 질병 사인 분류'를 제정, 통계청에서 개정·고시하고 있다.

이유일 것이다. 하지만 이 코드의 사용은 심각한 저출산 현상과도 맞물려 있다는 점이 흥미롭다.

한국은 저출산 현상에 대한 위기의식이 급격하게 고조되면서, 2000년경부터 정부가 다양한 출산 장려 정책을 펴고 있다. 초기 정책에는 출산에 대한 경제적 부담을 덜어 주기 위한 정책이 주를 이루는데, 대표적인 것이 출산 장려금과 2008년 12월부터 시행된 임신 출산 진료비 지원 바우처 제도(구 고운맘 카드, 현 국민행복카드)이다. 이 바우처 사업을 통해 임신에서 분만에 드는 의료비와 산후의 신생아·산모 건강관리에 이르기까지 전 과정에 정부의 막대한 재정이 투입되었고, 출산과 관련된 많은 양상이 급격하게 의료 서비스화, 상업화되기 시작한다. 이 바우처는 2008년 12월 도입기에는 생의학의 산부인과 전문의가 상근하는 의료기관에서만 사용할 수 있었지만, 점차 조산원 등으로 사용처가 확대됐고, 2013년 4월부터는 한의원과 한방병원에서도 사용할 수 있게 됐다(보건복지부 2013, 99). 단, 한의원이나 한방병원에서는 네 가지 코드에 해당하는 증상에 한하여, 침, 물리치료, 한약 처방, 영양 지도의 진료비에 바우처를 사용할 수 있도록 규정되었다. 이 사용 가능한 증상이 바로 '오조'惡阻(KCD 코드 O21 임신 과다 구토), '태기불안'胎氣不安(KCD코드 O20 임신 초기 출혈 또는 O60.0 분만에 이르지 않는 조기 진통), 그리고 '산후풍'(KCD코드 U32.7)의 세 가지 증상(네 개의 코드)이다. 네 개의 코드 중 과다 구토, 출혈, 조기 진통의 세 가지 경우는 증상에 근거하기 때문에 한의원에서도 코딩에 큰 어려움은 없지만, 산후풍이라는 U32.7코드를 적용하려면, 이 병에 대한 정의를 명확히 해야 할 필요가 있었다. 이런 맥락에서, 산후풍의 정의가 현대사회에서도 설득력을 가질 수 있도록 표준화되어야 한다는 의견이 한의학계에서도 제기되었다(오수경 2017, 29-30).

한편, 국민행복카드 이외에도 각 지방자치단체에서는 출산 장려 정책을 추가로 내걸고 출산율을 높이려는 다양한 노력하고 있는데, 그중 대표적인 것이 출산 여성 한방 첩약(산후조리 보약) 지원과 한방 난임 치료비 지원이다. 일반인에게 한의학은 침, 뜸, 물리치료에서는 접근성이 좋으나, 몸의 회복이나 기력을 보강하는 한약의 경우 비싸고 장기 복용해야만 효과가 있다고 여겨져, 상대적으로 접근성이 낮은 편이다. 하지만, 산후 한약 처방과 치료비로 적게는 10만 원에서 많게는 200만 원까지 지자체의 지원을 받을 수 있게 되면서, 한의학에서도 출산의 의료 서비스화가 본격적으로 진행된다. 분만의 장場을 생의학에서 장악했다고 하면, 한의학은 임신 전 단계에서 몸의 부족한 부분을 보신補身해 주고 산후에는 이상을 예방하여 보신保身해 주는 등 넓은 미병의 영역에 자리하고 있다. 따라서 한의학은 산후조리뿐만 아니라, 불임, 난임, 임신 중 태아의 보호, 순산, 산후 비만, 산후 우울증, 유산 후 회복 등 다양한 단계에서 효과가 입증된 '경험' 의학임을 부각시킨다. 이런 맥락에서 민속병으로 존재하던 산후풍이 한의학의 영역으로 포섭되고 재정의되는 변화를 겪게 된다.

질병으로서 산후풍의 재정의

생의학의 지배적인 패러다임 속에서 한의학은 '입증'과 '표준화'라는 과제를 수행할 수밖에 없는데, 이는 산후풍에 관한 한의학 내의 연구 동향[5]을 살펴봄으로써 변화를 읽을 수 있다. 1985년부터 2017년까지 발행된 한의학계의 산후풍 관련 학술, 학위논문은 47편이다. 많지 않은 숫자이지만, 1980년대에 비해 2000년 이후 연구 논문의 수가 점차 증가하고 있다. 년대별로 내용을 구분해 보면, 1990년 이전에는 간단한 기고문 또는 칼럼 형태로 두 편이 있고, 그 내용은 산후풍의 정의와 원인, 치료에 대한 것으로, 한의학 전문용어로 기술돼 있다. 이어 1990년대 말부터 2000년대 초까지의 연구는 동양의학의 원전을 통해 본 산후풍의 문헌 연구와 치료 원리 그리고 임상 시험에 따른 치료 사례가 주를 이룬다. 2002년 이후의 연구 동향은 네 가지 주제로 분류할 수 있는데, 원전학에 기반한 문헌 연구, 실제 환자와 한의사를 대상으로 한 질병 실태 조사, 생의학적 검사 도구를 이용한 증상의 분석 결과, 그리고 치료 사례 보고로 구분될 수 있다.

한의학의 산후풍 연구에서 변화한 부분은 발병 시기가 재정의된 대목일 것이다. 1980년대 말까지의 문헌에서는 산후풍의 발병 시기를 산욕 기간에 한정하지 않고, 갱년기까지를 포함한 넓은 시기까지 인정했지만, 최근의 연구에서는 매년 산달이 되면 주기적으로 아픈 증상, 갱년기에 발생하는 증상, 관절염과 유사한 증상을 배제하고, 산욕기에 나타나는 증상(오한, 전신 또는 부분적 통증, 수족냉증, 부종 등)만을 산후풍으로 정의해야 한다고 보고 있다. 따라서 최근 연구의 치료 대상은 중년·노년 여성보다 산욕 기간의 여성이 중심이 되어 있다.

---

5 산후풍에 관한 한의학계의 담론 변화를 살펴보기 위해 한국교육학술정보원(RISS) 과 한국연구정보서비스시스템(KISS)에서 키워드를 '산후풍'으로 검색하고, 1985 년부터 2018년 1월까지 발행된 학위·학술 논문을 분석했다.

물론 과거부터 산후풍을 비롯한 각종 산후 질환에 대한 한의학상의 치료법이 존재해 왔고, 많은 경험적 임상 기록 역시 전승되어 왔지만, 민간에까지 널리 알려져 있지 않았다. 장기적으로 비싼 한약을 복용해야 한다는 생각 때문에, '산후풍은 못 낫는 병'이라는 인식이 강했다. 하지만 한의학에서는 민간의 이 같은 인식을 바로잡고, 산후풍이 예방과 치료가 가능한 병임을 본격적으로 알리기 시작했다. 바우처 및 지자체의 지원금을 사용해 치료를 받을 수 있는 산후풍 전문 한의원도 쉽게 찾아볼 수 있고, 산후조리원에 한의사가 방문해 산모들의 건강을 상담해 주는 것도 이제는 흔히 볼 수 있는 광경이다. 또한 인터넷에는 한의사가 알려 주는 산후조리법, 산후풍 자가 체크리스트, 산후 보약 등의 다양한 정보가 넘쳐 난다. 이렇듯 민속의료 속에서 '조리 안하면 걸리는 병'으로 모호하게 존재해 왔던 산후풍은 한의학 내의 질병으로 포섭되면서, 민간의 속설을 걸러 내고, 치료 대상의 범위를 줄이며, 증상과 치료법이 표준화되면서, 하나의 치료 가능한 '증후군'으로 변화하는 과정에 있다.

"그럼 난 아니에요? 난 왜 아파요?"

그렇다면 이런 한방의 표준화 과정에서 배제된 중년·노년 여성들의 아픔에 대한 문제가 남는다. 다시 말해, 지금까지 그들의 '아기 낳고 조리 못해 늙어서 몸에 골병 든 이야기'를 어떻게 이해해야 하는가. 사실 그런 이야기는 주변에서 너무나 흔히 들을 수 있었음에도, 증상의 치료 이외에는 깊이 연구된 것이 많지 않다. 실제로, 병인인 '바람'과 산후풍의 '발병'까지는 시간이 상당히 경과되어, 각자의 기억에 의해 재현되는 부분이 많고, 그 해석의 주관성, 불안정성, 선택성으로 인해 의료 현장에서는 신뢰할 수 없는 것으로 간주되기도 했다. 현재 한의학 내에서도 노년층의 산후풍 서사의 경우 민간에서 속설로 전해지는 이야기라거나 오해된 부분이 많다고 보기 때문에 적극적인 치료 대상으로 포섭하려고 하지는 않는다. 마찬가지로 증상을 호소하는 노년층 당사자들조차 이미 '불치병'으로 생각하기 때문에 적극적으로 치료를 호소하지 않는다. 하지만, 늘 존재해 왔지만 한번도 귀 기울여 보지 않은 그들의 이야기에는 어떤 의미가 담겨 있지 않을까?

공통적으로 여성들은 산후풍이 '산후조리를 못 해서, 잘못해서, 불충분해서' 산후의 몸에 '바람'(냉기, 한기 등을 포함)이 들어와 발병한다고 생각한다. 노년층 여성들이 자신이 산후풍인지를 판단하는 기준은, 일반적으로 산후풍의 증상이라 알려진 오한, 전신 또는 부분적 통증, 수족냉증, 부종 등의 증상의 여부가 우선적인 판단 요인이 아니라, 자신이 아기를 낳고 '제대로' 산후조리를 받았는지에 대한 해석이 크게 작용한다. 이 '제대로, 잘못했다, 불충분하다'라는 판단에서 그 해석이 개인별, 세대별로 상이하다는 점이 흥미롭다. 아래 사례와 같이, 산후조리라고는 감히 생각도 못해 본 빈곤한 생활과 생존을 위한 고된 노동이 주로 병인으로 그려진다.

열 살 위의 언니가 너머 동네 ○○로 시집갔어요. 그리 결혼해 가
지고, 언니가 열여섯에 갔는데, 베 짤 줄 모른다고 맨날 두드려 맞
았다고 하더라고요. 시어머니가 저런 년을 데리고 산다고 하면 아
들이 가서 때리고 쥐어박고…… 시어머니가 때리고 남편이 때리

고 해서 짚신으로도 맞고. 우리 언니는 고생만 하다 일찍 죽었어. 우리 어머니가 그래서 밭농사도 안 시키고 일도 안 시키고 난 길쌈만 그리 시켰어. 우리 부모님이 그때 6·25 때만 해도 나를 가둬 놓고 키웠어요. 그냥 집에서 바느질하고 길쌈만 배우고 시집갔어요. 학교는 없어도 야간이라도 해서 배우는 사람이 있었는데, 우리 아버지가 절대 못 가게 해요. 하고 싶어서 내가 몰래 친구들하고 갔다가 맞아 죽을 뻔했어요. 여자가 공부하면 시집가서 편지해 쌌고, 시집 못 살고 쫓겨 온다고. 글은 남자가 배우는 것이지 여자가 배우는 것이 아니라고 하면서. 그래서 아무것도 일자 하나도 모르고 살았어요. 열다섯 먹은 게 뭘 알겠어요. 오늘부터 그 집 식구다. 그 집에서 죽으라면 죽어라. 그 집에서 죽어서 나와야지 살아서 나오면 안 된다 하는 거야. 그런데 시집에 갔는데 방 하나 있고 아무것도 없는 거야. 아무것도 없어요. 아우님이 김천까지 짊어지고 다니면서 팔아 가지고 쌀 한 되씩 팔아서 먹고살더라고요. 식구는 열두 명이라 많은데 먹을 것도 없고. 시아버지 천식이 있어서 가릉가릉 기침하고, 시집갔더니 [남편이] 갑장으로 영장 받아 놓고 있더라고. [결혼한 지] 얼마 되지 않아서 [한국]전쟁 중에 군대 갔어요. 그러고 한번 3~4년 지나서 휴가를 한번 다녀와서 이러고 나니까 애기를 가졌어요. 방에 불도 못 떼고, 춥고 불도 안 들어오는 곳에서 애기를 낳았어요. 애기 낳아도 밥 한 그릇, 미역국 한 그릇 못 먹어 보고, 그냥 따뜻한 방에서 잠도 한번 못 자보고. 그냥 막 고생만 했지요. 20살에 처음 딸 낳고 제일 고생했어요. 집에 시어머니 어디 가시고 없고, 이불도 없고 먹을 것도 없고. 미역 끓여 주는 사람도 없고…… 말 못합니다. 애기가 달달달 달 떨어요. 나도 달달달달 떨고. 이게 안 죽고 살까 싶더라. 그때 완전히 몸이 싹 무너졌어요. 그때 완전히 싹 무너진 거 같아요. 나는 애기 낳고 조리를 못하고 그냥 먹지도 못하고 그냥 따슨[따뜻한] 방에도 잠도 못자고. 애기 낳으면 미역국 먹고 좀 쉬고 그런다 아입니까. 그라는데 다른 사람처럼 한번 해보지도 못했어요. 애기 낳아 놓고 일주일 지나지도 않아서 빨래를 이고, 그때는 냇물에 이고 다니면서 씻을 때인데, 도랑에 빨래는 한 통씩 이고 가서 씻고 그랬거든요. 그러니 멀쩡하게 보여도 몸을 잘 못 써요. 항상 몸에 바람이 나고. 천상 늘 얼음을 대고 있는 것 같아요. 지금도요. 땀이 줄줄줄 흘러 더운데 전신이 시려 빠지고요. 여름에도 온 살이 얼음 대고 있는 것 같아요. 그러면서 땀이 나요. 그러니께 이리 항상 몸이 안 좋고, 늘 그리 저리고…… 애기 낳고 조리도 못하고 뜨신 것도 못 먹고 그마 고생을 하고 해서 일을 해서 몸이 이래 망가진 것 같아요.

1935년생 C(1955년 초산)

C는 온풍기의 따뜻한 바람조차 차갑게 느껴지는 등 심한 동통과 풍감을 호소하는 사례였다. 8월 한여름에 진행된 인터뷰 당시, 몸에서 바람이 나오는 것을 자신의 팔에 손을 대지 말고 느껴 보라고 했다. 실제로 할머니의 팔과 다리에서 차가움이 느껴졌다. 이렇게 실재하는 증상을 이해하기 위해, 그리고 그들의 고통을 이해하기 위해 많은 이야기를 찾아다녔다. 이야기를 들려준 많은 여성의 바람과 차가운 고통의 이야기는 단

순히 제대로 하지 못한 산후조리 때문에 병에 걸린 이야기가 아니었다. 이들은 산후풍에 대한 이야기를 물으면, '왜놈, 깜둥이, 빨갱이'한테 잡혀가지 않으려고 어린 나이에 생리도 없이 시집을 가고, 친정과 단절되어 그저 시키는 대로만 죽어라고 고생한 '모진 팔자'를 이야기한다. 어찌어찌 살아 보려고 편하게 발 한번 뻗고 잘 수 없던 시절, 아이들 먼저 먹이고 남은 음식으로 끼니를 때우며 자신을 돌보지 못하고 살다 보니, 자신의 몸에 병이 들어 바람이 나오고 있다고 한탄한다. '바람'風은 빈곤과 산모의 방치, 외부로부터의 과도한 자극이 가해지는 넓은 맥락에서 등장한다. 바람(냉기, 한기)이 몸에 들어가게 하는 것에는 차가운 공기, 찬물, 찬 음식, 차가운 방이라는 직접적·물리적 요인은 물론, 출산 후 시댁의 분위기, 경제적 상황, 조리해 주는 사람의 돌봄 태도 등의 상황적·심리적 요인도 포괄된다. 노년층 여성들의 산후풍 서사에는 '따뜻한 흰 쌀밥에 미역국 한 그릇' '따뜻한 방'이라는 표현이 자주 등장한다. 그것은 적정 온도와 충분한 영양분 섭취의 의미라기보다는 자신을 위한 따뜻한 돌봄, 타인으로부터의 배려라고 하는 그들의 바람望을 담고 있다. 사실 1970년대의 출산 이야기부터 '흰 쌀밥에 미역국'에 대한 간절함은 거의 보이지 않는다. '안랑쌀' 또는 '정부미'로 배는 곯지 않게 되었다는 녹색혁명 시기 이후로, 산후풍은 배고픔과 빈곤에 결부되기보다는 '애 낳고 몸 한번 뉘어 보지 못한' 극심한 노동과 부역의 결과물로서 비춰진다. 이는 '따뜻한 방에 누워서 다리 한번 뻗어 보았다면 이렇게 안 아팠을 텐데'라는 한숨 섞인 바람望의 이야기로 바뀌어 간다. 자신이 희망했던 돌봄과 현실 사이의 괴리에 대한 이야기는 비단 이전 세대의 이야기만은 아니다. 산부인과의 분만 환경조차 열악했던 1980년대 중반, 가족들과 분리된 차가운 수술실에서 간호사에게 혼나 가면서 제왕절개 출산을 했다는 한 중년 여성은, 수술한 자리에 남은 흉터를 보여 주며 마치 벌레가 기어 다니는 느낌과 차가운 기운 때문에 여름에도 핫팩을 대고 있다고 했다. 또한, IMF 시기 출산휴가를 꿈도 못 꾼 사무직이었던 여성의 이야기는 손목의 시림이나 터널증후군의 증상으로 표현되기도 한다. 즉, 어느 세대든 산후풍 이야기에는 사회적 '현실'風과 현재 생각하는 '이상'望이 대립항을 이룬다. 여성에게 부가된 노동에서 어느 정도 면제되며, 우선적 돌봄이 주어지도록 사회문화적으로 용인된 유일한 휴식 기간이 바로 산후조리 기간이었음에도 불구하고, 그 기간마저 최소한의 돌봄을 받지 못했다고 느낀 여성들은, 자기 몸이 안 아플 수 없다고 판단하는 것이다.

개인의 질병 체험이 역사적 시대를 반영하고, 사회적 서사로 이어져, 공통의 구술사로 확장되는 것은 비단 산후풍만의 특징이 아니다. 저명한 의료인류학자 아서 클라인먼은 『질병 서사』*The Illness Narratives*라는 저서에서 치료 대상으로서 증상을 개인의 삶에서 분리하는 것에 대해 비판하는데, 그는 질병 경험에 대한 개인의 서사, 그 가운데 자아, 병의 의미, 인생의 재구축 등에 관한 분석이야말로 의료인류학뿐만 아니라 임상의학에서도 중요한 단계임을 지적한다(Kleinman 1988). 환자들은 자신의 증상을 해당 문화에서 통용되는 관용구idiom를 사용해 표현하고, 또한 환자들에게 나타나는 증상은 해당 문화에서 인정되는 형태로 발현된다(Nichter 1981, 379-408; 고유라 2017, 213-219). 질병 서사는 치료와 질병에 대한 문화적 담론들이 어떻게 개인의 경험을 구성하는지를 보여 주며, 한 사회나 문화에서 병이 의미를 부여받고 창조되는 과정, 그 사회적 상황, 환자의 심리적 반응이 구축, 결정되는 과정을 볼 수 있는 중요한 대상이다. 즉, 산후풍의 질병 서사 속 개개인의 증상은 한국 사회에서 동시대를 살아온 많은 이들과 공유된 사회적 서사로 확장되고 있으며, 이 민속 질병은 한국의 특수한 의료 환경 속에서 문화적 은유로서 존속돼 온 것이다.

차가운 아픔을 가진 사람을 위하여

한의학의 표준화 과정에서 노년층 환자는 산후풍 환자의 범주에서 배제되기 시작했다. 하지만, 한국 한의학에는 다양한 학파가 존재하고, 그에 따른 견해가 다르기 때문에, 노년층의 산후풍 환자가 모두 배제되었다고는 단언할 수 없다. 오히려 주로 중장년층 이상 환자를 대상으로 하는 소규모의 한의원들은 연령에 관계없이 산후풍 증상을 고칠 수 있다면서 여성 환자들을 적극적으로 끌어들이고 있었다. 도입에서 기술한 바와 같이, 실제 임상 치료에 대해서는 나는 관여할 수가 없다. 다만 현재 산후풍이라는 병명 아래 존재하는 다양하고 복잡한 양상에 대해 연구하려면, 산후풍 서사가 지속적으로 연구되어야 한다. 일차적으로 환자의 증상을 이해하는 것뿐 아니라 병증의 개선, 질병의 올바른 접근과 예방을 위해 중요하다. 또 전통 의학 또는 민간 의학에 친숙한 세대와 생의학에 친숙한 세대 간의 사고 차이를 이해하고 좁혀 가기 위해서도 이 서사의 맥락에 더욱 귀 기울여야만 한다.

의료화에서 낙오된 이들은 치료 중에도 자신의 증상이 부정되고 의료 현장에서 배제되는 것을 경험한다. 산후풍 서사 분석을 통한 증상의 세분화와 통합적 이해가 필요하다. 산후풍이라는 병으로 자가 진단한 여성들은 이를 불치병, 난치병으로 간주하고 치료를 포기하는 경우가 많다. 하지만, 혼재되어 있는 많은 증상을 구체적으로 세분화해 진단해 볼 필요가 있다. 여기에는 과거에는 난치였지만 점차 치료 가능한 증상이 있을 수 있고, 민간 의료 지식에 따른 자가 진단이 오판일 가능성도 배제할 수 없기 때문이다. 현재 한의원을 제외한 일반 병원에서는 산후풍이라는 병을 인정하지 않는다. 환자가 내원하면 임상적 검사를 거쳐 발견된 증상을 개선하기 위한 대증요법적 치료가 이뤄질 뿐이다. 이 과정에서 산후풍이라는 병명은 사라지고, 혈액순환 장애, 근육통, 관절통, 갑상선 기능 저하증 같은 생의학의 범주로 떼어 분류되며, 이에 따른 치료가 이뤄진다. 환자들은 이 과정에서 자신의 이야기가 무시되고, 정신적 문제로 치부돼, 자신의 고통이 부정된다고 느낀다. 특히 고령 여성 환자들에게 보이는 다양한 신체 이상은 그저 노화에 의한 신체 기능의 저하로 진단되면서, 적절한 치료로 이어지지 않고, 실재하는 증상조차 심리적인 문제로 치부되기도 한다. '우리는 왜 아픈 거예요? 좀 봐 줘요' 하는 질문에 대답하기 위해, 그리고 산후풍을 질병으로 재규정함에 앞서, 여성들의 서사에서 대두되는 사회적·심리적·대인적 측면은 물론, 한국이라는 문화적 맥락에서 통용되는 아픔의 관용어까지 다루는 연구가 필요하다.

참고 문헌

고유라, 2017, 「신체증상장애의 이해와 접근: 새로운 DSM-V 의 기준을 중심으로」,
    『스트레스연구』 25-4.
보건복지부 국민건강보건과, 2013, 『임신 출산 진료비 지원사업 안내』.
오수경, 2017, 「산후풍의 정의 확립을 위한 전문가 델파이 조사 연구」, 동국대학교 석사
    학위논문.
원보영, 2010, 『민간의 질병 인식과 치료 행위에 관한 민속학적 연구』, 민속원.

Kleinman, Arther, 1980, *Patients and Healers in the Contexts of Culture: An Exploration of the
    Borderland between Anthropology, Medicine and Psychiatry*, University of California
    Press.
_____, 1988, *The Illness Narratives: Suffering, Healing, and the Human Condition*,
    Basic Books.
Nichter, Mark, 1981, "Idioms of distress: alternatives in the expression of psychosocial
    distress: a case study from South India", *Culture, Medicine and Psychiatry* 5-4.

부모이자 피해자로 살아가기

가습기 살균제 참사 부모 피해자들의 이야기

김지원

손을 잘라 버리고 싶은 마음에 대하여

아이의 건강을 위해 사용했던 물건이 오히려 아이를 아프게 했다는 사실을 뒤늦게 알게 된 부모의 마음을 가늠할 수 있을까? 기관지가 좋지 않은 어린 딸을 위해 가습기에 가습기 살균제를 꼬박꼬박 넣었던 한 아버지가 있었다. 10여 년이 흘러 가습기 살균제의 위험성이 밝혀졌지만 이미 너무 늦었다. 어느덧 중학생이 된 아이는 폐가 손상된 채 평생을 살아가야 한다. "가습기에 가습기 살균제를 넣었던 내 손을 차라리 잘라 버렸으면 좋겠다"라고 아버지는 말했다. 아이의 어머니 채지현(가명, 44세)씨는 나와의 면담에서 당시를 이렇게 회상했다.

그때 남편이 처음으로 눈물을 흘리더라고요. 자기…… 자기가 인제, 저보다는 자기가 [가습기 살균제를] 넣었으니까. 저는 한 달에 한 번 넣을까 말까 한 경우였다면, 남편이 거의 [가습기] 청소를 했었거든요. 청소 맨날 할 때마다, 물 갈 때마다 넣었으니까. 그게 자책감이 엄청 컸었는가 봐요. 그런 말을 얘기를 하더라고요. 자기 손……을 그냥 잘라 버렸으면 좋을 뻔했다고 얘기를 하더라고요. 충격이 컸죠, 저도. 그 소리를 처음 들었으니까.

가습기 살균제를 사용한 평범한 사람들의 이야기를 해보려 한다. 나는 2016년 7월부터 약 1년간의 민족지적 현장연구ethnographic fieldwork를 시작으로, 연구자로서, 자원봉사자로서, 때로는 '가습기 살균제 사건과 4·16 세월호참사 특별조사위원회'(이하 특조위)의 조사관으로서, 한 명의 시민으로서 가습기 살균제 피해자들을, 특히 피해자의 부모이자 스스로가 피해자인 부모 피해자들을 만났다. 이들 중 대부분은 당시 유아였던 자녀와 함께 가정에서 가습기 살균제를 사용했다. 이렇게 부모와 어린 자녀가 가습기 살균제를 함께 사용한 사례가 상당수라는 중요성도 있지만,[1] 이들의 경험은 오늘날 우리의 일상 깊이 들어온 화학용품이 가족 구성원의 삶을 어떻게 변화시키는지를 성찰하게 한다. 어떤 부모 피해자들은, 아이가 아팠던 이유가 가습기 살균제 때문이라면 그것을

---

[1] 가습기 살균제는 유아를 위한 제품으로 홍보되었다. 실제로 가습기 살균제 노출 가구 가운데 노출 당시 임산부가 있던 가구는 없던 가구에 비해, 만 8세 미만 자녀가 있던 가구는 없던 가구에 비해, 각각 1.2배 많다(변지은 외 2020, 457-469). 2015년까지 피해구제 인정을 받은 피해자 221명 가운데 56.6퍼센트가 피해 당시 5세 이하였으며, 15.8퍼센트가 임산부였다(박동욱 외 2016, 147-159).

구매하고 사용했던 자신도 가해자가 되는 것 같다며 자책했다. 매일 손수 가습기에 살균제를 넣었던 기억, 그리고 이제는 그 손이 가습기 살균제 제조·판매사의 손이 되어 버린 것 같은 느낌은 자신의 손을 잘라 버리고 싶은 마음까지 들게 했다.

'손을 잘라 버리고 싶은 마음'은 '가습기 살균제 피해자'가 되는 것
— 정부의 구제 대상 혹은 기업의 배상·보상 대상으로서 공식적인 피해자로 인정받는 것이든, 공식적 인정과는 별개로 자신을 피해자로 여기는 것이든 — 이 피해자들에게 얼마나 모순적이고, 복잡하며, 고통스러운 문제인지 보여 준다. 가습기 살균제 피해자들에게 가습기 살균제 참사는 대체 어떤 사건인가? 피해자들은 왜, 어떻게 고통받고 있는가? 그럼에도 이들은 어떻게 일상을 복원해 나가고 있는가? 이 질문들은 가습기 살균제 피해자들이 살아가고 있는 현실과 그 현실을 만들어 낸 사회적 맥락들로 나를 깊숙이 끌고 들어갔다. 이 글에서 나는 피해구제 제도의 형성과 작동, 가습기 살균제가 불러온 부모-자녀 관계의 변화, 그리고 피해자들과 함께 합창단 활동을 하면서 얻은 경험과 교훈을 통해 가습기 살균제 피해자들에게 피해자가 된다는 것은 어떤 의미인지를 논할 것이다.

'가습기 살균제 피해구제 제도' 안팎의 피해자

2016년 여름은 가습기 살균제 제조·판매 기업들에 대한 검찰 수사 재개와 그에 잇따른 기업들의 공식 사과, 국회 국정조사 특위의 활동, 그리고 전국적인 옥시 불매운동으로 시끄러웠다. 정부의 가습기 살균제 피해

구제 대상이 되기 위한 문턱이 너무 높은 것 또한 많은 피해자들을 분노하게 했다. 2016년 8월 기준, 정부에 가습기 살균제 피해구제(인정)를 신청한 이들 중 63퍼센트가 "가습기 살균제로 인한 폐질환일 가능성"에 따른 1~4단계 중에서 "가습기 살균제로 인한 폐질환일 가능성이 낮거나 없는" 3·4단계 판정을 받고 구제와 배상에서 실질적으로 배제되고 있었다.[2] 또한 단계에 숫자가 매겨지고, '등급'이라는 용어까지 혼용되면서 피해구제 제도상의 '폐질환 단계'는 '가습기 살균제로 인한 특정한 폐질환일 가능성의 정도'라는 제도상의 의미 대신 '가습기 살균제 피해자일 가능성의 정도', 심지어는 '고통의 경중의 위계'를 뜻한다는 오해도 생겼다. 가습기 살균제 사용 이후 자녀가 폐렴과 천식을 앓았지만, 1·2단계를 받지는 못했던 김민희(가명, 41세)씨는 구제와 배상뿐만 아니라 피해자 활동에서도 자신이 피해자로서 온전한 정당성을 인정받지 못한 그림자 같은 존재였다고 기억했다.

2　가습기 살균제 피해 접수, 조사, 판정은 총 5차에 걸쳐 진행되고 있다. 2016년 8월 기준, 각 차수별로 전체 피해구제(인정) 신청자 대비 구제 급여 인정자(1·2단계)가 361명 중 172명(1차), 169명 중 51명(2차), 752명 중 35명(3차)으로 인정률이 각각 47, 30, 20퍼센트로 감소하고 있었다. 환경부, 「가습기 살균제 피해 3차 접수자 752명 중 165명 판정…… 재검토 포함 37명 피해 인정」 보도자료(2016/08/18) 참조.

폐질환 외에, 2017년 태아 피해 및 천식, 2019년 독성 간염 및 아동 간질성 폐질환, 2020년 상기도질환 및 기관지염이 가습기 살균제 피해 인정 및 구제 대상 질환에 추가되었다. 2020년 8월 기준, 피해구제 신청자 총 6852명 중 930명이 구제 급여 대상으로 인정받았다. 2020년 9월 25일 이후에는 개정된 "가습기 살균제 피해구제를 위한 특별법 시행령"에 따라 기존의 질환별 건강 피해 인정 기준은 폐지되었고, 장관이 고시하는 기준에 따라 개인별 의무 기록을 종합 검토하는 개별 심사를 거쳐, 가습기 살균제 피해 여부가 판정되고 있다. 환경부 2020 참조.

제 개인적인 경험으로 얘기하자면…… 저는 1차 신고자예요. 2014년도에 판정을 받고 피해 활동을 계속했고요. 언론에서는 자극적인 호소를 할 수 있는 피해자들을 내보내다 보니 어쩔 수 없이 1·2등급에 주목해요. 이건 저도 이해를 해요. 3·4등급은 문제 제기를 할 수 있는 입장이 아니었거든요. 우리에게도 알려진 게 막연히 1·2단계면 심각하다는 거였어요. 그런데 3·4단계 중에서도 심한 사람들이 있어요. 그래서 더 [단계 체계가] 인정이 안 돼요. 등급과 3·4등급 [피해자들]이 나눠질 수밖에 없는 게…… 3·4단계는 소송이 진행 자체가 안됐어요. 변호사들에게 찾아가면 3·4단계는 정부에서도 인정을 안 해주는데 어떻게 하냐고 했으니까요. …… 변호사들이 부정적으로 얘기를 많이 했죠. 그래서 소송도 쉽지 않구나 생각하게 됐어요. 1·2단계가 앞에서 활동하면 저는 뒤에서 활동을 할 수밖에 없었어요. 금전적이라든지. 서포트를 하고……

가습기 살균제 피해의 규정과 가습기 살균제 피해자 자격의 범주화에 관한 논란의 시작은 2011년 8월, 그해 봄부터 유행한 원인 미상 폐질환의 원인이 가습기 살균제로 추정된다는 질병관리본부(현 질병관리청)의 역학조사 결과 발표로 거슬러 올라간다.[3] 이후 민관 합동 폐손상 조사위

---

3 그 후 기업과 정부는 일부 제품의 판매를 중지하고 시장에서 수거했지만, 피해 신고 접수 및 조사, 피해자 보상 등의 대책은 마련하지 않았다. 피해 신고 접수와 조사에 나선 것은 시민 단체와 연구자들이었고, 이들의 활동이 2011년 11월 민관 합동 폐손

원회는 '가습기 살균제 폐질환'Humidifier Disinfectant-associated Lung Disease, HDLI으로 알려진, 가습기 살균제로 인해 발생하는 특이성 질환을 정의하여 가습기 살균제로 인한 명백한 피해를 규정하고자 했다.[4] 그리고 이 '가습기 살균제 폐질환'이 2013년 "환경보건법"상 환경성 질환으로 지정되면서, 가습기 살균제로 인한 피해의 연구·관리·배상의 제도적인 근거가 생겼다. 태아 피해, 천식 등이 가습기 살균제 피해 인정 질환으로 인정되기 전까지, 정부에 피해구제를 신청한 사람들은 자신의 질환이 '가습기 살균제로 인한 폐손상'의 기준에 해당하는지, 즉 인과성의 가능성 정도에 따라 1~4단계로 판정받았다. 가습기 살균제 제조·판매 기업들은 정부의 피해 인정 여부를 배상·보상의 기준으로 삼았기 때문에, 정부 인정 대상이 되지 못하면 피해자들은 '절반쯤' 피해자가 아닌 존재가되어 버린다. 1·2단계 판정을 받는 것은 피해자들에게 매우 중요하지만, 앞서 언급했듯이 "가습기 살균제로 인한 폐질환이 거의 확실하거나 가능성이 높은" 1·2단계 판정을 받아 정부 인정 피해자가 되는 경우는 소수였다. 실제로 피해 가정 1152 가구를 대상으로 한 실태 조사에서, 기

상 조사위원회의 구성으로 이어졌다.

4 담배, 고엽제, 서울시 대기오염 소송 사건 등의 판례에서 특이성 질환 혹은 비특이성 질환의 여부는 인과관계 판단에 중요한 기준이 되었다. 2011년 대법원은 흡연만이 폐암을 일으키는 인자가 아니며 폐암은 복합적 작용에 의해 발병하는 비특이성 질환이라는 전제 위에서 흡연-폐암 간의 역학적 상관관계는 인정하였으나 개별적 인과관계는 인정하지 않았고, 2020년 11월에도 서울중앙지법의 유사한 판결이 있었다. 이에 대해 송남은·정남순(2016)은 특이성, 비특이성 질환의 구분은 학문적 근거가 없으며, '단일한 유해 원인과 질병이 명확하게 대응하는' 특이성 질환은 존재할 수 없다고 비판한다.

정부지원 질환 (2020년 9월 개정 이후 통합)*			피해자 진단받은 질환 (자가보고)**
구제 급여 인정 질환	2020/07	기관지염 상기도질환	폐질환(천식, 기관지확장증, 폐렴, 간질성폐렴, 폐섬유화, 폐기종), 태아 피해(사산, 유산, 선천성 기형아), 독성간염, 비염 등 비질환, 결막염 등 안과질환, 간질 등 신경계 질환, 피부염 등 피부질환, 당뇨 등 내분비계 질환, 암 질환, 신장염 등 신장질환, 고혈압·고지혈증 등 심혈관계 질환, 위염, 궤양, 자폐증·주의력결핍과잉행동장애 등 발달장애
	2019/11	아동 간질성 폐질환	
	2019/07	독성간염	
	2017/09	천식환	
	~2017/03	태아 피해 폐질환	
특별 구제 계정 인정 질환	2018/12	천식 상당 지원 폐렴	
	2018/11	기관지확장증 성인 간질성 폐질환	
	~2018/07	천식질환 폐질환 상당 지원	

<표1> 정부 피해 인정 질환과 피해자가 진단받은 질환(자가보고) 비교

* 구제 급여는 정부 예산으로 우선 지원한 후 정부가 기업에 손해배상청구권 대위하고, 특별 구제 계정은 가습기 살균제 관련 기업의 자금으로 지급되었다. 비용의 차이는 없으나 구제 급여를 받으면 정부가 가습기 살균제와 해당 질환의 인과성을 인정하는 것이어서, 피해자가 기업에 민사소송을 제기할 때 유리하다. 2020년 9월 25일 이후 '가습기 살균제 피해구제를 위한 특별법' 개정에 따라 이 두 구제 체계는 구제 급여로 통합되었다. 환경부 2020.

** 가습기 살균제 피해 가정 100가구 조사에서 나타난 피해자 진단(호소) 질환들. 특조위 2019 참조.

업에 배상·보상을 요청조차 하지 않은 경우가 전체 조사 대상자의 86.8 퍼센트이었고, 그 주된 이유로는 '정부가 아직 피해 인정 판정을 해주지 않아서'(49.4퍼센트), '구제 급여 대상자가 아니라서 소송을 제기해도 패소할 것 같아서'(20.7퍼센트)가 꼽혔다.[5]

이처럼 원인 물질과 질환 간의 인과관계는 화학물질 관련 재난에서 사고의 규모, 책임 해명, 보상의 범위를 결정하는 핵심적인 쟁점이다.

대규모 화학물질 재난에 대한 인류학적 연구들은 원인 물질–질환 간의 인과관계와 그 사회의 정치적 맥락이 어떻게 서로를 형성하는지 탐구했다. 1986년 체르노빌 원자력 발전소 참사 이후 시장경제로의 체제 전환기에 우크라이나의 정치 지도자들은 방사능 노출과 피해자들이 겪고 있는 질환 간의 인과관계의 불확실성을 새 정부 정당성의 기반으로 삼았다. 방사능의 건강 영향에 대한 지식의 공백이 적극적인 관료제적 개입의 명분이 되었던 것이다(Petryna 2013). 한편 1984년 인도 보팔의 가스 누출 참사 이후, 피해자들을 대변한 인도 정부와 미국계 다국적 기업 유니언 카바이드(현 다우케미칼) 간의 법적 공방에서, 정부와 의학계가 인정하는 인과관계의 '확실성'에 들어맞지 않는 질환을 가진 피해자들은 꾀병을 부린다고 낙인찍혔다(Das 1995). 유니언 카바이드 같은 외국자본의 투자는 인도의 '발전'과 '근대화'를 위해 환영받았지만, 그로 인해 발생한 주민들의 고통은 정당히 인정받지 못했던 것이다. 한국의 가습기 살균제 참사 또한 다국적기업의 이중 기준 악용[6] 예방, 기업의 불법행위에 대한 징벌적 제재 수단의 부족 등으로 취약한 소비자 권리의 현 주소

5　기업으로부터 배상·보상을 받은 피해자는 전체 조사 대상자의 8.2퍼센트. 요청했으나 받지 못한 경우가 5퍼센트였다. 특조위 2020 참조.

6　이중 기준(double standard)이란 좀 더 철저한 환경·안전 규제를 가진 선진국에 있는 기업이, 개발도상국의 자기업에서는 모기업과 다른 기준을 적용하는 이중성을 말한다. 보팔 참사의 경우, 유니언 카바이드는 비용 절감을 위해 미국의 자매 공장에 훨씬 못 미치는 안전 기준으로 보팔 현지 공장을 운영했다. 레이온 중독 또한 대표적 사례이다. 1960년대 한일 국교 정상화 과정에서 전후 배상 품목으로 일본에서 들여온 방사 기계 때문에 국내에서 원진레이온 직업병이 발생했고, 이 기계가 다시 1990년대 중국으로 매각되어 비극이 계속되고 있다.

를 보여 주는 사건이었다. 가습기 살균제 피해구제 제도로 인해 피해자들은 소송을 하지 않고도 병원비와 일부 장례비 등 최소한의 경제적 구제를 받게 되었지만, 정부는 구상권을 전제로 추후에 기업을 대상으로 승소하여 비용을 다시 받아 낼 수 있는 피해자들만 피해자로 인정했다. 이런 소극적인 피해 인정은 구체적으로 가습기 살균제와 특정 질환 사이 인과관계의 불확실성이 피해구제 제도 안에서 피해자들에게 전가되며 이뤄졌다.

먼저 피해자들은 가습기 살균제를 사용했다는 사실부터 증명하기를 요구받는다. "안방의 세월호 참사"라고도 불리는 가습기 살균제 참사는 일반적인 대규모 재난과 달리 각 가정의 '안방'에서 발생한, 목격자 없는 재난이다. 정부 피해구제를 신청한 사람들은 먼저 가습기 살균제 사용 여부, 노출의 정도 등을 조사하는 환경노출 조사를 받게 되는데, 이때 일관된 진술은 가습기 살균제 사용 여부의 중요한 판단 기준이 된다. 하지만 가습기 살균제를 사용한 지 짧게는 수년, 길게는 20년 이상의 시간이 흘러, 피해자들은 조사에서 요구되는 만큼 구체적이고 일관되게 진술하는 것이 도저히 불가능하다고 느끼기도 한다. 피해자들은 충족시킬 수 없는 구체성과 일관성을 요구받을 때의 좌절감과 무력감을 토로했다. 어떤 부모 피해자들은 가정에서 가습기 살균제에 얽힌 가족사를 공개할 때 곤란함과 수치심을 느꼈다고 말했다. 가습기 살균제가 주로 가정에서 사용되면서 많은 경우 가족이 가습기 살균제 노출의 단위가 되었다. 그런데 노출에 대한 구체적인 조사 과정에서 가족의 삶에 깊이 묻혀 있던 사건들이 끌어올려지기도 했다. 가령, 유아의 가습기 살균제 노출 기간을 확인하려면 어머니가 임신 중 가습기 살균제에 노출

되었는지 밝혀야 한다. 입양한 자녀와 사는 한 부모 피해자는, 자녀가 피해구제 자격을 인정받을 가능성을 조금이라도 높이기 위해 '태아 때부터 가습기 살균제에 노출되었다'라고 거짓 증언을 했더라도 소용없었을 거라고 했다. 이 가족이 조사를 받은 2017년 당시에는 산모가 폐손상 1·2단계를 받아야만 태아의 가습기 살균제 피해가 인정받을 수 있었다. 남편은 자신의 질병을 가습기 살균제와 연관시키는 걸 꺼려한 아내가 검사를 받거나 자신의 피해 인정을 위해 적극적으로 노력할 거라고 기대하지 않았다. 정부 구제 대상이 되기 위해 피해자가 되려는 시도 속에서, 부부는 그동안 비밀이었던 아이의 입양 사실을 주저하며 공개했다. 또한, 가습기 살균제에 함께 노출된 가족 안에서도 자신을 피해자로 여기는 것에는 정도의 차이와 이견도 있었다. 이처럼 가족의 시간에 새겨진 가습기 살균제 노출의 역사에는 입양, 별거, 유산 등의 내밀한 과거 사건들뿐만 아니라, 계속되는 가족 내 가습기 살균제에 대한 상반된 입장들까지 담겨 있다.

환경노출 조사 이후에는 관련 질환 등을 조사하는 건강영향 조사를 거쳐 최종적으로 정부의 피해 인정 및 구제 대상 여부 판정이 이뤄진다. 피해 판정은 명시적으로는 피해자의 질환이 현재 구제 대상 인정 질환에 해당하는지, 그리고 그것이 가습기 살균제로 인한 것인지의 가능성을 판단하는 것이지만, 피해자들에게는 "피해자일 수 있는 잠재성을 가진 몸"에 대한 도덕적인 판단으로 경험된다. 다시 말해, 판정 과정에서 정부의 구제 대상이 된 피해자와 달리, 그러지 못한 피해자는 의학과 법에서 규정한 인과관계의 한계를 부각시킨다. 전문가와 국가의 권위로 '진짜 피해자'의 자격을 보장받고, 구제 대상이 되지 못한 피해자는 의학과 법에서 규정하는 인과관계를 시험하는 존재로 의심받는다. 특히, 피해구제 제도 내에서 의심은 협소하게 정의된 인과관계보다는, "가습기 살균제 사용 여부를 알 수 없는" 피해자에게 향한다. 부모 피해자들은 "아이를 담보로 한 보상 요구" "가습기 살균제를 사용하지 않았음에도 피해 신고"와 같은 피해자 비난victim blaming을 겪었다(한국역학회 2018, 198). 가습기 살균제와 질환 간의 인과관계의 불확실성은 피해자 개인의 도덕성에 대한 훼손을 통해 해소되고 있다.[7]

부모이자 피해자로 살아가기

가습기 살균제로 인한 다양한 질환을 비롯하여, 가습기 살균제 피해자들이 겪은 고통은 의학계와 정부에서 규정하는 '피해'에 포함되지 못했다. 피해자들의 몸과 삶에 초점을 맞출 때, '피해'로 포착되지 못한 고통은 더 뚜렷하게 드러난다. 특히 나는 이들이 가습기 살균제와 관련된 과거의 기억을 되짚고, 새롭게 해석하며, 또 그로 인해 현재가 변화하는 과정에 주목했다. 가습기 살균제가 최초 출시되었던 1994년부터 가습기 살균제의 유해성이 알려진 2011년까지 17년이 흐른 후에야, 피해자들은 가습기 살균제를 사용했던 과거를 사후적으로 추적해 가면서 재난

---

[7] 피해구제 신청부터 판정을 받기까지 2년 이상이 걸리기도 한다. 가습기 살균제 피해자들의 정신 건강에 대한 연구(오정현 2020)에 따르면, 판정까지 걸린 시간이 길었던 피해자일수록 더 많이 외상후울분장애(PTED)를 경험했다. 판정이 지연되면서 울분감이 지속, 만성화되었고 예상치 못한 판정을 받았을 때 이들은 부당함과 허무감, 무력감과 자기 비난에 시달렸다(오정현 2020, 51-52).

을 다시금 파편적으로 경험하게 되었다.

부모 피해자들에게 가습기 살균제 참사는 일상적인 자녀와의 관계에도 스며든, 일상과 구분하기 어려운 재난이었다. 피해자들에게 '가습기 살균제 피해자'가 된다는 것은 공식적인 피해 인정 여부와는 별개로, 과거에 이미 어떻게든 이해하고 수용했던 자녀의 아픔 혹은 죽음을 새롭게 받아들여야 함을 뜻했다. 가습기 살균제 참사에서 피해자들은 다른 재난에서보다 과정적으로, 의식적으로 피해자가 되었다.

부모 피해자들과의 면담에서 그들이 가습기 살균제 참사와 관련해 가장 먼저 떠올리는 기억은 자녀가 아파서 병원을 방문했던 일이었다. 면담에서 피해자 방혜미(가명, 44세) 씨는 2006년 당시 네 살이던 자녀가 원인 미상 폐질환으로 대학병원에 입원했을 때의 한 강렬한 순간에 대해 말했다. 당시에 그는 자녀와 비슷한 증상으로 입원한 아이가 갑작스러운 상태 악화로 사망에 이른 상황을 목격하고, '아기 폐가 터져서 죽었다'라는 간호사들의 대화를 듣게 되었다.

그 말을 듣는데…… 그 얘기를 듣고, 순간 귀하고 입을 막게 되는 거예요. '내 아이는 살았다!' 그 생각밖에 딱 안 드는 거예요. 그니깐 무슨 소리든 뭐든 '뭐가 안 좋대' '이 제품을 써서 그랬대' 그러니까 그때부터 저는 [그런 이야기들을] 안 듣기 시작한 것 같아요…… 괜히 듣고 싶지도 않고, 그걸 들었다가 내 아이만 상처받을까 그런 생각도 있고…… 아니면 저를 위한 것일 수도 있고. (잠시 침묵) 그래서 좀…… 그게 좀 무서웠던 것 같아요. 제일.

자녀가 원인 미상 폐질환으로부터 기적적으로 회복한 이후, 방혜미 씨는 그때의 기억과 연관된 것들을 부정하려고 했고, 몇 년 후 듣게 된 가습기 살균제의 유해성과 관련된 소식도 무시하려 했다. 설명될 수 없었던 자녀의 아픔과 죽음을 이미 어떻게든 이해하고 수용하려고 했는데, 그것을 다시 직면하고 번복하는 것에는 괴로움이 따랐다. 그런 괴로움은 어떤 피해자들에게는 피해구제 신청을 주저하게 되는 심리적 장벽이 되었다. 방혜미 씨 부부는 가습기 살균제 제조·판매 기업이 가습기 살균제 참사에 대한 책임을 부인한다는 언론 보도를 접한 후, 피해구제를 신청하기로 결심했다. 그들에게 자녀의 고통이 가습기 살균제로 인한 피해로 공식적으로 인정받는 것은, 책임을 부인하는 기업에 대해 정의를 실현하는 방법이었다.

한편 자녀가 가습기 살균제 피해자일 수 있다는 가능성은 부모–자녀의 관계 그리고 부모로서의 도리를 바꾸기도 했다. 6개월 된 딸을 가습기 살균제 사용 두 달 만에 떠나보낸 김경환(가명, 53세) 씨는 수년 후에야 아이의 죽음의 원인이 가습기 살균제일 수도 있다는 것을 알게 되었고, 그 사실은 딸과의 관계를 변화시켰다. 2009년 딸의 죽음 당시 김경환 씨 부부는 갓난아기의 죽음은 그 원인을 밝히기보다 '부모의 가슴에 묻는' 것이 바람직한 애도라는 생각으로, 의료진의 권유에도 불구하고 부검을 하지 않았다. 하지만 훗날 자녀의 가습기 살균제 피해구제 신청 준비를 위해 의무 기록을 모으고 정리하면서, 과거의 그 선택을 후회하게 됐다. 부검을 하지 않아, 어쩌면 가습기 살균제로 인한 죽음일 수도 있다고 추리할 수 있는 단서조차 찾을 수 없었기 때문이다.

[딸을] 잊고 살았죠, 이제껏. …… 근데 내가 지금, [가습기] 살균
제로 인해서 애가 죽은 게 사실이라면, 가만히 있으면 그게 아버
지 도리는 아닌 것 같은데? 뭐…… 어떻게 보면 내가 죽……였다
고 볼 수 있잖아요. 그럼…… 나도 애 생각해서, 좋다고 해서 가져
다 넣은 건데…… 하늘나라 가서도 나 원망할 [거 아니에요]……
만약 그걸로 죽었으면 내가 죽일 놈이니까. 네? 그래서 한마디로
뭐…… 책임을 쪼금…… 모면한다 그래야 하나?

과거에 김경환 씨 부부에게 적절한 애도라고 여겼던 행위는, 현재에는
애도가 아닌 것, 오히려 애도를 방해하는 것이 되었다. 자녀가 피해자로
인정받기는 어렵겠지만, 그래도 피해 인정을 위해 계속 투쟁하는 것이
그에게는 부모로서의 새로운 의무가 되었다. 김경환 씨처럼, 많은 부모
피해자들은 의학과 제도가 인정하는 피해자의 지위, 즉 정부 피해구제
대상 피해자의 자격을 자녀에게 확보해 주는 것 자체보다도, 그 목표를
위한 끊임없는 노력 속에서 자신에게 주어진 새 역할과 의미를 찾고 있
었다.

가습기 살균제가 딸을 죽게 한 진짜 원인일 수 있다는 가능성은 김경
환 씨에게 부모로서의 실패와 그것을 만회할 수 있는 기회 모두를 뜻하
는 듯했다. 앞의 대화에서 그는, 만약 딸이 가습기 살균제로 인해 목숨을
잃은 것이 맞는다면, 가습기 살균제를 사용한 자신에게도 책임이 있으
니 죽은 딸이 자신을 원망할 거라고 했다. 딸이 가습기 살균제 피해자라
면, 아버지인 자신이 딸의 죽음에 책임이 있다고 느낀 것이다. 그래서 김
경환 씨 같은 부모 피해자들은 자신과 자녀의 질병(혹은 죽음)이 가습기

살균제로 인한 것이라고 의심하면서도, 동시에 부정하고 싶어 하는 모순적인 심정을 종종 내비쳤다. 한편, 딸이 가습기 살균제 피해자일 수 있다는 가능성은 김경환 씨가 표현한 대로라면 '책임을 조금 모면할' 기회이기도 했다. 자신이 이 참사를 공론화하고 딸의 피해를 인정받기 위해 열심히 피해자 활동을 한다면, 아버지로서의 도리를 다하고 죄책감을 조금이나 덜어 낼 수 있을 것 같았다.

이처럼 정부 피해구제 대상으로서 피해자 인정과는 별개로, 자녀를 가습기 살균제 피해자로 여기는 순간, 부모들은 가습기 살균제를 자녀와 함께 사용한 자신 또한 피해자일 수 있다고 생각하는 한편, 자신이 자녀에 대한 가해자이기도 하다는 딜레마에 빠졌다. 스스로 공동 가해자라는 생각을 떨칠 수 없었던 부모 피해자들은 자녀에게 자초지종을 설명하고 용서를 구하고자 했다.

> 애 아빠 하고 둘이 같이 앉아 가지고 그 얘기를 했어요. '그래서 엄마 아빠가 너한테 정말정말 미안하고, 이건 죽을 때까지 너한테는 죄를 짓고 사는 거다.' 그랬더니 민규가 '왜요?' 그래서 '너가 폐가 안 좋은 거는, 엄마 아빠가 안 좋은 제품을 썼기 때문에, 그 회사 제품을 썼기 때문에, 안 좋은 거다.' 그러고서는 얘기를 해줬어요. 그랬더니 한참 듣고 있다가, '알겠어요. 괜찮아요. 엄마 아빠 잘못은 아니에요.' 그렇게 얘기하는데, 어우, 너무 미안하더라고요.

방혜미 씨처럼 부모 피해자들이 자녀에게 용서를 구했던 기억 혹은 용서를 구하는 순간에 대한 상상은 기업, 국가, 사회가 덜어 주지 않은 그들의 죄책감, 그리고 그렇게나마 봉합하지 않고서는 견디기 힘든 가족의 고통이 드러나는 지점이다. 피해자 몸속에 들어온 가습기 살균제 물질이 향후 어떤 질병으로 나타날지 모르는 불안을 안고 살고 있기에 가습기 살균제 참사는 피해자의 신체에서 아직 진행 중이며 피해자 가족에게도 끝나지 않은 재난이다. 부모 피해자들은 자신이 구매하고 사용한 가습기 살균제로 인해 고통받고 있는 자녀들에 대한 일차적인 돌봄 제공자이자, 많은 경우 본인 또한 건강 악화를 경험한 피해자로서 살아가고 있다. 많은 피해자 가족들의 이야기에서 가습기 살균제 참사의 원인에 대한 책임은 가족을 벗어나 기업과 정부를 향하지 못하고 가족 내에서 머물러 있다. 가정에서 가습기 살균제를 사용한 많은 부모 피해자들에게, 자신을 피해자라고 여기게 되는 과정은 피해구제 대상 여부에 대한 판정으로 종결되지 않았다. 부모-자녀라는 친밀한 관계가 재난의 발생 장소가 되었을 때, 좋은 부모이자 정당한 피해자가 되는 것은 부모 피해자들에게 일상에서 계속되는 과제로 등장하고 있다.

아픈 몸에서 노래하는 몸들로

가습기 살균제 제조·판매 기업들은 살균제로 가습기를 청소하고 버리는 것이 아니라, 물과 함께 살균제를 가습기에 붓고 사용하라고 홍보했다. 물과 함께 증발한 가습기 살균제가 폐에 흡입될 수 있다는 것은 쉽게 예측할 수 있는 일이었지만, 이 기업들은 가습기 살균제 함유 물질이 흡입해도 안전한지 사전에 시험하지 않았거나 시험 결과를 무시했다. PHMG, CMIT/MIT, BKC 등 가습기 살균제에 사용된 물질들은 이미 살균제나 보존제에 널리 쓰이는 것들이지만, 관건은 '어떻게' 사용하느냐에 있었다. 이들이 안정성이 입증되지 않은 방식으로 몸과 만났을 때, 그 결과는 치명적이었다. 앞서 나는 이 잘못된 만남의 결과, 즉 가습기 살균제 피해가 어떻게 의료적·제도적으로 규정되었는지, 그리고 그런 '피해'에 포함되지는 못했던 부모-자녀 관계에 대한 피해자들의 경험을 살펴보았다. 나는 마지막으로, 피해구제 제도와 가정에서 피해자들 간의 연대와 활동에 대해 소개하고자 한다.

가습기 살균제 참사의 지배적인 담론에서 피해자의 신체는 의학적·제도적 증명의 대상으로 재현되어 왔고, 그것은 피해자들이 자신의 몸을 인식하는 방식에 영향을 주었다. 때로는 연구자인 나도 꿈에서나마 가습기 살균제로 인해 변화한 몸으로 산다는 게 어떨지 짧게나마 느껴보기도 했다. 밀폐된 방에서 독가스를 강제로 들이마시는 꿈, 너무 아파서 주위 사람들에게 호소해도 아무도 내 고통을 인정하지 않는 꿈을 종종 꾸었다. 그런데 가습기 살균제 피해자들과의 합창단 활동은 가습기 살균제로 인해 아픈 몸, 피해를 증명해야만 '정당히' 아플 수 있는 몸을 초월하는 경험이 되었다. 피해자들은 합창 활동을 통해 자기 몸에 대한 조금 다른 감각과 가능성을 탐색하게 됐다.

2019년 가을, 합창단의 첫 모임 날이었다. 가습기 살균제·라돈·석면 피해자와 유가족, 시민 단체 활동가, 일반 시민 등 나를 포함한 15명 남짓이 모였다. 몇 번의 모임을 거치며 자녀 피해자와 부모 피해자가 함께 참석하는 일도 생겼다. 우리는 '숨'과 '음표'를 합친 '숨표'를 합창단의 이름으로 지었다. 가습기 살균제 사용으로 아버지를 잃은 유가족 한분이 이 모임을 제안했고, 또 자신의 전공인 성악을 살려 지휘자로서 합창단을 이끌고 있다. 첫 모임에서 지휘자는 참여자들에게 노래하기 위해 숨을 쉬는 방법, 몸을 울림통으로 사용하는 방법을 설명했다. 특히 복식 호흡은 폐 아래에 위치한 횡경막이라는 근육을 숨을 들이쉬고 마실 때마다 움직이는 것으로, 들숨에 폐의 부피를 늘려 숨을 깊게 그리고 많이 쉴 수 있게 해준다고 했다.

자, 여러분, 명치가 어디에 있는지 아시죠? 그 명치에서부터 시작해서 등 쪽까지 쭉 자신의 갈비뼈 가장 아랫부분을 따라가면서 만져 볼까요? 아마 자기 갈비뼈를 태어나서 처음 만져 보시는 분들도 있을 거예요. (일동 웃음) 등 쪽에 갈비뼈가 끝나는 부분이 있죠? 그 아래쪽이 숨 쉴 때마다 올록볼록하면 그게 바로 횡경막을 움직이면서 숨 쉬고 있는 거예요.

나를 포함한 여러 참여자들은 모두 진지한 표정으로 등허리에 손을 얹고 손바닥으로 전달되는 자기 자신의 숨을 느껴 보려고 집중했다. 노래를 연습하기 전에, 먼저 좋은 소리를 내기 위해 몸의 모든 부분을 느껴 보고, 움직여 보고, 조정해 보면서 나는 내 몸이 굉장히 낯설게 느껴졌다. 그동안 가습기 살균제 참사에 대한 지배적인 서사 속에서 피해자의 몸은 손상된 폐에 대한 의학적 설명으로 점철되어 왔던 몸, 제도를 통해 자격을 심사받고 판정받아야 하는 몸이었다. 하지만 노래를 부르며, 몸은 내가 직접 느낄 수 있고 훈련할 수 있는 몸으로, 아프고 다친 몸에서 노래하는 몸으로 잠시나마 전환되는 것을 느꼈다. 나는 다른 단원들은 이렇게 함께 노래를 부르며 무엇을 느끼는지, 혹시 노래가 내게 열어 준 이 해방적인 감각을 그들도 느끼는지 몹시 궁금했다.

예상치 못한 곳에서 그에 대한 답을 들을 수 있었다. 합창단에 참여하고 있는 가습기 살균제 피해자 임진영 씨(가명, 51세)에게 노래하는 게 힘들지 않느냐고 묻자, 그가 합창단을 시작하기 전 친구의 걱정 어린 만류를 뿌리쳤던 이야기를 들려주었다. 가습기 살균제 사용 이후 천식을 앓으며 산소발생기를 사용해야만 하는 임진영 씨에게, 친구는 '네가 숨 쉬는 것도 벅찬데, 합창단에 나가고 남들 앞에서 공연도 해야 하면 (다른 단원들에게) 민폐 끼치는 거 아니냐'라며 합창단 참여를 말렸다고 한다. 임진영 씨는 친구에게 다음과 같이 대꾸했다.

> 나의 모자란 숨을, 숨이 부족하지 않은 분이 채워 줘서 조금은 가
> 려 줄 거라고 생각을 한다. 내 작은 목소리보다 더 큰 목소리를 내
> 주셔서, 화합된 음을 내주실 거라는 믿음을 갖고 하는 것이다.'
> 음…… '내가 이렇게 산소 발생기도 끼고, 진짜 한 곡 부르고 나면
> [하늘이] 노-래지면서 어질어질할고, 이렇다 하더라도, 그 시간
> 동안에 내가 그러하다는 내 핸디캡에 대해서 알고 있기 때문에,
> 내 핸디캡을 감싸 안아줄 수 있는 분들이 그 안에는 있지 않느냐.'
> 그렇게 얘기를 하고 [합창단에] 나오게 된 거예요.

임진영 씨의 이야기는 합창의 경험을 각자의 몸에 한정해 설명하고 그 의미를 찾으려고 했던 나의 생각을 확장해 주었다. 그의 이야기에서 함께 노래하는 몸은 개별적인 몸이 아니라 관계 속에 존재하는 몸이었다. "숨이 모자란" 몸과 "숨이 부족하지 않은" 몸은 노래로 연결되었다. 그

리고 노래를 연습하는 동안 몸이 내는 다양한 소리들, 누군가의 벅찬 숨소리나 산소 발생기가 내는 기계음까지도 모두 모여 합창이 되었다. 노래를 부르며 이런 관계를 만드는 경험, 그리고 그 관계를 합창단이라는 작은 공동체를 넘어 확장시키는 상상과 노력이 가습기 살균제 참사를 겪은 우리 사회에 필요할 것 같다.

숨표합창단의 첫 공연은 2019년 10월 말 서울에서 열린 '아시아 직업병·환경병 피해자권리 네트워크'Asian Network for Rights of Occupational and Environmental Victims, AROEV[안로와브] 대회였다. 아시아 각국의 직업병, 환경병 피해자들이 격년으로 모여 경험을 나누고 연대를 다지는 자리에서 우리가 부른 노래는 전인권의 <걱정 말아요 그대>와 김광석의 <일어나>였다. "포기하지 말고 일어나"라는 가사처럼, 합창단의 노래가 한국과 아시아의 직업병·환경병 피해자들에게 치유와 연대의 노래가 되었기를 바란다.

참고 문헌

가습기 살균제 사건과 4·16 세월호참사 특별조사위원회, 2019/03/14, 「가습기 살균제 참사 피해 가정 실태 조사 연구 결과」 보도자료.
＿＿＿＿＿＿＿＿＿＿＿＿＿＿＿＿＿＿＿＿＿＿＿＿＿＿, 2020/02/18, 「가습기 살균제 전체 피해 가정 대상 첫 조사 결과 발표」 보도자료.
박동욱 외, 2016, 「가습기 살균제 폐 손상 피해자의 살균제 노출 특성: 태아와 임산부 노출을 중심으로」, 『한국환경보건학회지』 42(3).
변지은 외, 2020, 「가습기 살균제 노출 실태와 피해규모 추산」, 『한국환경보건학회지』 46(4).
송정은·정남순, 2016, 「가습기 살균제 사건의 민사적 쟁점: 제조물 책임과 인과관계 입증」, 『환경법과 정책』 16, 비교법학연구소.
오정현, 2020, 「가습기 살균제 피해자들의 울분 영향 요인에 대한 탐색적 연구」, 서울대학교 석사 학위논문.
한국역학회, 2018, 『가습기 살균제 피해 가정 실태 조사 최종 보고서』, 가습기 살균제 사건과 4·16 세월호 참사 특별조사위원회.
환경부, 2016/08/18, 「가습기 살균제 피해 3차 접수자 752명 중 165명 판정…… 재검토 포함 37명 피해 인정」 보도자료.
＿＿＿＿, 2019/07/06, 「가습기 살균제 피해 27명 추가 인정…… 총 835명」.
＿＿＿＿, 2020/09/15, 「가습기 살균제 피해구제법 시행령 국무회의 의결」 보도자료.

Das, Veena, 1995, *Critical events: An anthropological perspective on contemporary*, Oxford University Press.

Petryna, Adrina, 2003, *Life Exposed: Biological Citizens after Chernobyl*, Princeton University Press.

당신이 내게 남긴 것

HIV와 감염의 윤리

서보경

박수인　정확한 날짜는 모르겠는데, 저녁이었는데 갑자기 간호사들이 막 오더니 내 침대 자체를 끌고 저기를, 그 중환자실 안에 보면…… 창고 같은 게 있어요. 거기에 딱 집어넣는 거예요. [그리고] 갑자기 의사가 와, 내 담당 의사가. 오더니 외국 나갔다 온 적 있냐고, 아니 없어요. 그때까지는 없었는데[라고 답했더니], 바로 그러는 거야 아무 저기도 없이, 당신 에이즈 걸렸다고. 근데 그 말 딱 듣는 순간, …… 그때까지 그런 건 진짜 생각도 못했고 [에이즈에 대해서는] 잘 알지도 못 했거든요. 말은 들어봤겠지만.

면담자　진짜 (한숨)

박수인　완전 충격. 내 생각이 충격 먹은 게 아니라 정신 자체가 완전 통으로 충격 먹은 거 같더라고, 나중에 생각해 보니까. 그 말 한마디에, 어떤 완충장치도 없이 바로, 누구도 생각하지 못하고 나 자신도 그런 거 생각 안 했는데. 그 말 듣고 하룻밤[을], 이제 그 의사 나가고 혼자 있었죠. 계속 죽음, 죽음이라는 생각밖에 안 들더라고요. 죽어야겠다. 죽겠지가 아니라 죽어야겠다. 상상하고. 목매서 죽어야 하나, 바다에 빠져 죽어야 하나, 계속 죽는 생각을 했어요. …… 그래서 그다음 날 숟가락을 빼돌렸어. 그래서…… 저녁에…… 숟가락을…… 찔렀죠.

면담자 입안으로요?

박수인 네, 그래서 제 목소리가 이런 거예요. 긴장하거나 날씨 흐리면 목소리[가] 갈라져. 지금도 성대 반이 안 움직여요. 그때 그거 때문에.[1]

나는 박수인(가명) 씨와의 이 인터뷰를 쉬이 잊을 수 없었다. 이 인터뷰는 2016년 "한국 HIV/AIDS 낙인 지표 조사"라는 공동 연구 프로젝트의 일환으로 행해진 것이다. 내가 박수인이라는 가명을 붙인 이 사람은 50대 중반의 남성으로 2016년의 어느 여름 날, 약 네 시간에 걸쳐 HIV 감염 전후로 자신의 삶에 일어난 일에 대해 이야기해 주었다. 나는 이 공동 프로젝트의 연구 책임자 가운데 한 명이기는 했지만, 당시 한국과 베를린

---

1   한국HIV낙인지표조사기획단(2017, 26-27)에 인용된 인터뷰를 일부 윤문해 인용했다.

을 오가며 살고 있던 터라 이 인터뷰에 직접 참여하지는 못했다. 박수인 씨는 감염인 생애사 연구의 참여자였으며, 프로젝트의 다른 한 축인 설문지 연구에서는 공동 연구원으로 다른 감염인들을 만나서 그들의 차별 경험을 조사하는 활동을 함께하기도 했다. 나는 그를 설문지 연구를 위한 조사원 교육과정에서 여러 번 만날 수 있었다. 그의 차분하고 조심스러운 눈빛, 똑바로 눈을 맞춰 말하지는 않았어도 다정하던 말씨가 기억에 남는다.

앞서 인용한 부분은 박수인 씨가 1999년 처음 HIV 확진 판정을 받았던 순간에 대한 이야기이다. 그는 12월의 어느 겨울날 고열이 나서 폐렴인 줄 알고 병원에 입원을 하게 된다. IMF 위기 끝에도 취업에 성공한 30대 초반의 젊은 박수인은 새로 배운 설계 일에 한창 재미를 느끼던 참이었지만, 어쩐지 몸이 버텨 내지를 못했다. 결국 급작스럽게 입원을 하고 나서야 자신이 HIV에 감염되었다는 사실을 알게 된다.

병원에서 그에게 감염 사실을 알리는 방식은 무감하고, 무정했다. 중환자실에 있던 그는 감염인이라는 이유로 창고와 다름없는 곳에 격리되었으며, 담당의는 그에게 어떤 설명도 없이 "에이즈"라고 통보하고 사라졌다. 그리고 이 부지불식의 짧은 순간에 박수인 씨의 삶이 급격히 변침하고, 까마득히 침몰했다. 그의 표현대로 "그 어떤 완충장치"도 없이 그는 죽음이 자기 앞에 왔다고 생각하지 않을 수 없게 되었다.

2016년에 진행된 연구의 결과를 정리하고 발표하는 과정에서, 나는 이 인터뷰 녹취록을 여러 번 다시 읽었다. 그리고 이 이야기를 다시 읽을 때마다 마음 한끝이 부스러지는 느낌을 받는다. 박수인 씨의 긴 이야기를 오리고 잘라 몇 번에 걸쳐 언론이나 공중 앞에서 발표하기도 했지만,

매번 이 부분에 다다를 때마다 어쩌지 못할 서글픔이 마음속에 번져 가서 당혹스러웠다. 이 서글픔은 한 개인에게 닥쳐온 고난에 대한 것만은 아니었다. 한 사람의 삶에 여러 고통이 함께한다고 할 때, 그가 겪은 고통은 부조리한 것이었다. 불필요한 고통을 야기한 오랜 불합리를 생각할 때마다 막막하고 분하다.

이 사건 이후 박수인 씨는 다른 병원으로 옮겨서 항레트로바이러스제 치료를 받기 시작했으며, 그 후로 20여 년이 지난 지금까지 큰 병치레 없이 건강히 살고 있다. 그의 생존은 HIV 감염인들이 지속적인 치료를 받기만 한다면 비감염인과 유사한 수명을 누릴 수 있게 만든 현대 의학의 눈부신 발전에 따른 것이다. 그러나 한국 사회에서 HIV 감염은 박수인 씨를 비롯한 수많은 사람들에게 단순히 건강의 악화로는 설명되지 않은 깊은 고통을 일으켜 왔다. HIV 감염은 의료적 치료의 대상으로 확고히 자리 잡은 바 있지만, 다른 한편으로 HIV 감염인이 된다는 것은 의료가 지배하는 땅에서 언제든 쫓겨날 수 있는 존재가 된다는 것을 뜻하기도 했다.

나는 이 글에서 HIV 감염을 둘러싼 의료화의 역사가 전 세계적으로 어떻게 전개되었는지 아주 간략하게 살펴보고, 이런 변화가 한국 사회에서는 어떤 모습으로 드러나게 되었는지를 논의하고자 한다. 한국의 감염인들이 HIV의 의료화라는 한편으로는 당연해 보이는 수순 속에서 어떤 불합리와 부정의를 감내하게 되었는지를 살펴볼 것이다. 그리고 이들이 불필요한 고통을 오래 경험하도록 우리 사회가 용인해 왔다는 것이 과연 무엇을 뜻하는지를 되묻고, 감염된 자의 고통이 요청하는 관계의 윤리성에 대해서 다시 생각해 보고자 한다.

HIV의 의료화: 역병에서 만성질환으로

박수인 씨가 감염된 인간면역결핍바이러스Human Immunodeficiency Virus, HIV는 1980년대 초반 처음 확인된 이후로 전 세계적으로 감염성 질환에 대한 역사를 새로 쓴 질병이다. HIV 감염 이후 아무런 치료를 받지 못할 경우, 면역력이 크게 약화되어 여러 심각한 증상이 나타날 수 있는데, 이를 후천성면역결핍증Acquired Immune Deficiency Syndrome, AIDS이라고 부른다. HIV의 전 세계적 확산으로 말미암아 수많은 사람들이 목숨을 잃었고, 확산 초기 치료약의 부재는 이 질병을 한때 죽음과 동의어로 만들기도 했다.

감염성 질환, 특히 치료법이 정립되지 않은 신종 감염병의 경우 질병의 의료화는 크게 두 단계를 거쳐 진행된다. 먼저, 질병의 기전과 속성을 둘러싸고 무엇을 의료의 문제로 만들지를 둘러싼 다양한 사회적 논쟁이 촉발된다. 1980년대 초반 세계 각지에서 이전에는 없었던 양상의 증상들이 보고되기 시작하면서, HIV 감염과의 연관성이 제시된다. 확산 초기 미국에서는 이 질환에 게이 암gay cancer 또는 남성 동성애자에 특정한 면역 결핍gay–relatedimmune deficiency이라는 진단명을 사용하기도 했는데, 이는 당시 남성 동성애자 집단 내에서 증상 발현이 다수 보고되는 상황에 따른 것이었다. 그러나 이런 의학적 진단이 만들어지는 과정은 이성애 중심주의 사회에서 HIV 감염이 비규범적 생활양식에 따른 징벌로 구체화되는 양상을 동시에 반영한다. AIDS가 남성 동성애자들의 병으로 구성되는 의학적·역학적 과정은 남성 동성애자라는 존재 자체를 병리적으로 규정하는 사회적 힘과 긴밀하게 연결되어 있었으며, 이

때 HIV 감염인은 질병의 희생자가 아니라 스스로의 잘못으로 질병을 자초한 이들이자 사회에 질병을 퍼트리는 매개체로 범죄화되었다.

그러나 전 세계적으로 HIV 감염과 그에 따른 기회 감염[2]의 발병에 대한 보고들이 급속도로 늘어나면서, 이 질병이 남성 동성애자 집단에 한정해서 나타나지 않으며 인구군 전체에 걸쳐 광범위하게 전파 가능하다는 점이 강조되기 시작했다. 또한 감염인 당사자들과 연대해 HIV의 치료와 예방에 직접 참여하고자 하는 사회운동이 1990년대부터 현재까지 전 세계적으로 광범위하게 일어났다.[3] 감염인 당사자들을 비롯해 성소수자 커뮤니티, 마약 사용자 그룹, 성노동자 단체들, 지역 보건 및 인권 활동가들 사이의 다양한 연대가 만들어지기 시작했으며, 이들은 HIV 감염을 특정 집단에 대한 징벌로 바라보는 방식이 질병을 예방하고 치료하는 데 필요한 연구와 공중 보건상의 개입을 크게 저해한다는 점을 고발하고, 치료제의 개발과 예방 정책의 도입을 촉구하는 다양한 활동을 전 세계 각지에서 조직했다. 더 나아가 HIV 감염인 당사자들과 연대자들의 사회운동은 감염의 위험 자체가 계급·인종·성별·지역 격차에 따라 불평등하게 전가되어 왔다는 것을 강력하게 고발해 왔다. 누가 HIV에 더 쉽게 감염되는가라는 질문에 답하기 위해서는 감염된 사람의 특성 그 자체에 주목할 게 아니라, 어떤 행동과 어떤 환경이 감염을

---

2 보통은 신체에 감염증을 일으키지 않는 약한 병원체가 면역력이 저하되어 있는 경우 심각한 감염증을 일으키는 것을 말한다. 장기간 치료받지 않은 HIV 감염인의 경우 면역 기능이 떨어져서 여러 감염증에 크게 취약해진다.

3 미국 HIV 인권 운동의 전개에 관해서는 더글러스 크림프의 『애도와 투쟁』(2021[2002])이 한국어로 번역되어 소개된 바 있다.

야기하는지 파악하고, 이를 구조적으로 변화시키는 것이 더 중요하다고 강조해 온 것이다.

이후 HIV 치료의 빠른 발전은 감염병의 의료화가 공중 보건에 기반한 개입에서 의약품에 기반한 대응으로 전환되는 중요한 역사적 변화를 만들어 낸다. 지난 30년간 HIV 감염과 AIDS 발병에 대한 연구는 눈부시게 발전해 왔으며, 특히 여러 약제를 함께 사용해 바이러스의 증식을 억제하는 약물 요법이 표준화되면서 이 병의 성격은 크게 바뀌게 된다. 지속적인 항레트로바이러스제 치료를 통해 감염 이후의 면역력 약화가 일어나지 않게 함으로써 질병의 진행을 효과적으로 막을 수 있게 되었기 때문이다. HIV 감염은 여전히 전 세계적으로 많은 사람의 목숨을 잃게 하는 심각한 건강상의 위협이지만, 동시에 상대적으로 짧은 시간 안에 만성질환과 유사한 방식으로 치료 가능하게 전환된 흔치 않은 경우이기도 하다. 현재 지속적인 항레트로바이러스제 치료를 받을 수 있는 대다수의 HIV 감염인들은 면역력 저하에 따른 기회 감염을 경험하지 않고 건강을 유지하며 살아갈 수 있다. 당뇨병이나 고혈압을 치료하는 것처럼 매일 치료제를 복용하는 것만으로도 HIV 감염이 야기하는 여러 건강상의 위협을 예방할 수 있게 된 것이다. 또한 2012년 '노출 전 예방 요법'pre-exposure prophylaxis, PrEP으로 활용 가능한 항레트로바이러스제가 개발되면서, HIV에 감염되기 전에 미리 예방약을 상시적으로 복용함으로써 감염을 효과적으로 차단할 수 있는 길이 열리게 되었다. 이런 의약품의 연이은 개발은 HIV의 치료뿐만 아니라 예방까지 약을 통해 효과적으로 통제·관리할 수 있는 상황, 즉 약물화pharmaceuticalization라고 불리는 의료의 정치경제적 재조직화를 야기했다.

한국 사회는 HIV에 대한 의학적 대처에서는 괄목할 만한 성과를 거두었다고도 볼 수 있다. 2020년 현재까지 보건 당국에 보고된 HIV 감염인 수는 1만 3857명이며, 이들 가운데 93퍼센트가 넘는 사람들이 지속적인 치료를 받고 있는 것으로 알려져 있다(질병관리본부 2020). HIV 노출전 예방 요법 역시 도입되어 필요한 경우 처방받을 수 있다. 한국은 전 세계적으로 HIV 유병률이 낮은 국가인데, 이는 예방 정책의 성공이라기보다는 무엇보다 항레트로바이러스제 치료에 대한 지원을 국가가 지속적으로 유지했기 때문이다. 박수인 씨처럼 자신의 HIV 감염 사실을 알고 지속적으로 항레트로바이러스제 치료를 받고 있는 사람들은 극히 미미한 수준으로 혈중 바이러스 수치를 낮출 수 있으며, 이럴 경우 타인에게 바이러스를 전파할 가능성이 없다.[4] 이는 더 많은 사람들이 자신의 HIV 상태를 알기 위해 검사를 받고, 지속적으로 치료를 받을수록 HIV 확산의 위험이 낮아진다는 것을 뜻한다. 즉 치료받고 있는 HIV 감염인은 전염 확산의 매개가 아니라, 오히려 HIV의 확산을 효과적으로 막는데 가장 중요한 역할을 해온 이들이라고 할 수 있다.

그러나 한국에서 HIV를 둘러싸고 일어나는 갈등의 핵심에는 이런 의학적 치료법의 발전만으로는 설명할 수 없는 깊은 불합리가 있다. 박

---

[4] 20년에 걸친 장기간의 대규모 임상 연구를 통해 지속적인 항바이러스 치료를 통해 혈중에 바이러스가 검출되지 않는 경우, 해당 감염인이 콘돔을 사용하지 않는다고 하더라도 성 접촉을 통해 타인에게 바이러스가 전파될 가능성이 없다는 점이 입증됐다. UNAIDS는 이에 근거하여, Undetectable(검출 불가)=Untransmissible(전파 불가)라는 원칙을 선언한 바 있으며, 많은 국가들에서 이를 예방과 치료의 주요 원칙으로 채택하고 있다. UNAIDS 2018.

수인 씨의 삶을 위기에 몰아넣은 것은 사실 HIV 감염에 따른 건강 악화 그 자체라기보다는 감염이 그의 몸 밖에 일으킨 매우 다른 종류의 위기들이었다. HIV는 표준화된 치료를 통해 일상적으로 관리 가능한 질병이 되었지만, HIV 감염인들은 삶의 영역은 물론 의료의 영역에서도 여전히 특별한 관리와 통제가 필요하다고 여겨지기 때문이다.

표준주의 지침과 표준 밖의 인간

그날 병실에서 박수인 씨의 삶이 크게 흔들린 순간은 그가 "에이즈"라는 통보를 받기 전에 격리 조치를 당했다는 점에서부터 시작한다. 중환자실 옆의 창고로 옮겨진 후, 첫 확진 판정의 충격이 채 사라지기도 전에 그는 자신의 식판에 비닐이 둘둘 감겨 있는 것을 보게 된다. 병원에서는 HIV 감염인이라고 식판에 비닐을 감아 밥을 내왔고, 그는 밥을 뜰 숟가락으로 자기 목구멍을 찌르고야 만다. 중환자실에서 창고로 옮겨진 환자의 황망함, 그곳에서 비닐 위의 밥 한 덩어리를 받아 든 사람이 차마 먹을 수가 없어서 죽어야겠다고 결심할 수밖에 없는 마음의 부서짐, 거기서 그의 세계는 홀로 어두워졌을 것이다.

그가 경험한 이 고통은 불합리하다. 무엇보다 그가 격리되거나 공용 물품을 사용하지 못할 의학적 근거가 전혀 없다. HIV는 인체 밖에 나오면 쉽게 사멸하며, 일상적 접촉은 물론 병실 환경에서라도 의료진이나 다른 환자에게 전염될 가능성이 거의 없다.[5] 그러나 담당의가 그를 중환자실 옆의 창고로 옮기는 순간, 비닐이 둘둘 감긴 식판이 그에게 도착한 순간, 오직 한 명의 간호사만이 그의 '병실'로 들어오도록 순번을 정했다는 것을 안 순간, 이 모든 비과학적이지만, 그래도 만에 하나를 대비한 주의 조치 속에서, 그는 순식간에 사람이 아니라 병균이 된 것 같은 기분이 들었다고 한다. 그 순간을 박수인 씨는 "너무 끔찍해서" 그래서 "차라리 죽는 게 낫겠다"라고 느꼈던 순간이라고 말한다.

아마 '상식적 차원에서' 당시 의료진의 대처를 이해해 볼 수도 있을 것이다. HIV 감염인은 의료 현장에서 흔히 만날 수 있는 환자가 아니며, 담당의는 HIV와 AIDS의 차이에 대해서 충분한 지식을 숙지하지 못했을 수도 있을 것이다. 의사 역시 당황했을 수 있고, 환자에게 '에이즈'라는 통보를 한다는 것이 과연 어떤 의미인지 충분히 헤아릴 시간이 없었을 수도 있다. 그러나 의료진의 미숙함이 배제와 격리로 이어진 순간, 박수인 씨의 몸에는 깊은 상처가 남겨졌다.

박수인 씨의 경험을 내가 몇 번이고 다시 생각할 수밖에 없었던 이유는 1999년 당시 그에게 큰 고통을 주었던 이 부조리한 대응의 상당 부분이 20년이 지난 지금 현재도 여전히 이어지고 있기 때문이다. 20년 전 병원에서 박수인 씨의 식판을 비닐로 쌌던 것처럼 치과 치료를 받으려는 HIV 감염인이 앉을 의자 전체를 비닐로 싸 놓는 경우도 있었고, HIV 감염인이 사용하는 식기나 침상을 따로 표시하는 일도 빈번히 발생했다.

---

5   HIV는 정액, 질 분비액, 혈액, 모유를 통해 전파될 수 있다. 콘돔을 사용하지 않고 바이러스 조절이 되지 않은 HIV 감염인과 성교를 하는 경우, HIV에 오염된 혈액에 노출된 주삿바늘을 사용하거나 수혈을 받는 경우, 또 HIV에 감염된 여성이 적절한 예방 치료를 받지 못한 상태에서 출산을 할 경우 산모에서 아이에게로 전파가 일어날 수 있다. HIV에 감염됐다고 하더라도 효과적인 항레트로바이러스제 치료를 통해 혈중 바이러스 농도를 미검출 수준에 이르기까지 조절할 수 있으며, 이 경우 타인에게 HIV의 전파가 일어나지 않는다.

더욱 심각한 문제는 의료 기관에서 환자의 HIV 감염을 이유로 수술이나 입원을 거부하는 일이 반복적으로 발생하고 있다는 것이다. 2020년 겨울에는 한 HIV 감염인이 일하다가 손가락 절단 사고를 당했지만 접합 수술을 할 병원을 찾지 못해 결국 손가락에 영구적 손상을 입기도 하였다. HIV 감염인이라는 이유로 응급 상황에서도 진료를 거부당한 것이다.

몇몇 상급 종합병원에서 HIV 감염인에 대한 수술과 치료를 제공하고 있기는 하지만, 이들이 회복을 위해 입원할 요양 병원이 거의 없다. 과거에는 의료법 시행규칙에 예외조항을 두어 전염성 질환자의 요양 병원 입원을 금지한 바 있는데, 이를 HIV 감염인에게도 의학적 필요와 관계없이 관행적으로 적용한 바 있다. 2015년 이 예외조항이 처음 개정됨에 따라 HIV 감염인의 요양 병원 입원을 막을 법적 근거가 완전히 사라지게 되었지만, 여전히 대다수의 요양 병원에서 HIV 감염인의 입원을 허용하지 않고 있다(서보경 외 2020 참조).

의료 현장에서 의료진의 안전을 위해서는 과학적 근거와 관계없이 특정 환자를 배제할 필요가 있다고 주장될 때, 우리는 이를 어떻게 이해해야 할까? 사실 현대 의학은 이에 대한 정답을 이미 가지고 있다. 병원은 감염의 위험이 항상 도사리고 있는 곳이기 때문에, 의료 종사자의 안전을 위한 공통적인 주의 지침을 마련해 두고 있다. 이를 표준주의 지침 standard precaution이라고 부른다.[6] 의료 종사자는 병원에서 만나는 환자가

---

6   표준주의 지침은 손 위생, 개인 보호구 착용, 호흡기 보호, 주사침 자상 예방, 수술 도구의 세척과 소독, 의료 폐기물 관리 등 병원에서의 전반적인 감염 관리 원칙을

어떤 감염성 질환을 가졌는지 미리 모두 알 수 없기 때문에, 환자가 누구인가를 막론하고 항상 이 원칙을 지켜야 한다. HIV는 이런 표준주의 지침을 따르는 것만으로도 충분히 의료진을 보호할 수 있는 질병에 해당된다. 따라서 이 원칙에 따르면 환자를 창고에 가둘 필요도, 식판에 비닐을 씌우거나 따로 쓸 필요도 없다. HIV 감염인 진료를 위한 특수 장갑이 필요하지도 않고, 피가 튈 수 있다는 이유로 진료실의 의자를 비닐로 감쌀 필요도 없다. 무엇보다 HIV 감염인이라는 이유로 입원을 거부할 근거가 없다.

병원에서 모두에게 적용하는 표준주의 지침의 예외로 HIV 감염인을 설정할 때, 이 예외적 대상이 되는 인간은 보편의 영역에서 내쳐진다. 박수인 씨가 비닐에 쌓인 식판의 밥을 보고 목숨을 끊어야겠다고 생각한 이유는 아마 그 비닐막이 이제 그가 더 이상 이 사회에서 사람 취급을 받지 못한다는 사실을 적나라하게 말하고 있었기 때문인지도 모른다. 그 순간 그는 자신을 둘러싼 세상의 질서가 완전히 달라졌다는 것을 직시하지 않을 수 없었을 것이다. 표준에 부합하는 인간이 될 수 없다는 것, 박수인 씨를 비롯한 한국의 많은 감염인들이 경험하고 있는 의료 차별과 입원 거부의 현실은 이 내쳐짐을 고스란히 드러내고 있다.

말한다. 의료진의 손상된 피부, 점막에 환자의 혈액이나 체액이 닿는 것을 예방하기 위해 고안되었다. 한국의 경우 주사침 자상에 따른 HIV 감염 위험에 대한 의료인들의 우려가 특히 크지만, 1985년 이래 현재까지 국내에서 단 한 건도 의료진에 대한 HIV 전파 사례가 발생한 적이 없다. 한국HIV낙인지표조사기획단(2017, 28) 참조.

표준주의 지침과 같은 기본적인 원칙을 따르기보다, 명백한 차별을 그럴듯한 상식으로 간주하는 한국의 상황을 우리는 어떻게 이해해야 할까? HIV 감염인에 대한 진료 및 입원 거부는 단순히 의료인의 인식이 부족하기 때문에 일어나는 일만이 아니다. 이는 보다 근본적으로 한국 사회에서 HIV 감염인이 마주하고 있는 심각한 상징 폭력과 그에 따른 인간적 권리의 박탈을 반영한다. 일례로, 과거 대한노인요양병원협회(현 대한요양병원협회)는 HIV 감염인의 입원 거부의 근거로 "의료인이 에이즈 환자에게 물린 사례 등의 안전 문제도 우려되고" "에이즈 환자의 절대 다수가 남성 동성애자로 같은 병실의 의식이 없는 남성 환자를 성폭행할 수" 있다는 이야기를 서슴없이 하기도 했다(서보경 외 2020, 83-84). 이들의 말 속에서 감염인은 짐승처럼 물어뜯고, 아무나 욕보이는 존재이다.

의사들이 주축이 되는 협회에서 감염인의 '비정상성'을 이처럼 서슴없이 주장할 수 있었던 기저에는 특정 집단의 사회적 성원권을 빼앗는 수단으로 HIV와 AIDS를 활용해 온 역사가 있다. AIDS는 한국 사회에서 '우리' 안에 속해서는 안 되는 사람들을 구분하고 나누는 데 큰 쓸모를 발휘해 왔다. 1985년 한국에서 첫 AIDS 환자의 발생이 보고된 이후로, 이 질병에는 외국인과 미군에 대한 억눌린 공포,[7] 성 판매 여성에

---

7   1990년대 초반에 나온 HIV/AIDS에 대한 서적들은 이 질병을 미국의 치부로 종종
     묘사하기도 하며, 이 시기부터 2000년대 초반까지 주한 미군의 '에이즈 감염'에 대한

대한 깊은 멸시, 동성애자에 대한 혐오가 뒤섞여 들어갔고, 그 안에서 특히 동성애자의 죄는 AIDS라는 징벌로 끊임없이 재소환됐다.

2000년대 후반 기독교계를 중심으로 성적 지향을 포괄하는 차별금지법안의 제정에 반대하는 조직적인 운동이 만들어지게 되는데, 이때 AIDS는 다시 죽음의 천형으로, 동성애자에 대한 형벌의 증거로 곧잘 소환되었다. 이 시기 한국은 이미 보편적 항레트로바이러스제 치료를 통해 전 세계적 HIV 감염 위기에서 크게 빗겨 나간 상황이었지만, 성소수자 시민의 권리를 억압하고, 성적 다양성을 부정하고자 하는 정치적 기획 속에서 중대한 사회적 위협으로 재발명되었다. 이 과정에 동참한 일부 의료 전문가들은 보호 담론을 앞세워 HIV 감염에 대한 공포를 조직적으로 조장하고, '동성애 근절'을 예방책으로 내세우기도 했다. 그러나 이는 인간 섹슈얼리티 실천의 문화적·생물학적 다양성을 폄하하는 비과학적인 주장이다. 매해 12월 세계 에이즈의 날을 즈음하여 등장하는 HIV 확산에 대한 여러 우려 섞인 보도들은 일면 대중의 경각심을 환기해 보건에 기여하는 것처럼 보이지만, 많은 경우 이성애 규범성을 강화하고 성적 타락에 대한 경고를 변주하는 방식에서 크게 벗어나지 못했다.

보건 캠페인의 일환으로 'HIV/AIDS를 퇴치하자'라는 구호가 익숙하고 마땅하게 느껴질 수도 있을 것이다. 그러나 이 구호는 누군가는 평생을 HIV와 함께 살아갈 수밖에 없다는 사실, 그리고 이 질병의 조건

기사 역시 종종 등장한다. 미 제국주의와 전염성 질환의 확산을 연결하던 당시의 일부 운동권 담론도 주목할 만하다.

과 함께 살아갈 수밖에 없는 사람들은 종식을 고할 수 없는 존재라는 사실을 쉽게 잊게 만들어 왔다. AIDS 퇴치가 HIV 감염인에 대한, 동성애자에 대한 퇴치의 욕망, 누군가를 '비정상'이라고 규정하여 보편 밖으로 내치도록 하는 것을 한국 사회는 오랫동안 허용해 왔으며, 이는 다양한 형태의 폭력을 양산해 왔다. 그리고 누군가를 정상성에서 이탈한 존재로, 따라서 오염되고 위험한 존재로 대하게 하는 구조적 폭력 앞에서 박수인 씨를 비롯한 만 명이 넘는 한국의 감염인들은 인간적 존엄을 언제든 잃을 수 있는 위기 앞에 놓여 왔다. 오염의 대상, 기피의 대상, 모욕의 대상이 된다는 것은 깊은 인간적 상처를 남긴다.

박수인 씨가 처음 확진 판정을 받았을 때, 동성애자인 그를 사로잡은 가장 강력한 감정은 죄책감이었다고 한다. 그는 온 세상이 나에게 "죄지었다고" 외치는 듯한 느낌, 그 느낌을 견딜 수가 없었다고 했다. 이 인터뷰의 뿌리가 되는 2016년 "한국 HIV/AIDS 낙인 지표 조사"는 1999년에 그를 덮친 그 강렬한 감각을 한국의 감염인들이 여전히 공유하고 있다는 것을 잘 보여 주었다. 이 조사는 전 세계의 HIV 감염인들이 경험하는 낙인이나 차별의 경험의 정도를 측정하고 비교하는 것을 우선적인 목적으로 하는데, 한국의 감염인들은 매우 심각한 수준의 내적 낙인을 경험하고 있는 것으로 나타났다. 내적 낙인은 자기 낙인화라고도 불리는 현상으로 직접적인 차별로 사회적 낙인을 경험하기에 앞서 낙인화된 존재로서 스스로에게 깊은 부정성을 느끼는 경험을 뜻한다. 한국의 감염인들은 전체 102명의 응답자 가운데 64.4퍼센트에 달하는 사람들이 죄책감을 느낀다고 답했으며, 75퍼센트에 달하는 사람들이 스스로 자책한 바 있으며, 50퍼센트가 넘는 사람들이 수치심과 낮은 자존감을 느낀다고 응답했다. 동일한 조사에 응한 다른 5개국(태국, 인도, 남아프리카공화국, 우간다, 독일)의 조사 결과와 비교해 보면, 이런 응답의 심각성이 더욱 드러난다. 같은 질문에 수치심을 느낀다고 응답한 독일의 감염인은 31.2퍼센트밖에 되지 않으며, 오직 22.8퍼센트만이 죄책감을 느낀다고 보고하고 있다. 남아프리카공화국의 조사 결과에서는 단 14.5퍼센트의 응답자만이 죄책감을 느낀다고 응답했다.[8]

이런 차이는 각국의 HIV 발생률과 치료 보급률이 크게 다르다는 점에서 우선은 기인할 것이다. 그러나 한국과 같이 HIV 감염인의 숫자가 비교적 적고, 치료가 보편화되어 있는 국가에서 감염인들이 이런 광범위한 자기 부정성을 경험하고 있다는 것은 전혀 당연한 일이 아니다. 한국 사회는 AIDS를 오염과 타락의 상징으로 적극적으로 활용해 왔으며, 이는 결국 긴 시간 동안 HIV에 감염된 사람들이 질병 그 자체의 기전이 아닌, 죄책감과 수치심이라는 불필요한 외부 효과들로 인해 깊은 상처를 입게 만들었다. 우리는 누군가의 삶 존재를 오염된 것으로 만드는 폭력을 어떻게 이렇게나 오랫동안 용납할 수 있었던 것일까?

오염과 위험에 관한 가장 탁월한 업적을 남긴 인류학자인 메리 더글러스는 접촉이나 감염, 경계에 대한 인간의 오랜 금기는 결국 인간 경험의 복잡다단함에 질서를 세우고, 그 질서를 부수고, 그래서 다시 새로운 질서를 세우는 과정에 다름 아니라고 말한다(Douglas 1966[더글러스 1997]). 전파와 감염 가능성은 더럽다거나 위험하다고 여겨지는 존재의

---

8 자세한 내용은 질병관리본부(2020, 21)를 참조.

고유한 특성이 아니다. 성스러운 것들, 순결하다고 여겨지는 것들 역시 다른 존재를 감염시키고, 그래서 영향을 끼칠 수 있기 때문에 성스러울 수 있다. 오염과 순수의 상징 구조는 양자 모두가 전파의 가능성을 내포하고 있기 때문에 만들어지며, 그래서 이 구조의 질서는 언제든 새롭게 재편될 수 있다.

한국 사회에서 HIV 유행이 일으킨 가장 큰 위해는 바로 이 질병을 둘러싼 상징적 질서를 근본적으로 변화시키지 않은 데에서부터 비롯했다. 많은 이들이 너무나 오래 불필요한 고통을 감내해야 했다. 이 무의미한 고통은 이미 그 적실성을 잃어버린 오염 상징을 변화시키는 일을 우리 사회가 오래 미뤘기 때문에 더욱 커져만 갔다. 진료 거부와 입원 거부의 사례에서 알 수 있듯이, 의료인들은 새로운 의학적 지식과 진단 및 치료 기술의 변화를 끊임없이 받아들여야 하는 전문가적 소임을 다하지 않았으며, 전문가 집단 내의 불합리를 방조했다.

그리고 이런 방조는 성적 지향 및 실천의 다양성을 거부하고 이성애를 유일한 표준으로 만들고자 하는 권력의 실천과 밀접히 맞닿아 있다. 이 존재 부정의 폭력을 유지하기 위한 가공의 오염물로 HIV는 한국 사회에서 끊임없이 전파되어 온 것이다. 한국 HIV 정책의 가장 큰 한계는 AIDS는 '무서운' 병이고, 남성 동성애자들이 주로 이 병에 걸리니 이들의 존재 자체가 사회문제라는 인식에 그저 편승해 온 데 있다. HIV 감염을 남성 동성애자 집단에 국한된 문제로 여기게 함으로써, 그 이외의 사람들은 위험에서 안전하다는 가짜 안정감을 제도적으로 만들어 왔다. 그러나 바이러스는 정체성이나 성적 지향, 성별을 구분하여 전파되지 않는다. 자신은 동성애자가 아니기 때문에 안전하다는 잘못된 인식은 자발적 검사율을 낮춤으로써 오히려 공동체 내 전파 위험을 높이게 된다. 더 나아가 동성애 자체를 사회적 위협으로 표식하게 함으로써 동성애자 시민의 존엄성과 건강할 권리를 심각하게 침식한다.

결국 한국 사회에서 HIV에 대한 낙인이 마땅히 자연스러워지는 동안 이에 대한 사회정책은 변화의 계기를 한 번도 제대로 가져 보지 못했다. 특정 시민에게 수치와 모욕을 주는 폭력이 마치 도덕적·종교적 신념인 양 행해지는 동안, 우리는 HIV뿐만 아니라 무수히 많은 전염성 질환에 대한 무지와 편견을 더욱 키워 냈다. 메르스Middle Eastern respiratory syndrome, MERS 사태를 겪으면서, 또 코로나19 대유행 상황에서 우리 사회가 경험한 패닉과 부조리한 대응은 한국 사회가 HIV와 AIDS를 다뤄 온 방식과 결코 분리될 수 없다고 할 수 있다. 어서 감염자를 찾아내서 격리부터 하라는 요구, 감염자는 반드시 그럴 법한 문제가 있는 사람일 거라는 편견, 따라서 '비정상적'인 사람들을 솎아 내면 사회는 다시 안전해질 것이라는 근거 없는 믿음, 그리고 질병과 고통의 경험을 스캔들화하는 언론의 태도는 HIV와 AIDS를 통해 우리에게 너무나 익숙해진 전염병을 다루는 방식이었다.

HIV를 오염 상징의 매듭에서 풀어내는 일은 무엇보다 이런 질병의 낙인화에 대한 불관용과 보건 의료 체계 안에서 벌어지는 비과학적인 관행들에 대한 금지에서부터 출발한다. 질환의 특성에 부합하는 표준주의 지침이 병원에서 지켜질 때, 질병에 대한 낙인 때문에 진료 거부나 입원 거부가 이뤄져서는 안 된다는 점이 널리 받아들여질 수 있을 때, 우리는 HIV는 물론 여러 낯선 신종 감염성 질환들로부터 더 안전해질 수 있다.

한국의 의료보험 제도는 국민 모두의 의료 기관 접근권을 보장한다는 보편성의 원칙에 기반하고 있지만, 국가와 의료 제공 기관들은 이 보편의 영역을 확고히 지켜 내기보다는 누군가는 보편 밖에 밀려나도 된다고 허용하며, 이들에 대한 배제를 어쩔 수 없는 것으로 정당화해 왔다. 변화를 위한 움직임이 전혀 없는 것은 아니다. 2020년 12월 질병관리청은 『HIV 감염인 진료를 위한 의료 기관 길라잡이』를 처음으로 발간했다. 의료 차별에 대한 인권 단체들의 오랜 항의와 개선 요구 끝에 마침내 후속 조치가 이뤄진 것이다. 이 길라잡이는 모든 환자는 의료 기관에서 "차별받지 않고 동등하게 최선의 진료를 받을 권리"(질병관리청 2020, 7)를 가진다고 명시하고 있다. 이 동등한 권리에 대한 선언이 의료 현장에서 지켜지기 위해서는 무엇보다 정부의 실질적인 개입이 필요하다.

쓸모없는 고통에 반대하며

HIV를 휘감고 있는 이 긴 모욕과 방치의 역사는 한국 사회에서 혐오와 차별이 오염 상징을 통해 공고해지는 과정에 대한 일종의 원형을 제공해 왔다. 차별금지법 제정을 반대하는 주장들이 HIV 감염의 증가와 AIDS로 인한 고통을 중요한 근거로 끊임없이 활용하는 양상은 역병에 부착된 죄와 벌의 감각이 얼마나 효과적으로 권력을 발휘해 왔는지를 반증한다. 이 오염 상징의 강력한 자장을 무너뜨리기 위해서는 감염을 징벌이 아닌 인간적 삶의 생물학적이자 윤리적인 조건으로 새롭게 정의할 필요가 있다.[9]

에이즈를 근거로 동성애 근절을 외치는 기독교 단체들의 외침은 고통에 대한 오래된 생각에 근거하고 있다는 점에서 사실 가장 효과적이기도 하다. 질병, 더 나아가 고통은 죄에 대한 벌이라는 생각은 기독교인이 아니라고 하더라도 우리에게 매우 익숙한 사고방식이다. 이 응보론의 논리에서 에이즈가 상징하는 죽음의 고통은 이를 야기한 사람, 특히 동성애자들이 저지른 도덕적 잘못을 그 자체로 반증한다. 즉, 누군가의 고통은 그들이 저지른 죄를 이미 드러내고 있으며, 따라서 그들이 마땅히 속죄해야 하는 근거가 된다. 누군가의 고통에 이유와 쓸모를 부여하는 것이다.

철학자 에마뉘엘 레비나스는 이런 고통의 목적론을 정면으로 반대하며, 오히려 고통의 쓸모없음에 대해서 말한다. 레비나스는 타자의 고통은 그 자체의 현상으로 아무 의미도 쓸모도 가지고 있지 않으며, 오히려 이웃의 고통을 정당화하는 것은 모든 부도덕성의 원천(Levinas 2002[1982], 163)이라고 강변했다. 고통의 목적 없음에 대한 레비나스의 강조는 고통을 초월적 목적(말하자면, 신의 징벌)으로 설명하고자 하는 일체의 신학적·철학적 시도에 대한 근원적인 방향 전환을 촉구하는 것이었다.[10] 레비나스에게 타자의 고통은 그 어떤 이유로도 정당화될 수 없는 것, 본질적으로 무용한 것이며, 고통의 본질적인 쓸모없음이 의미를 가질 수 있는 유일한 경우는 오직 고통받는 자가 제기하는 호소에 응답

---

9 HIV 감염인으로서 자신의 질병 경험을 기록하고, 이를 통해 감염에 대한 새로운 어법을 제시하려는 예술적 시도들이 생겨나고 있다. 유성원(2020)과 이정식(2021)의 작업이 특히 주목할 만하다.

10 레비나스의 철학적 변신론에 대한 입장에 대해서는 박정호(2011)의 논문을 참조할 만하다.

하는 자가 생겨날 때뿐이다. 레비나스는 이런 응답 가능성을 "인간 상호 간의 전망"inter-human perspective이라고 불렀는데, 이야말로 고통이 야기하는 유일한 윤리라고 봤다.

레비나스처럼 생각한다면, 박수인 씨를 비롯한 한국의 많은 HIV 감염인들이 경험하고 있는 죄책감과 소외, 수치와 모욕, 배제와 차별의 고통은 의학적으로도 불필요할 뿐만 아니라, 윤리적으로도 쓸모가 없다. HIV와 AIDS는 신이 주신 벌도 아니고, 타락의 위험에 대한 경고도 아니며, 인류가 이겨 내야 할 시련도 아니다. 이 질병이 야기하는 모든 고통이 오직 당사자인 감염인들만의 것으로 여겨질 때, 여기에는 아무 목적도, 의미도, 쓸모도 부여될 수 없다. 이 고통이 나와는 상관없는, 당신과는 관계없는, 오직 병에 걸린 그들만의 것으로 여겨질 때, 이는 그저 한 사람의 생을 캄캄히 잠기게 하는 것, 숨 쉴 수 없이 옭아매는 것, 고독에 갇히게 하는 것, 그래서 삶을 빼앗는 것에 불과하다.

1999년 12월의 박수인 씨가 확진 판정을 받았을 때, 그가 깊은 죄책감을 느꼈다는 점이나 혹은 보건 당국이 HIV 감염인을 발견하고, 관리할 수 있게 되었다는 사실은 이 고통에 아무런 유용함을 부여하지 못한다. 그의 고통에 의미가 생겨난 유일한 순간은 그의 병실에 드나들던 한 명의 간호사가 그에게 "아무렇지도 않은 듯" 답해 준 그때뿐이었다. 박수인 씨는 회복을 위해 병원에 며칠 더 머무르던 그때, 그 창고에 물건을 가지러 드나들던 간호사에게 "에이즈에 걸린 나를 어떻게 생각하느냐"라고 물었다고 한다. 당시 그 간호사는 박수인 씨가 정확히 기억할 수는 없지만 "아무렇지도 않은 듯이, 긍정적으로" 답해 주었고, 그는 그 순간이 너무나 고마웠다고 한다. 고통받는 자신에게 괜찮다고 말해 준 그 한 사람이 나타난 순간, 자신의 고통에 응답해 주는 사람이 한 명이라도 생겨나는 바로 그 순간을 레비나스는 유일하게 고통이 의미를 가질 수 있는 때라고 말한다. 고통이 서로가 서로의 마음을 들여다보고 응답하게 하는 은혜의 시간을 만들어 주었기 때문이다.

감염의 윤리

1999년 세기말의 겨울을 절대 잊지 못할 거라는 박수인 씨는 그 후 자기 몫의 삶을 살아 냈다. 약이 하도 많아서 한 움큼을 먹어야 하던 때에는 화장실에서 몰래 약을 먹어 가면서 회사를 다녔다.[11] 약값을 도저히 댈 수가 없어서, 의료보호 대상자가 되기 위해 기초생활 수급권자가 되었지만, 그 후에도 인터넷 설치 알바며 각종 임시직을 쉼 없이 시도했다. 물론 한국의 노동시장은 30대 초반 갑작스런 경력 단절을 겪은 그를 다시는 정규직으로 만들어 주지 않았다. 그러나 이런 경제적 어려움 속에서도 그는 자신의 삶의 조건들을 살아 내고, 자신과 같은 상황에 놓인 다른 감염인들의 삶에도 관여하기 시작했다. 그는 거동이 어려운 HIV 감염인들을 방문해 생활에 필요한 지원을 하는 일을 했고, 간병이 필요한 다른 간병인들을 돌보는 일도 했다. 세상이 그에게 한 뼘의 곁도 내주지 않는 것 같은 때에도, 그는 다른 감염인들 곁에서 그가 할 수 있는 일을, 누군가에게 필요한 일을 했다. 그 와중에 사랑하는 사람도 생겼고, 오래 함

---

11 칵테일 요법 초창기에는 각각의 약제를 따로 복용해야 해서 어려움이 있었는데, 최근에는 복합제형이 출시되어 복용이 더욱 간편해졌다.

께 지내며 서로의 삶에 동반자가 되어 주었다.

20여 년 전의 그 눈앞이 캄캄해지던 나날들의 흔적은 그의 몸에 여전히 남아 있다. 긴장하면 갈라지는 목소리, 아무래도 목이 더 안 좋아지는 것 같아 언젠가 찾아간 어느 병원의 이비인후과 의사는 우주복 차림으로 완전 무장을 하고 그를 만났고, 옛 기억을, 세상이 아직도 바뀌지 않았다는 점을 다시 일깨워 주었다. 그가 다른 감염인을 위해 일하던 요양 병원에서는 결국 환자에 대한 인권침해와 직무 태만에 따른 사망 사고가 일어났다.[12] 이 사건 이후로 다섯 해가 넘게 흘렀지만 아직도 한국에는 HIV 감염인이 자신의 감염 사실을 밝히고, 스스로 존엄을 지키며 지낼 수 있는 요양 병원을 찾기 어렵다.[13]

그의 몸에 쌓인 흔적들과 기억들은 오로지 그만의 것이면서도, 그가 대면한 세계가 그에게 남겨 준 것이기도 하다. 그의 몸에 감염된 것은 HIV만이 아니었다. HIV에 들러붙은 불합리와 배제의 폭력, 전문가적 합리성의 실종과 삶을 죽이는 편협함, 거짓 선동과 이를 용인한 사회의 실패가 그의 몸과 마음을 관통해 왔다. 그의 고통을 죄로, 벌로 읽어 내고자 하는 시도들, 그의 고통에 응답하기보다는 그의 고통을 증거로 특정한 종교적·정치적 주장의 근거를 만들고자 하는 모든 시도들이 이 불필요한 고통을 오래 키웠다.

---

12 관련 사건은 여러 차례 언론에서 보도됐다. 「'들어가면 바보 돼서' 나오는 에이즈 요양 병원」, 『한겨레21』 986호, 2013 등을 참조할 것.
http://h21.hani.co.kr/arti/society/society_general/35745.html

13 관련해서는 서보경 외(2020) 참조.

인간인 우리는 무언가에 '감염'된 채 살아갈 수밖에 없다. 우리 모두는 자신의 의지나 소망, 노력과 무관히 세균이나 바이러스에 감염되고, 병들 수 있다. 미생물뿐만 아니라 믿음이나 신념, 감정 역시 우리를 '감염'시킨다. 사랑의 감정이 서로에게 전해지듯, 혐오의 감정은 아무리 부조리한 것이라고 하더라도 상처를 남긴다. 바이러스가 인간 신체에 변화를 일으키듯이, 수치심과 죄책감, 멸시와 모욕의 전파 역시 우리의 인간됨에 영향을 끼친다. 몸 밖의 것들로 인해 우리의 몸과 마음이 움직이고感, 이 감응 속에서 우리는 세계 속에 물들어染 간다. '감염感染된다'라는 것은 인간으로서 우리가 언제나 알 수 없는 누군가의 영향력 속에 있다는 것, 그래서 이 불완전함 속에서 관계의 연쇄를 살아간다는 것을 뜻한다.

감염 가능성은 살아 있는 존재라면 누구든 혹은 무엇이든 경험하는 공통적 조건이며, 이는 보건과 의학의 문제이자, 생의 윤리적 조건이다. 전하고 전해지는 존재로서 우리 모두의 삶이 언제나 서로의 영향 속에 있다는 감염의 윤리성을 우리는 너무 오래 외면해 왔다. 그사이 쓸모없는 고통만이 더욱 번졌을 뿐이다. 감염을 삶의 조건으로 직면하고, 그리하여 그 의미를 다시 쓰는 일을 박수인 씨를 비롯한 무수히 많은 감염인들이 삶으로 해 왔다. 감염인의 자리는 누군가의 자리가 아니라 모두에게 열린 자리이다. 두려움에 휩싸여 그 자리에 모욕과 절망을 가두기보다 진실과 긍정으로 그 자리의 불예측성을 살아 내는 힘이 더욱 절실해지는 때이다.

참고 문헌

박정호, 2011, 「고통의 의미: 레비나스를 중심으로」, 『시대와 철학』,
　　한국철학사상연구회 22-4.

서보경·권미란·나영정·손문수·이인규, 2020, 「한국의 HIV 낙인과 장기 요양 위기」,
　　『비판사회정책』, 비판과 대안을 위한 사회복지학회.

엄지원, 2013/11/13, 「들어가면 '바보 돼서' 나오는 에이즈 요양 병원」, 『한겨레21』
　　986호.

유성원, 2020, 『토요일 외로움 없는 삼십대 모임』, 난다.

이정식, 2021, 『시선으로 사람을 죽일 수 있다면: 김무명들이 남긴 생의 흔적』,
　　글항아리.

질병관리본부, 2020, 「2019 HIV/AIDS 신고 현황」.

질병관리청, 2020, 「HIV 감염인 진료를 위한 의료 기관 길라잡이」.

한국HIV낙인지표조사기획단, 2017, 『한국 HIV 낙인 지표 조사』.

Crimp, Douglas, 2002, *Melancholia and Moralism: Essays on AIDS and Queer Politics*, MIT
　　Press, [더글러스 크림프, 『애도와 투쟁: 에이즈와 퀴어 정치학에 관한
　　에세이들』, 2021, 김수연 옮김, 현실문화].

Douglas, Mary, 1966, *Purity and Danger*, Routledge[메리 더글러스, 『순수와 위험』, 1997,
　　유제분·이훈상 옮김, 현대미학사].

Levinas, Emmanuel, Robert Bernasconi and David Wood (eds)., 2002[1982], "Useless
　　Suffering", *The Provocation of Levinas: Rethinking the Other*.

UNAIDS, 2018, "Undetectable=Untransmissible: Public Health and HIV Viral Load
　　Suppression", *UNAIDS Explainer*.

아이 없음의 고통

한국 사회에서 의료화된 난임의 경험

윤은경

…… 너 손에 살아 있는 새 쥐어 본 적 없니? …… 그런 것과 마찬

가지야. 그렇지만 핏속에서인 거지.[1]

난임과 아이 없음의 의미

아이 없음은 인류의 역사와 더불어 늘 문제시되어 왔다. 시대와 지역에

따라 아이 없음이 문제시 되는 맥락도 다양하고 이에 대한 해결 방법도

달랐지만, 아이 없음은 늘 비정상의 맥락에서 이야기되었다. 오늘날에

도 마찬가지다. 의도적으로 아이를 갖지 않으려는 개인이나 현상에는

---

[1]　페데리코 가르시아 로르카가 지은 『예르마』(로르카 2019)에 나오는 것으로 임신한
느낌을 묻는 예르마에게 마리아가 답한 말이다.

특별한 이름이 붙고, 많은 경우 아이 없음은 난임이라 불리며 의료적 맥락에서 다뤄지고 있다. 당사자들은 환자라는 정체성을 부여받은 채 최신 의료 기술의 요구에 맞춰 가며 난임이라는 질병의 치료에 심신으로 힘쓰고 있으며, 이는 정부의 인구정책과 맞물려 개개인의 문제 차원을 넘어선 사회적 저출산 문제의 해결책으로 인식되어 하나의 국가적 인구 생산 프로젝트가 되어 가고 있다. 그러나 이 모든 것에 앞서 임신과 출산은 개인의 몸에서 일어나는 일로, 개별적인 몸의 경험을 통해서만 현대 한국 사회의 난임 현상의 본질에 가 닿을 수 있다.

난임 '환자'들이 난임의 고통에 대해 이야기할 때 가장 빈번히 언급하는 점은 여성 고유의 능력이라고 여겨지는 임신과 출산이 '자연스럽게' 이뤄지지 않는 데에서 오는 답답함과 스스로 결함이 있다는 생각에서 오는 좌절감이다. 정상 가족의 형태가 이성애자 부모와 아이(들)로 여겨지는 사회적 인식도 여기에 기여한다. 출산을 결혼 후 반드시 뒤따르는 과정으로 여기는 한국 사회의 분위기 속에서 부부는 주변으로부터 2세에 대한 의문 담긴 눈빛이나 질문을 쉽게 받는다. 우여곡절 끝에 난임으로 진단받고 병원을 다니기 시작하면, 이번에는 내 고유의 영역이라고 생각했던 내 몸 가장 은밀한 부분들에 각종 개입과 침습이 일어난다. 부부 간의 사생활이었던 성관계는 병원에서 지정한 때에 해야 하는 '숙제'가 된다. 여기까지는 그나마 잘 알려진 난임의 어려움이다.

난임으로부터 오는 고통에는 겉으로 드러나지 못한 부분들도 있다. 바로 '아이가 없는 게 괴로운 것'이라는 말에 켜켜이 쌓여 있는 이야기들이다. 이 이야기들은 난임에 대한 진단 이전으로 거슬러 올라가 성공적인 출산을 통한 난임 치료의 종결 이후까지 이어지며, 병원 밖 삶 곳곳에

닿아 있다. 난임은 단지 몸의 문제로서 의학적인 영역 안에서 식별되고 해소될 수 있는 문제가 아니라, 한 사람의 정체성, 나아가 다양한 사회적 관계의 영역과 복잡하게 얽혀 있는 문제이기 때문이다. 여기에는 한국 사회를 살아가는 여성들에게 임신과 출산이 갖는 의미, 난임 당사자가 '아이'와 맺고 있는 관계, 여성과 남성의 관계, 그리고 아이가 함축하는 여러 의미들이 전제된다.

의료화된 난임

아이가 없는 게 괴로운 거예요!

난임 경험의 괴로움이 무어냐는 질문에 대한 한 인터뷰이의 답변이다. 아이 없는 고통은 어떤 모습일까? 그 구체적인 모습을 상상해 보면 여러 가지가 뒤엉켜 떠오른다. 먼저 난임은 대중문화에서 임신과 출산을 다루는 방식에서 빈번하게 나타나는 모습들 — '정상적'·'기본적' 가족의 형태를 갖추기 위한 과정, 여성으로서의 신체적 사회적 통과의례, 몸에 이상이 없다는 증거, 어머니 되기의 실현 — 이 불가능해진 상황이다. 아이가 부재한 상태가 길어질수록 그것이 암시하는 부정적인 의미는 점점 강화되고, 많은 경우 난임 당사자는 스스로 생애 과업을 수행하지 못한 낙오자로 여기기도 한다.

이처럼 정상됨이 총체적으로 부정되는 경험인 난임이라는 규정은 병원에서 이뤄진다. 이전에는 불임으로 일컬어지던 아이 없음은 기술의 발달에 힘입어 임신까지의 과정이 더디다는 정도의 의미인 '난임'으로 대체되었다. 이 용어가 주로 쓰이게 된 데에는 보다 희망적인 표현을 선호하는 당사자들의 요구도 있었으나, 실제로는 '아이를 만들어 줄 수 있는' 의료 기술이 등장했다는 사실이 핵심적이다. 시험관 시술과 같은 보조생식기술이 등장하기 이전까지 임신에는 개입하기 어려운 영역이 있었다. 난임과 연관 있다고 여겨지는 몸의 질병을 치료하는 것이 의료의 역할이었고, 나머지는 해당 사회에서 새로운 생명의 탄생에 관여한다고 여겨지던 모든 것, 예컨대 초월적인 힘, 남녀 간의 관계, 주변 상황 등등에 달려 있었다. 그러나 1985년 한국에서 최초의 시험관 아기가 태어나자, 시험관 시술로 대표되는 보조생식기술은 신의 영역으로 여겨지던 생명 창조의 비밀을 모두 풀어낸 결과로 여겨졌고, 난임은 기술로 해결 가능한 문제로 인식되기 시작했다. 임신과 출산은 몸에서 일어나는 일이기 때문에 난임에 대한 의학적 관심은 역사적으로 당연한 것이었다. 다만 그 과정에서 의학적 개입은 몸의 측면에 제한되어 있었고 임신의 주체는 당사자와 그 주변이었다. 그러나 현미경을 통해 정자와 난자가 발견되고 시험관 시술을 통해 아이가 성공적으로 태어나자 당사자 대신 정자와 난자가 생식의 주체로 인식되기 시작했고, 난임 또한 정자와 난자의 성공적인 만남의 실패로 이해되었다.

'정자 + 난자 = 아이'라는 단순화된 공식은 난임의 정의에도 전제되어 있다. 의학적으로 난임은 '1년간 피임을 하지 않은 정상적인 성관계에도 불구하고 임신이 되지 않는 상태'로 정의된다. 1년이라는 기간 동안 실제로 성관계를 몇 번 가졌는지, 감정적으로 안정적인 상황이었는지, 임신이 이뤄지기에 적절한 신체 조건 — 체온, 자궁 내 상태, 영양 상태 등 — 이었는지 등의 요인들 또한 임신에 영향을 끼침에도 불구하고,

이는 주 고려 대상이 되지 않는다. 피임을 하지 않았다면, 이미 임신의 충분조건이 갖춰진 셈이다. 이렇다 보니 대개의 경우 1년이라는 시간이 흘렀음에도 임신이 되지 않으면 병원을 찾게 된다.

병원을 찾으면 먼저 임신과 직결되는 생식 계통이 구조적·기능적으로 정상인지 여부가 검사를 통해 평가된다. 임신과 출산이 몸에서 일어나는 만큼, 생식력의 발휘를 막고 있는 몸의 문제를 찾는 것이다. 그리고 문제가 발견되면, 치료를 통한 교정이 이뤄진다. 이를 통해 생식력의 회복을 꾀하는 것이다. 그러나 생식력의 회복이 난임 치료의 전부가 아니다. 병원에서 이뤄지는 난임 치료는 정상적으로 발휘되지 못한 생식 기능의 회복을 목표로 삼는 것이 아니라, 애초 난임이 문제 삼고 있는 '아이의 부재'를 해결하는 것을 치료의 최종 목표로 두기 때문이다. 임신에 관여하는 측면을 다양하게 보았을 때는 몸이 건강해도 난임이 해소되지 않을 수 있었다. 그러나 임신이 세포 단위의 조합 결과로 인식되는 오늘날의 아이 없음은 온전히 비정상적인 몸의 직접적인 결과가 되는 셈이다. 결국 의료가 해소하고자 하는 것은 난임으로 드러난 몸의 질병이 아닌 아이의 부재 그 자체이므로 검사상 아무런 문제가 없는 경우에도 임신과 출산이 성공적으로 이뤄질 때까지 당사자는 난임 환자로 규정된다. 아이가 없는 상황 자체가 의료적 개입으로 해결할 수 있는 의료적 문제가 되어 버리는 것이다.

한편 기술은 많은 경우 실패로 돌아가는데, 그럼에도 불구하고 난임 자들은 보조생식기술이 약속하는 아이에 대한 희망을 놓기 어렵다. 보조생식기술이 전제하는 임신의 조건은 건강한 난자와 정자의 만남이기 때문에 건강한 생식세포를 생산할 수 있는 한 임신할 가능성은 존재하기 때문이다. 특히 가임기가 정해져 있는 여성의 경우, 한시라도 젊을 때 모든 수단을 동원해 봐야 한다는 생각을 떨쳐 내기 쉽지 않다. 부부가 시술을 중단하기로 결정하더라도 의문은 남는다. '한 번만 더 하면 성공하지 않을까'라는 의심이 계속 드는 것이다. 아이가 생기면 기술의 힘 덕분이지만, 실패하면 당사자들의 의지 부족이나 몸 상태가 원인이 된다. 기술에는 편차가 없으므로, 결국 '원료'에 문제가 있거나 수정 후 배아가 착상하여 자라날 환경에 문제가 있는 것이다.

아이를 포기하는 일은 개인이 그리던 미래를 미완성의 상태로 남겨 두는 것처럼 느껴지고, 침습적인 보조생식기술을 지속하는 일은 주체성에 위협이 되므로 난임자는 진퇴양난의 상황에 처한다. 불임을 난임으로 바꿔 준 보조생식기술은 난임을 극복해야만 하는 비정상적이며 일시적인 상태로 규정하고, 난임자의 삶을 늘 아이를 가지기 이전의 상태, 기다림의 시간, 아이를 가져야만 완성되는 삶, 미생未生으로 만들어 버리기 때문이다.

난임이라는 비정상에서 벗어나기

목에 사원증을 건 회사원들이 바쁜 듯 지루한 듯 오가는 회사 건물 근처에서 만난 구술자는 피곤한 기색이 역력했다. 아이 둘을 키우는 워킹맘인 민아(가명) 씨는 결혼 후 얼마 동안 아이가 생기지 않자 주변의 권유에 따라 병원을 찾았고, 검사 결과 나팔관에 문제가 있다는 진단을 받았다. 주말 부부였던 민아 씨 부부는 진단이 나오기 전까지는 떨어져 지내는 상황 탓에 아이가 잘 생기지 않는 것이라 여겼다. 게다가 "아이가 생기지 않아도 워낙 별로 낳고 싶다는 생각이 없었고, 생기면 그만 안 생겨도 그만"이라고 생각했던 민아 씨는 별다른 생각은 하지 않았다고 했다. 남편도 아이가 생기지 않으면 여행이나 같이 다니면서 살자고 한 만큼, 부부는 피임을 하지는 않았지만 아이에 대해서 비교적 느긋했다. 하지만 "주변에서는 다 아이가 생기니까 우리도 아이를 낳아야 하지 않을까" 하는 생각이 들기 시작했고, 몇 차례 임신이 되지 않자 병원을 찾은 것이었다.

병원에서 나팔관에 문제가 있다는 진단을 받은 민아 씨는 먼저 자책감이 들었다고 했다. 그때까지는 임신이 안 되는 것이 주말부부라는 상황이나 하늘의 뜻이라고 생각했는데, "나 때문에" 아이가 생기지 않는 것이라는 생각이 들었기 때문이었다. 수술을 통해 나팔관 문제가 해결된 후 병원에서는 민아 씨의 나이[2]가 적지 않다면서 인공수정[3]을 권했다. 죄책감으로 힘들어하던 민아 씨는 바로 동의했고, 이후 세 차례의 시술을 받았다. 시술을 받기 위해 난임 치료로 유명한 병원 대기실에 들어갔을 때의 첫인상을 민아 씨는 생생하게 기억했다. 대기실을 가득 메우고 있는 사람들의 수가 어마어마했다는 것이다. 주변에서 너나없이 임신하는데 자신만 임신이 되지 않는 것 같아 스스로 이상하게 여겨지던

---

2 병원을 찾았던 시기의 민아 씨는 30대 초중반의 나이였다. 미국 산부인과학회 (ACOG)의 홈페이지에 실린 여성의 나이와 생식력에 관한 내용에는 나이가 30대로 접어들면 생식력이 감소하기 시작해서 35세가 지나면 생식력이 급격하게 감소한다고 되어 있다.

3 인공수정은 남성의 몸에서 추출한 정액을 여성의 배란기에 맞춰 자궁강에 인공적으로 넣어 주는 시술이다.

경험과는 상반되는 상황에서 조금은 편안함을 느꼈다고 했다. 세 차례의 인공수정이 모두 실패로 돌아가자 민아 씨는 더 이상 정부 지원금을 받을 수 없는 상황과 여전히 떨어져 지내는 남편과의 잦은 다툼이 힘들었다고 회상했다. 특히 남편과 싸우다가도 "아이가 안 생기는 게 나 때문이니까, 뭐라고 못 하겠더라"고 당시의 심정을 고백했다. 난임의 원인 제공자이기에 이후 시술의 실패까지 자신의 탓으로 느꼈던 것이다.

하지만 아이가 생기지 않은 게 민아 씨 때문이었을까? 임신의 과정에는 여러 가지 요인이 개입한다. 진단 과정에서는 여성 요인과 남성 요인으로 나누어 난임의 원인을 찾지만, 해당 '요인'이 교정된 후에도 임신이 되지 않는 경우가 있으며, 원인이 될 만한 이상이 발견되지 않더라도 난임인 경우가 빈번하다. 민아 씨의 경우도 임신이 되지 않는 상황에서 병원을 찾았을 때 민아 씨의 몸, 특히 생식기관에서 이상이 발견되었고, 이로 인해 그녀가 가장 명확한 난임의 원인 제공자가 되어 버렸다. 하지만 몸의 문제를 해결한 뒤, 자연 임신의 기회조차 갖지 못한 상황에서 병원에서는 또 다른 이유를 들어 인공수정을 권했다. 바로 민아 씨의 나이였다. 처음에는 비정상적인 생식기관이 문제였지만, 이후에는 30대 중반이라는 나이가 문제로 지목되었다. 30대 중반임에도 임신을 하지 못한 민아 씨의 몸이 난임의 원인이었다.

앞에서도 언급했듯이, 의학적으로 난임은 "1년이나 그 이상의 기간 동안 피임을 하지 않는 정상적인 성관계에도 불구하고 일상적 임신이 이뤄지지 않는 생식 계통의 질병"(Zegers-Hochschild 2017, 401)으로 정의된다. '정상'적인 성관계가 피임을 하지 않는 성관계로 설명되는 것은 정자와 난자가 접촉하는 데 물리화학적 장애물이 없다면 임신이 당연히 된다는 것을 전제하며, 생식 계통의 질병이라는 규정은 생식 계통에 속하는 신체 구조나 기능에 의학적인 문제가 없다면 임신은 당연한 결과라는 논리를 바탕으로 생식력을 생식 계통에 한정 짓는다.[4] 1년이라는 기간의 설정은 생식력이 정상 범위에 머무르는 유효기간이며, 이는 생식력이 시기나 당사자의 상황에 따른 편차 없이 항상성을 지닌다는 가정을 전제한다. 다시 말해 정상적인 임신은 정자와 난자가 피임 기구나 약물과 같은 외부로부터의 장애물이 없는 상태에서 성관계를 통해 1년 내에 이뤄져야 하며, 그렇지 않은 경우에는 질병이라는 것이다. 임신의 조건은 단지 정자와 난자의 원활한 만남이며, 부부가 아이를 가지려는 의지나 희망, 부부 각각의 상황, 감정 상태, 주변 상황, 생식 계통 외의 몸 상태와 같이 임신에 영향을 줄 수 있는 여타 요인들에 대한 고려는 찾아보기 어렵다.

이와 같은 임신 모델에 기반 하는 보조생식기술에서는 다양한 방법으로 난자와 정자의 실패한 만남을 성사시키려 노력한다. 그중 대표적인 기술이 바로 시험관 시술로, 여성에게서 채취한 난자와 남성에게서 채취한 정자를 체외에서 수정시켜 배아를 다시 여성의 자궁에 넣어 착상시키는 방법이다. 이 과정에서 '치료'의 성패는 양질의 난자와 정자에 좌우되므로 당사자인 여성과 남성은 최상의 재료를 공급할 책임을 맡게 된다. 정자가 추출된 후 남성의 역할은 급격하게 협소해지고, 여성의

---

4   생식력을 담당하는 것이 생식 계통이라는 생각에 익숙한 이들에게 이에 대한 지적은 생소하겠으나, 생식력의 향상을 위해 생식 계통만이 아닌 몸 전체의 혈(血)이나 감정 상태 등을 개선시켜야 한다는 인식이 한의학적 난임 치료에서는 핵심적이다.

몸에서 추출된 난자와 정자로 수정된 배아가 다시 여성의 몸에 들어가 착상이 이뤄지면, 여성은 아이를 무사히 출산할 때까지 몸속에서 길러 내야 한다. 기술의 성공 여부는 양질의 난자를 생산하는가, 수정된 배아가 착상하기 좋은 환경을 제공할 수 있는가에 달려 있기에 여성은 난임의 원인과는 무관하게 성공의 가장 큰 책임을 지게 된다.

세 차례의 인공수정이 실패로 돌아간 후, 병원에서는 다시 '나이'를 이유로 보다 적극적인 방법인 시험관 시술을 권했고, 민아 씨는 "시험관 시술은 확실하니까. 텔레비전에서도 보면 시험관 시술로 아기를 낳았다고 다들 나오니까"라는 생각으로 반갑게 응했다. 인공수정에 비해 "확실한 방법"이라고 느껴졌다는 것이다. 시험관 시술에서 난자를 채취하는 과정은 매우 침습적이고 고통스러워서 전신마취를 하는 경우가 대부분인데, 이때 난자가 상대적으로 충분하게 채취되자 민아 씨는 "다른 사람에 비해서 많이 나온 거라고 하셔서 되게 뿌듯했다"라고 회상했다. 채취된 난자 수만큼 앞으로 시도할 기회가 주어지기 때문에 실패할 경우를 대비하여 마음이 든든했다는 것이다. 결국 두 번째 시험관 시술이 성공해서 민아 씨는 두 아이의 엄마가 되었다.

난임은 1년이라는 시간적 조건과 아이를 원한다는 당사자의 의지가 전제되는 '이상異常 상태'이다. 당사자들에게 아이를 갖고자 하는 의지가 없어서 지속적으로 피임을 한다면 설사 몸에 문제가 있더라도 난임으로 진단받지 않을 것이다. 하지만 의지가 있다면 1년이라는 기간이 주어지고, 이 시기가 지나고도 임신이 되지 않으면 병원을 찾는 것을 시작으로 난임 환자가 되어 버린다. 이렇게 환자로 규정되어 정상적인 신체 기능을 발휘하지 못하는 비정상인이 되어 버리면, 환자는 자신의 병리적 상태에 기여한 원인을 전 생애에 걸쳐 탐색하게 된다. 실제 치료에서는 이에 대한 고려가 거의 없더라도 말이다. 아이를 갖고자 하는 마음부터 현재의 신체로 귀결된 일련의 생활 습관이나 생애 사건, 자신의 사회적 위치, 배우자와의 첫 만남부터 지금까지의 관계 등이 모두 도마에 오른다. 민아 씨의 경우도 그랬다. 그녀가 병원을 찾은 이유는 주변과는 다른 자신의 '비정상성'에 대한 의심이었다. 자신에게 문제가 있을지도 모른다는 불안감이 그녀를 병원으로 이끌었고, 병원의 진단은 그 불안감을 죄책감으로, 의학적으로 규정된 내 몸의 비정상성에 대한 거부는 그녀가 임신에 성공할 때까지 수차례의 시술을 받는 원동력이 되었다. 오직 아이만이 정상 궤도로부터 이탈한 나를 제자리로, 제시간으로 되돌릴 수 있는 힘을 갖는다. 하지만 결과로서 아이의 존재가 불안감을 전부 해소해 줄 수 있었을까?

출산 이후의 경험에 대해서 묻자 그녀는 쌍둥이인 아이들을 데리고 밖에 나갔을 때의 이야기를 해주었다.

나이는 같아 보이는데, 생긴 건 다르니까 쌍둥이는 유전이라는데 가족 중에 쌍둥이가 있냐고, 또 쌍둥이 있는 사람들 사이에서는 그 아이들이 '자연산'이냐 아니냐, 관심이 엄청나요.

특별히 아이를 갖고자 하는 마음이 없었지만 아이가 생기지 않자 조바심이 났는데, 시험관 시술을 통해 아이를 갖자 이번에는 그 아이들이 자연 임신을 통해 낳은 아이들인지 아닌지를 따지는 주변의 시선이 느껴졌다. 여기에는 보조생식기술을 통해 '인위적'으로 얻은 아이들이 자연 임신으로 얻은 아이들보다 어딘지 열등하다고 보는 관점이 깔려 있기도 한데, 이는 아래 난임 전문 한의사와의 인터뷰에서도 엿보인다.

> 난임 여성들이 보조생식기술로 아이를 낳고 나면 '이제 나는 더 이상 난임 환자가 아니다'라고 생각할 줄 아세요? 그렇지 않아요. 오히려 자신의 딸에게 난임이 유전될까 봐, 딸도 자연 임신을 하지 못하게 될까 봐 전전긍긍해요.

보조생식기술을 통해 임신과 출산에 성공하더라도 스스로 자기 몸에 대해 갖는 의혹은 사라지지 않는다. 정상적 여성의 몸이라면 자연스럽게 이뤄졌을 임신 기능을 회복하지 못한 채 다만 기술로 대체되었다고 여기기 때문이다. 1년이라는 기간 안에 정상성을 증명하지 못한 나의 몸은 여전히 비정상의 영토에 머물러 있으며, 그 비정상성은 내 삶 자체에 뿌리를 두고 있기 때문에 의학적으로 난임은 해결되었을지 몰라도 그것이 드러낸, 보다 깊은 차원에 있는 내 존재의 문제는 그대로이기 때문이다. 보조생식기술은 '아이 없음'을 해결해 줌으로써 사회적인 '정상성'을 회복시켜 줄 수 있을지는 몰라도, 난임으로 규정받은 당사자는 자연 임신을 하지 못했다는 사실에서 스스로에게 문제가 있다고 생각하며, 그렇게 낳은 아이에게도 문제가 있을지도 모른다며 걱정한다.

"여자로서 최고의 수치": 몸에 갇힌 여성성

난임의 경험에서 주로 주목받는 것은 여성이다. 여성의 몸이 임신과 출산의 주된 현장이기에, 원인과는 상관없이 난임의 치료 또한 여성의 몸을 중심으로 전개된다. 한편 생식을 둘러싼 기술은 점점 더 몸을 우회하는 방향으로 발달하고 있다. 최근에는 인공 자궁에 대한 실험이 성공적으로 이뤄져, 미래에는 여성이 체내에서 아이를 10개월간 양육하지 않아도 된다는 전망까지 나오고 있다(Schwartz 2019). 임신과 출산의 전 과정이 신체를 떠나서 이뤄지는 시대가 온다면 몸 전체보다는 생명의 '재료'인 난자와 정자로 논의의 초점이 옮겨 갈 것이고, 몸은 다만 그것을 만들어 내는 생산처로서 이야기될지도 모른다. 그러나 아직까지 아이를 갖고 기르고 출산하는 일은 기술이 개입하는 상황일 때에도 몸에서 일어나며, 이 경험은 여성의 특권으로 여겨지기도 한다.

여성의 권한이자 여성성의 증명, 정상적인 신체 기능, 가족 구성의 수단으로서 임신을 인식하는 이들에게 난임은 여성으로서의 정상성, 여성성의 실현이 가로막힌 중대한 사건이다. 신애(가명) 씨에게도 그랬다. 1년이 되도록 임신이 되지 않자, 그녀는 스스로 병원을 찾았다. 진단은 다낭성 난소증후군[5]이었다. 병원에서는 나이가 젊은 신애 씨에게 배란 유도제를 권하면서 자연 임신을 시도해 보자고 했다. 아직 자연 임신의 여지가 있다는 것, 자신이 불임이 아니라 난임이라는 점이 그녀에게는 희망적이었다고 했다. 그리하여 아직은 해볼 만하다는 생각에 병

---

5   다낭성 난소증후군은 시상하부-뇌하수체-난소의 호르몬 이상과 인슐린 저항성(또는 고인슐린 혈증)이 발생하여 난소의 남성호르몬(안드로겐)이 증가되고 배란이 잘 되지 않음으로써 월경 불순, 다모증, 비만, 불임 및 장기적으로는 대사증후군과도 연관되는 질환이다. 서울아산병원 질환 백과. http://www.amc.seoul.kr/asan/healthinfo/disease/diseaseSubmain.do.

원의 권유를 적극적으로 따랐고, 다행히 몇 차례의 시술 끝에 아이를 갖게 되었다. 그래서인지 난임의 경험을 이야기하면서 여유가 있어 보였는데, 그럼에도 불구하고 당시의 심정을 묻자 다음과 같이 회상했다.

자존심 상해요, 진짜. 여자로서 임신은 가장 큰 축복이잖아요.

신애 씨에게는 임신이 여성에게 가장 큰 축복이자 여성으로서의 자존심이 걸린 문제였다. 하지만 신애 씨 역시 남편과 주말부부로 지내고 있었고, 이런 상황에서 임신에 시간이 걸리는 건 어찌 보면 당연한 게 아닐까 싶은 생각에, 무엇이 그렇게 자존심이 상하는지 다시 물어 보았다.

한 달에 한 번 만나고, 두 번 만나고…… 상황이 그렇지만, 임신이
안 된다는 그 자체만으로도…… 나한테 주어진 상황보다는 내 몸
상태가 질병을 가지고 있다는 거잖아요. 내 질병 때문이라는 생각
때문에 자존심 상하고, 숨기고 싶고…….

신애 씨는 주말부부라는 상황이 아닌 자신의 몸에서 원인을 찾았다. 그녀는 또 "(아무리 남편과 자주 만나지 못해도) 배란일만 맞춰서 만나서 하면 되잖아요"라고 말하기도 했는데, 배란기라는 신체적 조건만 갖춰지면 정자와 난자의 만남이 성사되어 임신으로 이어질 거라는 공식은 신애 씨만의 생각이 아니라 생물학에 기반한 임신에 대한 오늘날의 일반적 견해이다. 실제로 임신의 주체인 부부의 상황은 충분히 고려되지 않으며, 가장 핵심적인 생물학적 조건이 갖춰졌음에도 임신으로 이어지지

않았다는 사실은 질병의 징후로 여겨지는 것이다. 검사 결과 생식 계통과 유관한 어떤 이상이 진단되면 그것이 난임의 원인으로 규정되고, 난임의 원인을 제공한 몸은 결함 있는 몸이 되어 버린다. 앞에서 나왔던 민아 씨처럼 신애 씨도 본인의 몸에서 진단된 이상이 난임의 원인이라고 생각하고 있었다. 그리고 임신을 가로막은 병든 몸은 그녀의 여성성에도 타격을 주었다.

> 나도 여자로서 기능이 있다…… 그전까지는 약간 목소리도 중성적이지, 남성호르몬이 약간 높은 편이라서 나는 여자로서의 기능이 바닥인가 봐…… 하다가 임신을 하고 출산을 했잖아요. 아 나도 여자로서 되는 구나…….

출산 후 변화에 대해 이렇게 회고한 신애 씨에게 임신과 출산 전 난임이었던 몸은 비정상성을 넘어 실패한 여성성을 의미했다. 이는 그녀가 진단받은 다낭성 난소증후군에 뒤따르는 인식 또한 기여한다. 남성호르몬의 과다 분비로 설명되는 다낭성 난소증후군 진단은 정상적인 여성의 몸이 아니라는 좌절감을 강화시켰으며, 이로 인해 임신까지 가로막히자 점점 여성으로서의 자존감마저도 떨어졌던 것이다. 출산 후 심경의 변화에 대해 민아 씨는 또 하나의 인상적인 말을 했다. 엄마가 된 경험이 자존감을 높여 주었다는 것이다. 그녀는 이 느낌을 "갑옷을 입은 느낌"이라고 표현했다. 출산 후 외양이 초라해진 듯해도 엄마라는 느낌이 갑옷처럼 자신의 자존감을 지켜 준다는 것이었다.

한편, 신애 씨가 아이를 갖고 싶은 이유는 또 있었다. 바로 그녀가 꿈

꾸던 결혼 생활의 실현을 위해서였다. "내가 꿈 꿨던 결혼 생활이라는 게, 신랑도 있고 자식도 있고, 아웅다웅 싸우기도 하지만 밥도 먹으면서 여행도 가고 그런 걸 상상했기 때문에 안 된다는 게 너무 그랬다"라며 그녀는 이상적인 삶을 만들어 가는 과정에 아이가 빠질 수 없었음을 말했다. 난임이 지속됐다면 그녀는 어떻게 했을까? 그녀는 입양까지도 고려했다고 했다.

> 내가 애가 있다는 것 자체가 남들이 보기에는 저 애기가 내 앤지,
> 남의 앤지 어떻게 알아요.

그는 직접 배불러 낳지 않은 아이라도 가족을 구성할 수 있다는 면에서, 타인에게 낙인찍히지 않는다는 면에서 입양 또한 하나의 선택지였음을 말했다. 실제로 그는 실패가 거듭되면서 남편에게 입양을 언급하기도 했다. 그러나 남편은 "남의 애를 왜 키우냐"면서 입양에 대해 부정적인 반응을 보였다고 한다.

　신애 씨에게 임신과 출산은 여성성을 증명하는 일이자 가족을 구성하는 과정이었다. 다만 가족을 구성하거나 사회적인 정상성을 획득하기 위해, 입양이 임신과 출산을 대체할 수도 있음을 내비쳤다. 얼핏 임신과 출산, 가족의 구성은 하나의 일관된 욕망의 수행처럼 보이지만, 난임으로 인해 이런 욕망이 가로막힌 상황에서는 파편화된 욕망들이 제각기 다른 실천을 요하기도 한다.

'엄마가 되고 싶은 마음'과 모성의 실천

…… 입양을 할 수도 있어요. …… 근데 일단 배 한번 불러 봤으면, 입덧 한번 해봤으면 좋겠는 거예요 …… 그러고 나면 입양할 수 있을 것 같아요. 안 낳아도 돼요.

아이의 부재가 난임의 고통이라던 수진 씨(가명)는 임신 자체가 너무나 하고 싶었다고 했다. 그 감정을 확인한 계기가 친구의 부른 배를 보며 느낀 강한 질투심이었는데 "처음으로 사람이 미워지더라고요…… 옆에 친구가 임신을 했는데, 그 배가 너무 보기 싫은 거예요"라며 당시의 심정을 떠올렸다. 그녀는 누군가 아이를 원치 않아 유산을 했다는 이야기를 들어도 감정이 격해졌고 자신에게 아이가 생기면 누구보다 잘 키울 자신이 있는데 세상이 불공평하다고, 원망하는 감정을 많이 느꼈다. 둘째를 임신해서 힘들어하는 친구를 보면서 미워하는 마음에 괴롭기도 했다. 그렇게 아이를 키우고 싶으면 입양을 하자는 남편의 말에, 그는 "입양을 할 수도 있다…… 근데 일단 배 한번 불러 봤으면 좋겠다…… 안 낳아도 좋으니까 그냥 임신만이라도 한번 해봤으면 좋겠다"라고 호소했다. 아기가 없어서 힘든 이유는 아기가 너무 갖고 싶어서라는 그의 말은 과연 아이는 무엇일까, 아이를 몸에 품는다는 것은 어떤 의미일까 고민하게 했다. 아이를 품은 느낌에 대한 욕망, 임신에 대한 욕망은 과연 어떤 의미일까. 그가 표현한 것처럼 '동물적인 본능'이라고밖에 설명할 수 없는 걸까?

모성은 남녀를 통틀어 전 인류가 어머니의 뱃속에서 10개월 남짓의

시간을 보내고 나오는 보편적인 경험을 바탕으로 한다(Rich 1995, 11). 그
것은 최초의 감각을 자극하는 원초적인 형태로 기억되며, 최초의 사회
적 관계이다. 이렇듯 모성은 그 뿌리가 존재의 깊은 차원에 있기에 '어머
니'는 '애틋함'으로, '사랑의 실체'로서 회자되기도 한다.[6] 물론, 자식을
돌보는 실천적 차원에서 어머니 노릇은 생활 조건의 영향을 받으며, 절
망적인 현실 상황을 초월하여 실천되는 것이 쉽지 않다(Scheper-Hughes
1993). 실천의 차원에서 무엇이 좋은 어머니 노릇인가는 사회적으로 합
의된다. 현대 한국 사회의 모성은 여전히 부계 위주의 가족제도를 바탕
으로 가족의 명예를 위해 자식의 성공에 헌신하고, 사회 활동을 통한 자
아실현이라는 근대적 가치로 점철된 사회적 기대에 부응하며, 육아에
적대적인 작업환경을 감내하면서 육아와 일을 병행하는 어머니 역할을
요구한다.[7] 그러나 모성은 사회적으로 구성되는 이데올로기이기 전에
여성과 그가 잉태하고 낳아 기르는 아이와의 '최초의' 관계로부터 비롯
된다. 어머니와 아이의 관계는 임신 테스트기가 양성으로 나오는 순간,
임신 진단을 받는 순간, 아이의 심장 박동 소리를 듣는 순간, 입체 초음
파로 아이의 얼굴을 확인하는 순간 등 임신 기간 동안 소소한 순간들에
구체화되지만, 그 시작은 여성이 마음속에서 아이를 원하고 상상하는
순간에 은밀하게 일어난다. 임신과 출산은 사회적인 일이기 이전에 지

---

6 "유일한, 어둠 속 맥박의 근원인, 어머니"(이도형 2019).

7 통계청에서 발표한 2018년도 일·가정 양립 지표에 따르면 남성 육아휴직자 수가 전
   년보다 56.3퍼센트 증가했고, 여성 육아휴직자 수는 2010년대 들어 처음으로 감소했
   으나 육아를 위해 휴직을 하거나 직장을 그만 두는 것은 주로 여성이었다.

극히 개인적인 관계 맺음이기도 한 것이다. 이 관계 맺음 속에서 여성은 시공간을 초월해 미처 몰랐던 또 다른 자신의 모습에 접속하고 미래로 나아가기도 한다.

수진 씨는 자궁근종 때문에 산부인과에서 조기 폐경과 자궁 적출을 권했던 경우로, 병원에서는 임신하는 것이 불가능하다고 여겼다. 그러나 그는 임신을 포기할 수 없었기에 두 가지 치료법을 모두 거부했고, 한의원을 찾아 근종 치료를 받으면서 결국 임신에 성공했다. 근종이 줄어들긴 했지만 완전히 없어지기 전에 임신을 했기 때문에 수진 씨는 다시 커지는 근종과 함께 뱃속에서 아이를 길러 냈다. 만삭을 다 채워서 출산을 한 뒤 수진 씨는 육아에 전념하느라 자신의 몸을 크게 신경 쓰지 않았는데, 둘째를 가질 생각에 병원에 가보니 자궁근종이 났던 부위가 석회화되어 더는 임신은 불가능하다는 이야기를 들었다.

모성에 대한 욕구를 동물적인 본능이라고 설명한 수진 씨도 어렵게 첫째를 낳은 후 둘째를 원하는 마음은 과욕이라는 생각에 조심스러웠다고 했다. 처음에는 "배만 불러 보는 게 소원"이었는데, 아이를 낳고 기르면서 둘째를 바라고, 그 바람이 이뤄지지 않는 상황에 불만을 갖는 게 "죄받을 일"이라는 생각이 들었다고 했다. 하지만 또 아이를 원했던 그녀는 3개월 정도의 치료 끝에 결국 임신을 했고, 자궁이 석회화되어 만삭까지 임신을 유지하기 어려운 상황에서 결국 조기 진통이 와 병원에서 유산을 권유했음에도 불구하고 임신을 유지했다. 수진 씨는 인터뷰 당시에 중학생인 두 아이와 함께 시간을 보내기 위해 일을 그만 둔 상태였다. 힘들게 낳았는데, 일하느라 남의 손에서 많이 자라게 한 것이 아쉬워서 "얼마 남지 않는 시간"을 함께 보내기 위해서라고 했다.

수진 씨의 경우 난임은 스스로 본능적이라고밖에 설명할 수 없던 내적 욕망의 실현이 가로막힌 사건이었다. 방법은 중요치 않았다. 그녀는 어떻게든 이 장애물을 넘어서 아이와 관계를 맺고, 엄마가 되어야 했다. 그에게는 난임에 대한 사회적 인식이나 그것이 암시하는 몸의 비정상성 등 여성의 정체성을 위협하는 의미들은 아이 없음이 초래하는 모성의 단절에 비해서는 중요하지 않았다.

의료화된 난임 속 갈등하는 관계들

임신은 혼자서 할 수 있는 것이 아니다. 한 부모 가정이 결핍의 맥락에서 이야기되는 것 또한 아이가 태어나는 데에는 두 사람이 개입했다는 인식을 기저에 깔고 있기 때문이다. 한편 아이가 있어야 가족이 비로소 완성된다는 인식과 사회적으로 여성에게 기대되는 엄마로서의 역할 때문에 이를 실천하지 못하는 난임 여성은 건강한 사회를 구성하는 데 기여하지 못하는 낙오자, 비정상인이 되어 버린다.

의학적으로 난임의 원인은 보통 일차적으로 남성 요인, 여성 요인으로 구분되는데, 대부분의 통계가 여성 요인의 우세를 드러내고 있는 가운데 남성 요인에 대한 인식이 확대되면서 전체 난임 원인의 절반을 차지한다는 결과도 있다. 그럼에도 불구하고 난임이 의심되는 상황에서 여성들은 먼저 자신의 몸에 문제가 있는지 확인해 보기 위해 병원을 찾곤 한다. 문제가 없다는 진단이 나오고 나서야 배우자인 남성에게 검사가 제안된다.

(병원엔) 거의 혼자 갔어요. 신랑은 계속 근무지에 있고…… 병원에서는 [남자에게 문제가 있을 수도 있으니] 한 번 하자고 하더라고요, 정액 검사를. 근데 예전에 검사한 적이 있다고, 그때 아무 이상 없다고 판정을 받았으니까 문제없을 거라면서 안 하더라고요. 너무 확신에 차 있어 가지고…….

난임 치료를 받는 과정 내내 신애 씨는 병원에 혼자 갔다고 했다. 병원에서 시술을 받고 집으로 돌아와 처방받은 약을 먹고 임신 여부를 테스터기를 통해 확인하는 일들이 외로웠지만, 그녀는 "남편한테 스트레스 주고, 그렇게 하지 않았어요. 왜냐면 내가 남편한테 스트레스 준다고 그 상황이 좋아지는 것도 아니고…… 어차피 이것도 내가 혼자…… 남편이 나 대신 주사 맞을 것도 아니고, 남편이 나 대신 임신할 것도 아니고……"라며 스스로의 상황을 정리했다. 잉태-임신-출산으로 이어지는 과정에서 남성의 역할은 잉태의 짧은 순간에 한정된다는 생각 때문에 남성은 배제되기도 하고, 스스로도 거리감을 느낀다. 여성에 비해 몸의 경험에 차이가 있기 때문이다.

소위 '자연 임신' 과정에 있어서도 여성과 남성의 몸 경험 간에는 차이가 있다. 두 사람의 몸이 만나 임신이 되면 그 이후 10개월 남짓의 양태 과정과 출산은 오롯이 여성의 몸에서 체험되기 때문이다. 이 과정에 보조생식기술이 개입하면 남녀가 겪는 몸의 경험 간의 온도 차이는 더욱 커진다. 여성의 몸은 기술이 개입하고 작동하는 현장이기에 난임의 진단으로 시작되는 치료의 전 과정이 몸으로 경험되는 반면 남성의 몸은 ―성관계가 우회되는 시험관 시술의 경우에 더더욱― 기술로 대체되기 때문이다. 임신에서 남성의 역할은 건강한 정자로 환원된다. 건강한 정자를 추출한 이후, 그는 더 이상 '난임 프로젝트'에 필수적인 존재가 아니다. 그는 난임 당사자인 여성의 보조자로 인식되며,[8] 적어도 기술을 이용하는 기간 동안은 여성의 몸이 처해 있는 현실 ─보조생식기술이 요구하는 일련의 의료적 실천들─의 주변부로 밀려나 있다. 기술을 이용하지 않는 경우에는 두 사람 간의 소통이나 합의 등 관계가 중요하지만, 아이를 갖기로 결정했던 여성과 남성은 보조생식기술의 세계에 들어간 후부터 난자와 자궁, 정자로 환원되고, 가장 개인적이라고 여겼던 둘 사이의 관계에서 기술의 영향력은 점점 커진다. 여성과 남성, 그리고 보조생식기술 간의 불편한 동거인 셈이다.

…… 자연스럽게 했던 건데 의사가 횟수가 중요하다고…… 날짜를 정해 주면 위축이 돼요…… 즐거운 게 아니라, 의무감이라든지 책임감에 해야 되니까…… 그럼 피해요. 갑자기 막 화를 내고 싸워요. 싸우면 안 할 수 있으니까.

근데 여자 입장에서는…… 남자는 뭐 아무 때나 그럴 수 있지만…… 여자는 기간이 딱 존재하잖아요. 그때 정말 아주 중요한 그 시기를 한 달 동안 뭘 하건 약을 먹으면서 기다렸는데 이런 식

---

8   강지연(2012)은 난임 병원에서 여성을 '환자', 남성을 '보호자'로 호명하며 진료카드나 예약이 모두 여성의 이름으로만 이뤄진다는 점을 지적하면서 의료진과 당사자 모두 여성이 난임 주체이고 남성은 주변인으로 인식하고 있음을 드러냈다.

으로 하면 너무 화가 나는 거예요.

민수(가명) 씨와 지현(가명) 씨 부부는 병원에서 딱히 이상이 없다고 말한 경우였다. 결혼 후 5년이 지나도 아이가 생기지 않자, 부부는 조바심이 났다. 오히려 아무 이상이 없다니까 더 답답했다. 부부는 양의, 한의를 막론하고 병원을 전전했고, 운명을 탓하며 점집을 찾기도 했다. 몸에 이상이 있다면 치료라도 받아 볼 텐데 병원에서는 원인을 알 수 없다고 하니, 무언가 초월적인 힘이 개입한 것은 아닐까 싶더라는 것이다. 배란 유도제부터 시험관 시술까지 보조생식기술이 이끄는 대로 난임 치료 과정을 순차적으로 밟아 나갔지만, 몇 차례의 임신은 출산으로 이어지지 못했고, 기술 주도로 흘러가는 생활에서 둘의 관계는 막다른 골목에 이르게 되었다. 민수 씨는 "처음에 사랑해서 결혼을 했는데 인연이 아닌가 보다 극단적으로 생각하고⋯⋯ 결혼은 왜 했을까, 애 낳으려고 한 건 아닌 것 같긴 한데"라는 생각에 치료를 중단했고, 아이러니하게도 관계를 회복하고자 떠난 여행에서 아이가 생겼다.

앞서 언급된 사례들에서는 난임이라는 길고 어두운 터널 끝에 임신에 성공했기 때문에 고난과 역경을 극복한 서사가 구성되지만, 그 안에서 여성과 남성은 몸에 대한 자율성, 부부 관계의 주체성, 임신을 성취하기 위한 과정상의 주도권을 늘 가지고 있지 못했다. 기술로 난임을 치료하기로 한 이상, 기술이 제대로 작동하기 위해 요구하는 조건에 몸을 맞춰야 했기 때문이다. 호르몬제를 주사기로 주입하면서 한꺼번에 많은 수의 난자가 배란되도록 유도하고, 성관계를 가져야 할 때를 병원에서 지정해 주고, 성관계를 우회하는 시험관 시술에 진입하게 되면 배아가 착상하기 좋은 환경 조성이 이뤄진다. 기술에 맞춰지는 것은 몸뿐만이 아니다. 반드시 아이를 낳으려는 목적으로 한 결혼이 아닌데도, 부부의 관계는 어느새 아이, 더 정확하게 말하면 아이 없음으로 규정되고 난임 치료의 성패에 부부 관계의 존속이 달려 있는 것만 같다. 하지만 구술자의 말대로 결혼이 반드시 아이를 낳기 위해서 한 것이 아니고 아이를 낳겠다는 결정 또한 당사자들의 결정임에도 불구하고, 난임 치료에 들어가면 남성과 여성은 주체이면서도 참여자로 비껴 나가는 경험을 하게 된다.

나가며

한국 최초의 시험관 아기가 1985년에 태어난 후, '불임'은 '난임'이 되었다. 불가능을 가능케 해준다는 기술의 힘으로 불임에 붙어 다니던 각종 낙인이 희미해지는 듯 했으나, 보조생식기술은 기존의 낙인을 완전히 지우지는 못했으며, 의료화·기술화된 난임은 당사자에게 또 다른 어려움을 초래했다. 보조생식기술이 갖는 위상과 달리 그것의 성공률이 생각만큼 높지 않고, 보조생식기술을 이용하는 과정에서 당사자들이 맞닥뜨리는 각종 침해와 몸의 고통, 실패에서 오는 실망은 기술에 대한 기대감이 높은 만큼 큰 좌절감으로 다가왔다.

난임은 먼저 당사자가 아이를 원한다는 전제가 있어야 성립하는 개념이기 때문에 난임이라는 의학적 규정은 당사자들의 의지로부터 시작된다. 난임의 기준을 충족하는 조건은 사실상 1년이라는 기간 동안 피임을 하지 않은 성관계에도 불구하고 아이가 생기지 않은 것이기 때문에 몸에서 문제를 발견하지 못하더라도 아이가 없다는 외부적 상황으로써 난임 진단은 성립한다. 난임의 규정이 병원에서 일어나므로 그것은 일차적으로 질병의 경험과 유사하지만, 보조생식기술의 목적이 생식력의 이상에 이르게 한 기저 질병의 치료가 아니라 아이의 획득이므로 여느 질병의 치료와는 맥락을 달리한다. 몸의 문제가 의학 기술을 통한 몸의 회복으로 이어지는 질병 치료 경과와 달리 난임은 몸의 문제로 시작하지만 해결 과정에서 기술이 몸을 대체하고, 아이의 획득이라는 몸 밖의 상황 변화로 문제의 해결 여부가 결정되기 때문이다. 즉 처음에 병원에서 문제 삼는 것은 몸의 생식력 이상이지만, 결국 치료의 목표는 생식력의 복구가 아니라 아이의 획득으로, 여성으로서의 열패감, 내적 욕망으로서의 모성 실천의 좌절, 정상 가족 구성의 실패 등과 같은 실존적·사회적 문제마저도 기술의 성패가 좌우하게 된다.

그렇기 때문에 질병으로서 난임의 경험은 보다 큰 범주인 아이 없음의 경험에 포함되는데, 그 과정에서 당사자는 '정상' 신체 기능에 문제가 있는 하자 있는 사람으로 분류되고, 몸을 우회하는 방식으로 몸의 문제를 해결하는 보조생식기술의 성공을 위한 수단으로 전락해 버린 몸을 경험한다. 실존적 차원에서부터 사회적 차원까지 존재의 여러 층위에 걸쳐 있는 문제를 의학 기술을 통해 해결하려는 과정에서 몸으로서의 존재가 또다시 수단이 되는 현상은 아이러니하다.

난임은 의학적으로 규정되지만, 아이 없음의 경험은 의학적 범주를 초월한다. 난임으로 가로막힌 것은 한국 사회에서 가족의 형성, 모성의 실천, 여성성의 완성 등 아이 낳음이 포괄하는 다양한 사회적 역할만큼 복합적이기 때문이다. 특히 모성으로 이야기되는, 아이가 갖는 상징성으로부터 비롯되는 측면은 인류 보편적인 관계성을 바탕으로 사회의 가치관과 구조를 반영하기에 난임 여성에게 아이가 지니는 다양한 의미만큼 다양한 방식으로 단절과 고립을 경험하게 한다. 난임 치료 과정은 이런 단절과 고립을 극복하는 과정에 다름 아니며, 그 안에는 여성성의 완성, 모성의 실천, 비정상성의 탈피를 향한 분투의 서사가 담겨 있다.

한편 난임은 생명의 창조라는 인류의 원초적인 측면에 관한 문제이다. 사람은 누구나 어머니에게서 태어나기 때문에, 임신과 출산, 그리고 그것이 가로막힌 난임에는 보편적인 측면이 있다. 물론 태어난 이후의 성장 과정에서 '진정한' 자신으로 태어나는 계기가 따로 있을 수 있지만, 살아 있는 생명으로서 나의 존재가 어머니 몸속에서 일정한 시간을 보내고 탄생의 과정을 거쳐 세상에 나온다는 것은 부인할 수 없는 사실이다. 따라서 아이를 낳는 일은 어머니에게 아이로 머물러 있던 일방적인 관계에서 한 걸음 나아가 자신이 어머니가 됨으로써 관계의 순환을 이루고 세상을 향해 존재를 확장시키는 일이다(Jackson 1996, 23). 관계를 바탕으로 태어나는 우리가 다시 새로운 생명을 세상에 내보내는 일은 기존의 관계를 바탕으로 새로운 관계를 맺어 나가는 것이다. 따라서 아이는 과거 및 현재의 관계와 미래의 관계를 응축하고 있는 존재이며 아이의 탄생은 그런 관계들이 구체적으로 드러나는 사건인 것이다. 즉, 아이가 태어나면서 아이를 중심으로 하는 새로운 관계가 생기는데, 이는 백지 상태에서 생겨나는 것이 아니라 기존의 관계 안에서 만들어진다. 아이의 탄생은 새로운 존재가 사회로 진입하는 시작점인 것만이 아니라 주변인들에게 새로운 역할을 부여하고 이전과 다른 모습의, 다른 방식으로 관계를 맺도록 하는 계기인 것이다. 아이가 부재하는 상황에서도 밑바탕의 관계는 여전히 존재하지만, 그것은 '단절'의 형태로 경험된다. 잉태하고 출산하는 경험이 다름 아닌 가장 원초적인 관계성을 의미하고, 거꾸로 아이 없음이 관계성의 단절임을 고려하면, 난임은 의학적으로는 생식 계통의 이상으로 정의되지만, 실존적 차원에서는 관계의 단절로 이해할 수 있는 것이다.

하지만 오늘날 난임은 전적으로 의료 영역에서 다뤄진다. 난임은 질병이며 이를 경험하는 이들은 환자로 규정된다. 난임 경험에서 오는 괴로움은 예후를 보장할 수 없으며 치료 과정이 침습적이고 그 과정에서 환자가 주체성을 상실하게 만드는 여타의 질병 경험에서 느끼는 괴로움과 유사하다. 그나마 '아이가 없어서' 괴롭다는 말만 이 경험의 특수한 지점을 포착하는데, 이 말은 많은 이들의 공감을 자아내면서도 그 의미가 모호하고 추상적이다. 그만큼 '아이'가 담고 있는 의미가 복잡하고 원초적이기 때문인데, 모호함으로 표현되는 '아이'의 의미가 생의학의 환원주의를 만나 축소되거나 심지어 삭제되고 있다. 아이는 기술로서 획득하는 생산물로 인식되고 있으며, 이런 모습은 생명 자체를 상품으로 보는 관점과 우려스러울 만큼 닮아 있다.

생식 계통의 이상을 보완하려는 수단으로 개발된 보조생식기술은 어느새 몸을 대체하는 방향으로 발전하고 있다. 기술이 주도하는 '재생산' 영역에서 당사자들은 난자 또는 정자를 제공하는 몸으로, 배아를 양육하는 인큐베이터로 수단화되고 있다. 이처럼 보조생식기술이 주도하는 난임 경험에서 호소되는 괴로움은 침습적인 기술에 대한 반응이나 아이의 부재에 대한 일시적인 불안감으로 여겨지는 경향이 있다. 하지만 여기에는 존재론적 차원의 문제가 스며들어 있다. 당사자가 느끼는 괴로움에는 인간의 보편적인 관계성이 끊어진 데에서 오는 실존적 불안이 포함되어 있다.

난임의 증가를 저출산의 원인으로 보고 보조생식기술의 적용을 확대해야 한다는 목소리가 커지는 가운데, 아이의 획득은 사회 유지의 문제로 인식되고 있다. 관계의 또 다른 말인 사회는 이를 위해 기술에 전적으로 의존하고 있으며, 이 과정에서 새로운 생명의 탄생은 관계의 연속과 확장이라는 본질적인 의미를 잃어 가고 있다. 사회적 존재가 아닌 생물학적 산물로서의 인간을 지금보다 더 수월하게 만들어 낼 미래를 목전에 두고 아이 없는 괴로움을 들여다봐야 하는 이유다.

참고 문헌

이도형, 2019, 『오래된 사랑의 실체』, 디자인이음.

통계청, 2018, 『2018년 일·가정 양립지표』.

페데리코 가르시아 로르카, 2011, 『예르마』, 안영옥 옮김, 지식을 만드는 지식.

Jackson, Michael, 1996, *Things As They Are*, Bloomington and Indianapolis: Indiana Univ. Press.

Rich, Adrienne, 1995, *Of Woman Born*, New York: W. W. Norton & Company.

Scheper-Hughes, Nancy, 1993, *Death Without Weeping-The Violence of Everyday Life in Brazil*, Berekely and Los Angeles: University of California Press.

Zegers-Hochschild, Fernando et al., 2017, "The International Glossary on Infertility and Fertility Care, 2017," *Fertility and Sterility* 108(3).

Schwartz, Oscar, 2019, "On the History of the Artificial Womb". https://daily.jstor.org/on-the-history-of-the-artificial-womb/

한 희귀난치 질환자의 삶과 연대

연대의 기반이 된 취약성

박영수

현지 조사 중에 여러 도움을 주었던 J의 집 정문에 도착하자마자 J의 신음 소리를 들었다. 그 소리 때문에 그의 상태가 심각하다는 것을 깨닫고 그에게 뛰어갔다. 그는 사시나무 떨듯 떨고 있었다. 나는 그의 몸을 이불로 덮은 뒤 타이레놀과 물을 건넸다. 그의 오한은 몇 달 전에 말라리아에 걸려 떨던 내 모습을 떠올리게 했다. 그러나 그는 말라리아에 걸릴 수 없는 유전자를 가지고 있다. 눈에 보이지 않는 미세한 수준의 염기서열[1] 하나가 변화한 것은, 그의 한평생을 바꾼 사건이 되었다.

J는 의사인 나에게도 그가 가지고 있던 질병에 대해 이야기하지 않

---

1 DNA의 기본단위인 뉴클레오티드의 구성 성분 중 A(아데닌), G(구아민), T(티민), C(사이토신) 네 가지 염기의 배열 순서를 의미하며, 유전자의 염기서열이 바뀌면 그로부터 합성되는 단백질이 변화해 질병의 원인이 될 수 있다.

았다. J는 그의 질병이, 내가 추가 현지 조사를 위해 잠깐 동안 방문했던 기간의 분주한 일정을 방해하길 원치 않았다. 평소 프로젝트 현장 매니저로서 강한 책임감을 가졌던 J의 태도를 생각해 볼 때, 병가를 내는 일은 흔치 않았다. 나는 그가 심각하게 아픈 거라고 생각했다.

당장 간담췌외과 의사였던 T선생에게 전화를 걸었다. 국제 보건 전문가로서 아프리카에 와 있었던 T선생은, 지난 주말 나에게 J의 상태에 대한 걱정을 나눴다. T선생은 J가 가진 문맥성 고혈압[2]으로 인한 합병증이 복잡하고 심각하기 때문에, 그가 어린 시절부터 치료받았던 병원보다 더 큰 대학병원으로 J의 의무 기록을 이전해야 한다고 했다.

T선생은 J의 체온이 어떤지 물어 봤다. 39.5도의 고열. T선생은 당장 수도의 외국인 병원으로 올라오라고 했다. 담관염[3]의 가능성을 걱정했다. J는 3개월에 한 번씩 한국에 가서 수혈을 한다고 들었다. 나는 그 이유를 몰랐다. 그런데 이번에 그가 내시경 역행 담췌관 조영술Endoscopic Retrograde Cholangiopancreatography, ERCP을 매번 받아 왔다는 것을 알게 되었다. 그것도 마취도 없이 그 고통스러운 시술을 견뎌 왔다는 걸.

차가 출발하자마자 J는 격렬하게 구토하기 시작했다. 수도로 가는 차 안에서 내내 내 자신을 자책했다.

'우리는 지난주 내내 같이 있었는데, 난 왜 그가 심각한 상황이었다는 것을 깨닫지 못했을까? 내게 이토록 가깝고 도움을 주었던 친구의 고

---

2 간으로 혈액을 보내는 간문맥 혈관 내 압력이 상승해 여러 가지 합병증이 발생하는 것.

3 간에서 만들어진 담즙이 이동하는 담관에 발생한 염증으로, 급성의 경우 패혈증으로 진행할 위험이 있어 신속한 치료가 필요하다.

통에 둔감하고 무지했던 것일까? 내가 만약 그의 증상을 좀 더 일찍 발견 했더라면…… J가 살았으면 좋겠다. J는 좋은 사람이다. J의 아내와 아들, 그리고 곧 태어날 아기를 위해, 그가 꼭 회복되었으면 좋겠다.'

나는 이런 상황에서 제공할 수 있는 가장 기본적인 돌봄을 전달했다. 그의 손을 꼭 잡고, 우리가 함께 있다는 신호를 전했다.

T선생은 응급실 앞에서 우리를 기다리고 있었다. J의 활력 징후는 흔들리기 시작했다. 산소 포화도는 74퍼센트, 혈압은 90/60에 불과했다. 간호사는 한참 정맥을 찾았지만, 오랜 병력으로 정맥이 희미해져서 찾는 게 쉽지 않았다. 그사이 혈압은 75/50까지 떨어졌다. 혈압 상승을 위해 도부타민이 투여됐다. 백혈구 수치는 4만 개로 올라갔다. 패혈성 쇼크 상태였다. 헤모글로빈 수치는 7.2까지 떨어졌다. 증가된 빌리루빈으로 얼굴은 구릿빛을 띠고 있었다. CT영상을 보니 그의 담관은 완전히 막혀 있었다. T선생님은 안타까운 목소리로 한국에 있는 J의 아내에게 전화를 걸어 당장 아프리카로 오라고, 그리고 J와 함께할 마지막 순간일지도 모른다는 마음의 준비를 하라고 했다.

그 아프리카 국가에는 ERCP 시술을 할 수 있는 전문의가 없었다. 나는 J를 인접 국가로 데려갈 구급 항공기를 부르기 위해, 해외 긴급 의료 회사의 의사들과 몇 시간 동안 전화로 논쟁해야 했다. 그렇게 하루를 넘기고, 우리는 힘겹게 이웃나라의 대학병원 중환자실에 도착했다. 그런데 ERCP를 할 수 있는 유일한 두 명의 전문의가 모두 의사 파업으로 휴가를 갔다는 사실을 듣고 망연자실했다. 기적적인 회복을 바라는 것 외에는 아무것도 할 수 없었다.

그런데 정말 기적적으로 담관이 열렸다. 패혈증은 항생제에 반응했다. 일주일 뒤, 우리는 한국에 함께 비행기를 타고 가서 그의 담관에 스텐트stent를 다시 삽입했다. 한 아프리카 대학병원 중환자실의 환자 대기실에서 수많은 시간을 보내며, 나는 왜 그가 아픈 몸으로 아프리카에 왔는지, 그리고 평생 이 힘겨운 질병과 함께 어떻게 한국 사회를 살아왔을지 생각했다.

> 급성 오한, 구토, 두통, 상복부 복통으로 내원한 OO세 남환. 지중해빈혈Thalassemia 기왕력. 비장 절제술과 담낭 절제술 수술력. 최근에 담관 스텐트 제거. 폐쇄성 담관염으로 인한 담관성 패혈증이 의심됨.

아프리카에서 한국까지 그와 함께한 예상치 못했던 의료 여행 내내, 나는 의료인들을 만날 때마다 이런 간략한 J의 병력을 읊었다. 그러나 이 몇 줄에 불과한 의료화된 **병력**medical history은, 그와 가족들이 살아온 격동이 가득했던 **인생사**life history를 충분히 대변하지 못하고 있다.

✧

현지에서 활동하는 동료 활동가들과 크리스마스를 기념해 함께 보내기로 한 주말에 나는 속이 불편해지는 것을 느꼈다. 복통과 함께 등을 펴기 힘든 요통이 함께 오는 것을 보니 이상한 느낌이 들었지만, 바로 지난주 한국에서 만성적인 담관염 해소를 위해 ERCP 시술을 받고 막 귀국한 시점이라 가벼운 장염으로 생각했다. 통증은 쉬이 가시질 않았고, 한국에서 처방받은 진통제를 먹고 잠이 들었지만 새벽에는 열이 오르는 것을 느꼈다. 익숙했던 통증인지라 새우처럼 몸을 동그랗게 말면 통증이 조금이라도 줄어드는 것 같았다. 밤사이 계속되는 통증에 구토까지 분명 잠을 청한 것이 분명했으나 잠이 든 기억은 없었다. 두어 시간 간격으로 진통제를 먹고 동이 틀 무렵 함께 일하는 동료에게 결근을 알렸다. 밖에 날이 밝아 해가 떠 있는 것을 느꼈지만 온종일 통증과 구토, 그리고 오한이 반복되는 일과를 보냈다. 현장으로 떠났던 동료와 인류학자 영수 씨가 돌아올 시간이 되었다. 긴장이 풀려서 그랬을까, 갑자기 오한에 몸이 내 의지와 상관없이 진동하고 있었다. 아직 이 큰 집에는 나밖에 없었다. 어떻게든 그들이 귀가할 때까지 버텨야 했다. 얼마가 지났을까. 대문이 열리는 소리가 들렸다. 2층에 있던 나는 겨우 낼 수 있는 목소리를 내어 그들에게 도움을 청했다.

눈을 떠보니 이미 병원엔 T선생이 먼저 우리를 기다리고 있었다. 그는 나와 함께 있으며 의료진들에게 현재 나의 상태에 대해 설명하고 있었다. 정신없는 와중에 한 가지 걱정이 있었는데, 바로 정맥주사였다. 한국에서도 정맥주사를 위해 정맥을 찾는 것이 무척 어려운 몸이었다. 하물며 현지 병원에서는 어떨까. 역시 여러 번을 시도한 끝에 어딘지 모르는 곳에 주사를 놓았다. 응급 검사가 끝나고 주사들이 들어가고 T선생은 현재 상태에 대해 설명해 주었다. 담도가 막혀 ERCP를 시행하기 위해 시술 가능한 나라로 빨리 이송해야 한다고 했다. 그리고 아내가 오고 있다고 하셨다.

10년 전 신혼 시절, 여느 때처럼 아내와 함께 저녁을 먹고 난 후 체기가 올라왔다. 저녁 먹은 것이 심하게 걸렸다고 생각했는데, 구토를 하고 피를 한가득 쏟아 냈다. 처음 있던 일이라 당황하며 아내를 불렀다. 아내가 119에 연락하고 기다리는데 가슴에서 뜨거운 물이 내려가는 것 같은 기분 나쁜 느낌이 위에서 아래로 전해졌다. 그리고 메스꺼움이 올라오며 또 한 번 피를 쏟아 냈다. 구급차를 타고 진료받던 병원에 가니 식도 정맥류가 터진 것이었다. 용혈된 혈액으로 인해 철이 혈관에 쌓여 주요 혈관을 막게 된다고 한다. 간문맥이 이미 많이 막혀 다른 기관의 정맥류에 압력이 올라가 식도에서 터진 것이다. 응급으로 지혈을 하고 식도정맥류 결찰술[4]을 시행했다. 이후에도 몇 번 더 이런 일을 겪고 나서 아내는 웬만한 일에는 놀라지 않는 사람이 되었다.

그런 아내가 임신 3개월도 안 된 몸을 이끌고 20시간을 경유해 현지로 오기로 한 것이다. 함께 귀국한 일곱 살 첫째는 낮까지 함께 있던 엄마가 그날 밤 갑자기 떠나는 이유를 알지 못했다. 아내는 그런 첫째 아이에게 "아빠가 많이 아파서 엄마가 아빠를 데리고 와야 할 것 같아"라고 말했다고 한다. 아이는 함께 가겠노라 따라 나섰지만 아내는 타국에서 어디에 아이를 맡기고 남편의 병간호를 할 계획이 서지 않아 아이를 뒤로하고 혼자 출발했다.

아이러니하게도 내 상태와는 상관없이 외국인 병원에서 한국인 전문의와 함께 있는 이 상황이 안전하다는 느낌을 받았다. 누워 있는 동안 1년 전 내가 아프리카에 오기로 결정했던 때가 떠올랐다. 10년 동안 개발도상국에서 어려운 삶을 사는 사람들에게 조금이나마 도움이 되고자

4 　문맥성 고혈압으로 인해 발생한 출혈의 원인이 된 식도 정맥류를 내시경을 통해 고무 밴드로 묶는 시술.

시작한 내 일은 항상 현지에서 이뤄지는 일들이었다. 물이 없어 고통받는 사람들도 있었고, 그들을 돕기 위한 일들도 현지에 있었다. 그런데 나는 이 일을 위해 자원을 모으고, 사람들에게 알리는 일을 서울에서 하고 있었다. 늘 현지에서 현지인들과 함께 일할 수 있으면 좋겠다는 기대가 있었고, 그런 기회가 찾아왔다. 3개월에 한 번 정도 한국에 돌아와 3박4일 정도 입원해 수혈과 함께 ERCP 시술을 하면 신체적으로 큰 위기 없이 생활할 수 있었다. 파견 기관과 3개월에 한 번씩 귀국하는 것을 조건으로 정한 뒤 현지 활동을 하게 되었다. 드디어 10년 동안 꿈꿔 온 현장에서 체류하며 일하게 된 것이다. 2년 동안 아무 사고가 없어야 했다. 나를 아는 많은 사람들이 나의 도전을 응원하고 있었다. 무모해 보이기는 하나 그래도 많은 격려와 지원을 아끼지 않았다.

그런데 불과 9개월 만에 쓰러져 많은 사람들을 걱정시키고 있다. 개인적으로 이 의료적 응급 상황이 어떻게 진행되는지보다, 내가 맡은 프로젝트가 이후 어떻게 진행될 것이며, 앞으로 나는 어떤 결정을 해야 하는가? 하는 질문이 머릿속을 떠나지 않았다.

'나는 무엇을 위해 이곳에 온 것인가?' 비슷한 질문을 오랫동안 해 왔다. '나는 왜 살아 있는가?' 내게 주어진 생명은 어떤 식으로든 의미가 있다. 살아 있는 생명은 무엇이든 해야 한다. 어떤 식으로든 주위에 영향을 미치게 된다. 비록 여느 건강한 일반인에 비해 초라한 것일지라도 무엇이든 함으로써 존재해야 한다. 의미 없는 삶이란 없다. 나는 내 삶의 의미를 찾아야 했다.

잦은 병치레를 하던 유년기와는 달리 청소년기에는 비교적 건강하게 지냈다. 어떤 이유인지 모르겠지만 병원 갈 일이 줄었고, 평범한 중

학생을 지나 고등학생이 되면서 운동하기 좋아하고 친구들과 놀러 다니기 좋아하는 평범한 삶을 살았다. 고1 여름방학이 끝날 무렵 갑자기 감기에 걸린 것 같은 기분에 병원 응급실을 찾았다. 헤모글로빈Hb 수치가 매우 낮아 (헤모글로빈이 6대였던 것으로 기억한다5) 수혈 처방이 났다. B형 혈액 수혈이 시작된 지 얼마 지나지 않아 몸이 사시나무 떨듯 떨려 왔다. 수혈 혈액이 면역 거부반응으로 부작용을 일으킨 것이다. 이후 일은 쇼크로 기억에 나지 않지만 비상이 걸려 다시 교차 시험을 통해 엄선한 O형 혈액을 수혈했다. 부작용으로 특히 신장 기능이 저하되어 이후 투석을 주 3회 실시했다. 지금도 그때 시술한 중심 정맥관 흉터가 목에 남아 있다.

두 달을 꼼짝 없이 병원에서 보내야 했다. 다른 친구들은 학교에서 수업을 받을 시간에 나는 병실 침대에 누워 천장만 바라보고 있었다. 그때 나는 내가 다른 사람들과는 다른 인생을 살고 있다고 생각했다. 처음으로 내 인생이 다른 사람들의 길과는 다른 방향으로 나 있다는 것을 알았다. 그들처럼 평범하게 살 수 없을 것이라는 생각에 때로는 분함과 억울함이 올라왔다. 온종일 무력감에 누워만 있기도 했으며, 끊임없이 눈물을 흘리는 날도 많았다. 내 의지로 이렇게 된 것이 아니었다. 우리 부모님께서 원해서 된 것도 아니었다. 자고 일어나니, 애가 태어나 보니 이런 아이가 태어났고 우리는 어쩔 수 없이 만성질환 가정이 되었을 뿐이다. 이미 어머니의 속은 더 탈 곳이 없었다.

---

5   헤모글로빈 정상 범위는 13~17g/dL 이며, 7 이하가 되면 수혈을 고려해야 한다.

유전으로 인한 이 만성질환은 다섯 식구 중 남자에게만 해당되는 질병이었다. 다행이게도 아버지와 형은 증상이 경미해 일상생활을 하는 데 큰 어려움이 없이 지내 왔지만 그래도 위험 요소는 항상 안고 있었다. 그런 남자들과 함께 사는 어머니는 오래전부터 미안함과 억울함과 고단함을 안고 살아왔으리라. 어머니는 생활비와 병원비를 벌기 위해 노동을 쉬지 않아야 했고, 고등학생이었던 누나가 경제활동으로 인해 빈 어머니의 공백을 대신 메워야 했다. 누나는 동생의 도시락을 비롯해 여러 가지 일을 집에서 전담했다. 지금 생각해 보면 모두가 자신의 삶을 위해 매진할 때 우리 가족은 자기 삶을 희생해 남의 생부터 메워야 했고, 그것이 당연한 것처럼 살아가고 있었다.

'병원비만 모았어도 강남에 집 한 채는 너끈히 살 수 있었을 것'이라는 농담을 가끔 한다. 늘 가난하고 빚이 없던 적이 없는 우리 가정이었다. 40년 가까이 빚은 좀처럼 줄지 않았고, 그것이 그냥 우리 가족의 현재가 되었다. 더 나아질 것이 없는 상태.

하나의 질병이 한 세대를 넘는 긴 시간 동안 어떻게 한 가정에 영향을 미칠 수 있는지 몸소 체험하고 있다. 그 영향은 이제 한 세대를 지나 내 아이들에게 영향을 미치고 있다. 그 영향이 그저 부정적인 결과가 아니기를 바랄 뿐이다. 이렇게 형성된 내 인성과 가치관은 그저 평범하지도 늘 옳지도 않았다. 때로는 지나치게 관념적이었고, 기본적으로 삶에 대해 부정적이기도 했다. 그 영향이 어떻게든 내 아이들에게 미치고 있다는 생각을 종종 한다. 만성질환자의 삶과 영향력은 그 사람 선에서 끝나지 않는다.

열일곱 살 어린 나이에 삶의 이유를 찾기 시작했다. 내 질환이 내가 얻고 싶어 얻은 것도 아니고, 내 삶이 내가 원해서 난 것이 아니었다. 그러나 우연일지라도 내 삶이 존재하는 이유를 찾고 싶었다. 동시에 10분도 제대로 뛰기 힘든 삶이 그만 멈추기를 바라기도 했다. 고통 없이 끝날 수만 있다면 좋겠다고. 그러나 그때까지 어떤 식으로든 살아가게 될 텐데 어떤 모습으로 살아야 하나 고민하게 되었다.

평범한 사람처럼 살아가는 것 자체가 도전이고 힘든 과정이었다. 대학 입학이라는 경쟁에서 이기는 경험을 통해 성취를 느꼈고, 대학을 졸업하고 나니 보호받는 삶 대신 스스로 개척해야 하는 삶의 지점에 와 있었다. 우연한 기회에 아프리카에 식수 지원을 하는 단체에서 선교 훈련을 받게 되었다. 내가 할 수 있는 일이 있을 것 같았다. 선교사를 돕고 프로젝트를 지원하는 일은 그동안 내가 살고 싶어 했던 '다른 사람을 위해 사는 삶'과 같은 방향이었다. 그러나 나는 현장에 갈 수 없었다. 물론 경제적 여유가 있었다면 현장과 한국을 왔다 갔다 할 수도 있었겠지만 가진 것이 너무 없었다. 그때 잠깐 현지의 식수 지원 사업 제안서를 번역하고 다듬는 일을 맡게 되었다. 그 제안서가 외교부에서 통과되며 사업이 시작되었다. 내가 할 수 있는 일을 찾았다. 현장에서 고민하는 내용을 한국에 알리고 지원을 동원하는 일을 찾은 것이다. 인도네시아에 지진해일이 났을 때도 현장에 다녀와 제안서를 썼다. 그사이 제안한 몇 개의 프로젝트가 성사되면서 일이 진행되었다. 제안서를 쓰는 일은 정시에 출근해서 정시에 퇴근하는 일이 아니었다. 낮이고 밤이고 상관없이 리더가 원하는 일정에 따라 일을 수행해야 했다. 일하던 기관의 조직이 안정되고 상급자가 오면서, 나의 자유로운 업무 패턴이 나를 평가하는 부정적인 요소가 되었다. 결국 나는 직장 생활을 다시 배우기 위해 건설 회사에 입사했다.

그곳에서 나는 평범한 직장인의 삶을 살기 시작했다. 8시 30분에 허겁지겁 출근해 6시 퇴근 후 야근을 반복하는 일상이었다. 그러나 내 일들이 내 가치관에 맞지는 않았다. 건설 회사의 특성상 자재 원가를 후려쳐서 마진을 내야 하는데 자재 업체는 늘 아쉬운 소리를 한다. 그들의 마진이 어느 정도인지 모르지만 그들에게 늘 아쉬운 소리를 들으며 협상을 하는 것이 영 내키지 않았다. 결혼한 지 3개월이 채 안 된 상황에서 나는 직장을 나왔다.

나는 다시 국제 개발 분야에서 일을 시작했다. 3년간 한 기관에서 차근차근 일을 배우며 자신감이 붙었고, 어느덧 한 기관을 운영하는 일까지 하게 되었다. 필요한 곳이면 어디든 일주일이든 3주일이든 출장을 다녀올 수 있었고, 그야말로 열정을 다해 필요한 일을 하려고 노력했다. 나는 내가 사는 이유가 이런 일을 하기 위해서라고 생각했다. 그사이 나는 한 아이의 아빠가 되었고 내 아이에게도 아빠가 다른 나라 사람들을 위해 비행기 타고 다니며 열심히 일하는, 멋진 사람으로 기억되면 좋겠다고 생각했다.

그러던 중 내가 이역만리 타국에 장기 파견을 결정했다고 어머니에게 전했을 때, 어머니는 "안 갔으면 좋겠지만, 가기로 한 거니 건강 잘 챙겨라"라는 말씀뿐이었다. 어머니는 내가 하는 모든 결정에 크게 반대한 일이 없었다. 그러면서 자주 말씀하셨다. "넌 이미 덤으로 살고 있는 거니까, 하고 싶은 거 하면서 살아라." 갓난아이 때부터 하루가 멀다 하고 병원을 드나든 아들에 대해 어머니는 여러 가지 마음을 품고 있었으리라. 그럼에도 늘 내가 하는 일에 대한 지지를 아끼지 않으셨다. 아마 제앞가림을 그럭저럭 해 나가는 모습이 그저 기특하지 않으셨을까 싶다.

그런데 아들이 타지에서 쓰러졌다는 소식을 듣고 심정이 어떠셨을까. 다시 오래된 기억들이 한꺼번에 쏟아지지 않았을까. 매일같이 새벽 기도에서 아들을 위해 기도하셨을 노모의 모습이 상상이 된다.

나는 현지 병원에서 염증 수치가 개선되어, 서둘러 한국으로 귀국했고, 공항에서 바로 이송된 병원에서 응급 ERCP 시술을 받았다. 남은 계약 기간이 있었지만, 현장에서 여러 사람에게 위험부담을 지우면서 다시 파견 활동을 수행하기 어렵다는 생각에 계약을 종료했다. 그동안 모아 놓은 재산이 있는 것도 아니었고, 치료에 집중하며 경제활동을 하지 않는 시기를 지내면서 빚이 늘어났다. 이미 업계에 소문이 많이 나서 그런지 다시 직장을 구하는 것도 쉽지 않았다. 나는 내가 앞으로 어떻게 남은 삶을 살아야 하는지 다시 고민하기 시작했다. 40대를 앞두고 있는 상황에서, 경력을 쌓는 와중에 생긴 이 단절의 시간을, 만성질환자로서 또 비주류 직종인 NGO 활동가로서 어떻게 지내야 하는지, 또 내가 추구하는 지향에 맞게 사는 방법에 대해서도 고민하고 있다.

기본적으로 만성질환자는 삶의 범위가 제한적이다. 종합병원에서 외래 진료라도 한 번 받으려면 하루 일과 시간 중 절반 이상을 병원에서 보내야 한다. 한 달에 한 번 월차를 낼 수 있을까 말까 한 직장인에게 매달 돌아오는 외래 진료는 큰 부담이 된다. 나 같은 경우 3개월에 한 번은 2~3일씩 입원해 시술을 받는다. 병가를 내야 한다. 나는 이런 삶을 20년째 살고 있다. 고3 수험생 때는 주 3회 주사를 맞기 위해 늦은 밤 병원 병동을 찾았다. 대학에 다닐 때는 체내에 쌓인 철분을 제거하기 위해 데스페랄Desferal 주사를 맞았는데, 매달 3~4일씩 입원해 밤에 주사를 맞고 오전엔 학교를 다녀야 했다. 이후엔 3~4개월에 한 번씩 수혈을 받았고, 식도정맥류 결찰술과 ERCP 등 내시경 시술을 정기적으로 받으면서 살아왔다.

무엇보다 지중해빈혈이 어떤 예후를 갖는지 아직도 확실한 치료 플랜이 없다. 불확실성. 그것이 가장 두렵다. 유전적으로 적혈구 변형으로 인한 용혈 현상이 일어난다. 그래서 체내 헤모글로빈 수치가 저하된다. 어렸을 땐 그래서 모두 용혈성빈혈로 알고 있었고 열한 살 때 일반적인 치료법인 비장절제술을 실시했다. 아버지와 형은 그 후 예후가 좋아 일상생활이 가능했으나, 나는 여전히 용혈이 계속되었다. 이후 그것이 지중해빈혈라는 사실을 중학생이 되어 알게 되었고, 그때부터 수혈과 약물 치료를 병행했다.

그러던 중 갑자기 예상치 못한 일이 일어났다. 2001년 아버지께서 급성 뇌경색으로 세상을 떠나셨다. 당시 51세의 젊은 나이였다. 아버지의 죽음을 계기로 지중해빈혈에 체내 철분 축적이라는 부작용이 있고, 혈관과 장기를 막아 생기는 여러 합병증이 있음을 알게 되었다. 누구도 먼저 알려 주지 않은 부작용이었다.

이후 철분 제거Iron Chelation 치료를 시작했고, 지중해빈혈의 치료를 위해 조혈모세포 이식을 고려했다. 조혈모세포 이식을 위해서는 신장과 간에서 그 부담을 견뎌야 하는데, 내 간은 이미 침착된 철분으로 인해 간문맥이 막혀 간경화가 진행된 상태였다. 간이식을 위해 여러 병원에서 검사를 진행했으나, 이미 주요 간문맥이 막혔고 모세혈관이 비정상적으로 많아서 이식이 불가하다는 소견을 받았다. 결국 나는 체내에 침착되는 철분을 최대한 낮추면서 혹시 모를 합병증을 대비하며 살게 되었다. 물론 조혈모세포 이식이나 간이식이 가능했다고 해도, 내가 그 엄청난 비용을 감당할 수 있었을지 모르겠다.

30대의 나는 언제 어떤 합병증이 올지 알지 못하는 상황에서 늘 그것을 걱정하면서 살고 있다. 가끔 오는 두통에도 뇌혈관에 문제가 있는 것은 아닌지 고민하게 된다. 그러나 주치의 누구도 내게 이런 이야기를 하지 않는다. 물론 정말 그럴 가능성이 없기 때문에 그럴 수도 있다. 그러나 나는 평생을 이런 불확실성을 안고 현재를 살고 있다. 이런 불확실한 변수를 고려하지 않으면 안 된다. 직장을 구할 때도 편하게 내가 하고 싶은 일을 찾아 할 수 있는 상황이 아니다.

이 질환과 평생을 함께 살면서 정보를 일방적으로 받기만 했고, 주어진 정보 안에서 살아야 했다. 더욱이 희귀 난치성 질환 환우들의 네트워크 또한 전무하다. 질환에 대한 연구는 과거보다 많이 이뤄지는 것처럼 보이나, 질환자들 삶에 대해서는 어떤 정보도 얻을 수 없다. 비교적 이른 시기에 발견한 질환자로서 고민이 있다. 최근 다문화 가정이 늘어나면서 다문화 가정의 지중해빈혈 질환 아동들이 증가하고 있다.[6] 이들이 함께 고민을 나누고 서로 의학적인 정보와 함께 네트워크를 가질 수 있다면 조금이나마 불확실성을 줄일 수 있지 않을까 생각한다.

해외에는 지중해빈혈국제연맹Thalassemia International Federation, TIF이라는 네트워크를 중심으로 다양한 네트워크가 이미 운영 중이다. 많은

---

6 지중해빈혈은 국내에서는 희귀 질환이지만, 지중해 연안, 동남아시아 국가에서는 빈번히 발생한다. 유전용혈빈혈연구회는 동남아시아 다문화 가정이 늘면서 지중해 빈혈 발생률도 증가할 것으로 예상한다.

환우들이 이곳과 소셜미디어를 통해 정보를 공유한다. 특이한 것은 의료진의 개입이 적은 것처럼 느껴진다는 것이다. 물론 의료인의 네트워크와 연구는 더 다양하고 깊이 있게 진행되고 있을 것이다. 그러나 환자들은 그런 정보만 가지고 살아갈 수 없다. 질환을 어떻게 치료하느냐에 대한 연구뿐만 아니라 질환자들이 어떻게 지속 가능한 삶을 살아갈 수 있느냐에 대한 고민이 필요하다.

　나를 포함해, 한국에서 희귀난치성 질환으로 고통받는 환우들과 그의 가족들은 오늘도 계속 삶을 이어 간다. 이들은 누군가에게 짐이 아닌, 엄연한 사회 구성원으로서 지속가능한 삶을 살고 싶고, 그럴 기회를 찾고 있다.

✧

지중해빈혈은 헤모글로빈 단백질을 만드는 유전자의 염기서열 변화로 적혈구가 파괴되는 희귀 유전병이다. 심각한 선천성 빈혈의 경우 일생 동안 정기적으로 수혈을 받아야 하는데, 적혈구의 파괴에서 비롯된 철분 과다로 비장, 간, 심장이 손상을 입게 된다. 이 선천성 빈혈은 이탈리아나 그리스를 비롯한 지중해 지역에서 주로 발견되기 때문에, 지중해빈혈이라고 명명됐다. 한국에서 가족성 지중해빈혈은 아주 드문 경우였기 때문에, 그의 가족의 병력은 그를 치료한 의사에 의해 사례연구로 학술지에 발표되기도 했다. 그의 가족사는 이렇게 의학 학술지에 가장 먼저 공식적으로 등장했다. 지중해빈혈이라는 생물학적으로 환원할 수 있는 가장 기본적인 단위인 DNA에 일어난 질병으로 인해, J는 한국 사회에서 희귀 난치성 질환자로 살아가는 사회문화적 고통을 경험했다. 유전자 수준에서 발생한 미세한 변이는 그의 삶의 궤적에 있어서 중대한 변곡점이 되었다.

그의 어린 시절의 기억은 상실로 가득하다. 그가 응급실에 실려 가고 오랜 입원 뒤에 집에 돌아와 보면, 그의 집은 이전보다 더 작아졌고 열악해졌다. 전세에서 사글세로, 사글세에서 월세로, 방 두 개에서 한 개로. 그는 가족이 운영하던 슈퍼에서 먹던 과자를 즐겨 먹었지만, 그가 퇴원했던 어느 날 그 가게는 더 이상 존재하지 않았다. 그는 초등학생 시절부터, 아니 어쩌면 그보다 더 어렸을 때부터, 자기 가족에게 자신이 경제적 부담을 주고 있다는 사실을 깨닫고 있었다. 그의 엄마는 아픈 몸을 가진 자식을 낳았다는 죄책감에 그를 더 자상하게 돌봤고 보호했다. 그의 삶은 미래로 뻗어 나가는 희망의 진보가 아닌, 질병과 가난의 나락으로 떨어지는 길만 남은 것처럼 느껴졌다.

그가 청소년기를 보낸 1990년대 한국은 희귀난치성 질환자와 그 가족을 위한 사회적 안전망이 부실했다. '전 국민 의료보험'이라는 슬로건에도 불구하고, 입원비의 상당 부분은 환자들의 본인 부담금으로 채워져야 했다. 많은 가정들이 의료비로 인한 파산으로 가난의 경계선을 넘나들어야 했다. 1990년대 후반의 경제 위기는 많은 한국인들이 안정적인 직장을 잃고 재정적 파탄을 경험하게 했다. 한국의 경제 침체와 사회 복지 체제의 미비는 그의 신체적 취약성과 가정의 경제적 취약성과 맞물려, 그의 질병 경험을 더욱 악화시켰다.

그는 그가 살아갈 날들이 오래 남지 않았다는 사실을 알았다. 농구를 할 때 찾아오는 숨이 차는 증상과 가슴의 통증은, 그에게 육체적 한계와 다가오는 운명을 예감하게 했다. 그는 질병으로 한정돼 버린 삶의 의미에 대해 질문하기 시작했다. '내 삶이 곧 종료될 것이라면, 존재하지 않을지도 모를 미래를 위해 공부한다는 게 내게 무슨 의미가 있을까?' 대학에 가고 취직하고 결혼하고 건강한 아이를 갖고 싶다는 평범한 소망은 상상하기 힘든 꿈이었다. 그의 삶의 배경에는 늘 죽음의 그림자가 드리워져 있었다. 희귀난치성 질환자인 그에게 마지막 남은 희망의 잎새는 의학의 발전뿐이었는지도 모른다.

J는 질병이 지운 운명의 무게를 이겨내고, 대학을 졸업한 뒤 취직했다. 그는 체육관에서 운동하며 육체적 한계와 싸웠고 살아 있는 자신을 만났다. 그는 그에게 주어진 마감 시간을 넘어 살아가게 되었다. 그는 그가 누리게 된 제2의 인생에 감사했다. 신이 내린 선물이라고 여겼다.

그는 한 프로그램에서 아프리카 주민들에게 식수를 공급하기 위해 우물을 파는 선교사를 만났다. 선교사는 J에게 식수 관리 사업의 제안서를 쓰는 일을 제안했다. J는 몇 날 밤을 새며 시행착오를 겪으며 제안서를 준비했다. 몸은 피곤했지만 새로운 희망이 차오르는 것을 느꼈다. 새롭게 발견한 삶의 의미에서 찾아오는 보람과 기쁨을 회상하며, 그는 이렇게 얘기했다. "태어나 처음으로 내 존재가 다른 누군가에게 짐이 아니라 도움이 될 수 있다는 사실을 경험했다."

그는 중소 건설 회사에서 잠시 일한 경험이 있었다. 그 회사도 하청 업체였지만, 그가 하는 일은 재하청 업체의 마진을 후려쳐서, 회사의 마진을 더욱 올리는 일이었다. 그러나 그는 한국 사회 가장 밑바닥에서 비정규직 건설 노동으로 내몰린 이들의 아픔을 외면할 수 없었다. 그들은 과거의 J와 그의 가족이 고통받았던 것처럼, 경제적·육체적으로 취약한 상황에 놓인 이들이었다. '내가 도움이 필요한 타인에게 또 다른 고통을 주기 위해 그 힘든 시간들을 견뎌 냈던 것일까?' 이들을 착취하는 일을 하고 싶지 않았다. 다시 인생의 의미에 대해 자문하게 된 그는 사직서를 썼다.

그는 국제 개발 NGO에서 일하게 되면서, 동료였던 아내를 만났다. 그는 자신의 아내가 과부로 홀로 남겨지길 원치 않았고, 그의 자녀가 지중해빈혈의 고통스러운 삶을 살게 되기를 원치 않았다. 그러나 아내는 그에게 지중해빈혈이 있고, 그가 일찍 생을 마감할 수도 있고, 그들 자녀가 질병을 물려받을 가능성이 있다는 것을 알면서도 그와 결혼하고, 자녀를 갖기로 결심했다. 아내의 첫 임신 기간 내내, 그는 태어날 아이의 삶에 지중해빈혈이 가져올 결과에 대해 걱정했다. 대학병원 대기실에서 유전자 검사 결과를 기다리면서 불안에 떨었다. 다행히 첫 아들에게 지중해빈혈의 유전자 변이가 없었다. 둘째 아들에게도 마찬가지였다. 아프리카의 한국 교민들은 이들 부부의 이런 종교적 믿음과 헌신을, 특히 J가 심각한 의학적 상황에도 불구하고 아프리카에 오기로 한 결정을 칭송했다. 한 교민은 J 부부를 "이 지구상의 일시적인 삶이 아니라, 저 천국에서의 영원한 삶에 소망을 둔 사람들"이라고 했다.

J는 국제 개발 전문가로서 성공적인 커리어를 쌓았다. 그는 국제 개발 NGO의 본부장이 되었고, 본부장으로서 그는 동료 NGO 활동가들의 임금과 혜택을 보장하고, 교육 훈련 프로그램을 열었으며, 해외 현장에서 일하는 활동가들의 안전을 담보하기 위한 여러 가지 보완책을 도입했다. 조직의 확장과 프로젝트의 성과보다, 동료들과 프로젝트 수혜자들의 복지와 역량 강화에 우선순위를 두었다. 그는 아프리카 현지 직

원들의 월급이 제대로 지급되지 않은 점을 내부 고발로 문제 제기했다가, 본부장 자리에서 내려오게 되었다.

사직 후 그는 아프리카 농촌 개발 사업의 현지 프로젝트 매니저 자리를 제안받았다. 본부에서 출장을 오가며 일해 왔던 국제 개발 전문가로서, 그는 수년 동안 저개발 국가 현장에서 일할 기회를 꿈꿔 왔다. 그러나 3개월에 한 번씩 수혈과 ERCP 내시경 조영술을 받아야 하는 몸으로 의료 환경이 열악한 국가에 가서 일한다는 것은 커다란 위험부담을 안아야 하는 어려운 결정이었다. 가족과의 오랜 숙고 끝에 그는 아프리카로 떠나기로 결정했다. 한국 사회에서 일하고 살아가는 대부분의 사람들의 취약한 상황을 지적하며, 그는 이렇게 얘기했다.

한국에서는 아프더라도 삶은 지속되어야만 해요. 경제적 어려움
때문에, 아픈 사람들도 계속 돈을 벌 길을 찾아야 하죠. 어쨌든 일
을 해야 한다면, 의미 있고 보람 있는 일을 하고 싶어요. 그게 내
가 아프리카로 오기로 결심한 동기예요.

한국 사회에서 그가 가진 취약한 지위는 그로 하여금 타국의 삶에서 의미와 지속성을 찾게 했다. 이는 국제 개발에서 흔히 말하는 공여국과 수여국의 관계와는 정반대 방향이었다. 그는 한국의 일터에서 발견하지 못했던 의미 있게 일할 기회를 아프리카에서 발견했다.

아프리카에서 그가 몸담았던 국제 개발 프로젝트도 주민들의 역량을 강화하고 지속성 있는 발전을 담보할 수 있을지에 대한 고민이 담겨 있었다. 그는 한국 정부가 정한 프로젝트 시간표에 구애받지 않았다. 그

가 생각하는 개발의 초점은 현지 동료들과 아프리카의 농부들의 실제
적 삶이었다. 그는 마을 회의를 자주 열어 주민들이 참여하는 프로젝트
를 만들고자 노력했다. 지역사회에서 힘없고 소외된 여성, 청년, 가난한
이들 목소리에 귀 기울였다. 소수의 권력자들이 독점해 왔던 협동조합
의 대표를 민주적 선거를 통해 새롭게 선발하게 했다. 마을 지도자들과
현지 직원들의 역량이 성장할 수 있도록 교육 훈련 프로그램과 워크숍
을 준비했다. 단기간의 국제 개발 프로젝트가 종료되고 난 이후에 지역
사회에 남는 것은 결국 고치지 못해 버려진 건물이나 기계가 아니라, 새
로운 지식과 기술을 습득한 주민들과 직원들이라고 생각했다. 그는 곧
다가올 미래에 폐허가 될 창고, 축사, 농기계 보다, 그곳에서 살아갈 사
람들에게 자원을 투자하고 싶었다. 그렇게 그가 한국에서 경험했던 아
픈 몸(의료적 소외)은 국제 개발을 통해 아프리카의 아픈 몸(사회경제적 소
외)들과 만나고 있었다.

　일면 가장 생의학적으로 의료화할 수 있는 질병으로 보이는 미시적
인 DNA 염기서열의 변이가 가져온 그의 삶의 궤적은 단순히 개인의 문
제로 환원될 수 없는 거시적 사회구조의 변동과 복잡하게 얽혀 있다
(Fullwiley 2011). 분자생물학의 눈부신 발전이 선도하는 첨단 의학이 국
부를 책임질 미래 산업의 이미지로 그려지고 천문학적인 연구 개발비
와 산업 지원이 쏟아지고 있지만, 그 불평등한 사회 속에는 바로 그 분자
생물학적 질병으로 인한 가난과 가족들의 희생, 불안정한 노동과 불투
명한 미래 속에서 살아가야 하는 희귀 난치병 환자들이 살아가고 있다
(Biehl 2005). 그와 가족들의 삶은 생물학적 시민권으로부터 끊임없이 배
제되어 왔다. "생물학적 시민권"biological citizenship(Petryna 2002)은 생물학

적 질병을 기반으로 국가가 의료적 자원에 대한 접근과 사회경제적 지원, 건강권 보장을 통한 인권을 보장하도록 요청하는 정치적 과정을 의미한다. 고통의 복잡한 사회성이 생의학적으로 환원되는 과정을 비판한 의료화 담론을 넘어, 오히려 그 생물학적 질병을 기반으로 새로운 정치적 주체로 자리매김하는 과정에 주목한 것이다. 이런 생물학적 시민권으로부터 배제되는 현실 속에서도 그와 환자들, 아프리카의 주민들이 만들어 내고 있는, 그들이 모두 공유하고 있는 취약성에 기반을 둔 연대는, 어쩌면 지금껏 드러나지 않았던 새로운 주체들의 사회를 예고하고 있는지 모른다. 페미니즘 장애학disability studies에서는 질병으로 점철된 현재에 대한 부정과 치료된 건강한 미래만을 정상으로 강요하는 국가와 의료 체계에 대해서 의문을 제기한다(Kim 2017). 의료화의 패러다임에서 국가와 의학이 난치병을 가진 이들에게 상정하고 있는, 난치의 현재에 대한 부정과 완치의 미래에 대한 강요를 넘어, 고유한 개인의 인생사에서 형성된 질환 경험의 현재를 긍정하는 것은 예상치 못한 생산적인 사회적 연대의 기반을 마련하는 출발점이 될 가능성이 있다.

참고 문헌

Biehl, João, 2005, *Vita: Life in a Zone of Social Abandonment*, University of California Press.

Fullwiley, Duana, 2011, *The Enculturated Gene: Sickle Cell Health Politics and Biological Difference in West Africa*, Princeton University Press.

Kim, Eunjung, 2017, *Curative Violence: Rehabilitating Disability, Gender, and Sexuality in Modern Korea*, Duke University Press.

Petryna, Adriana, 2002, *Life Exposed: Biological Citizens after Chernobyl*, Princeton University Press.

2부

아픔의 구조가
드러내는 문제들

법이 결정해 주지 못하는 것들

중증 질환의 병원 사망 경로[1]

강지연

---

1   필자의 박사 논문(Jiyeon Kang 2020)을 위해 수행한 현지 조사를 기반으로 작성되
     었다. 필자는 2016년 8월부터 2018년 8월까지 서울의 한 상급 종합병원의 호스피스·
     완화의료팀에 연구자이자 자원봉사자로 함께하며 민족지적 연구를 수행했다. 주요
     연구 방법은 참여관찰, 비공식적 면담, 공식적 면담이었다.

죽음의 의료화

전 국민 의료보험이 도입되기 10년 전, 1960년대 초는 병원에 간
다는 것이 낯선 경험이었던 시대였다. 대다수의 한국인들은 질병
과 죽음을 위안을 주는 가족들에게 둘러싸여 있을 수 있는 집과 연
관 지었고, 아주 예외적인 상황에서만 병원에 갔다.

한국의 의료 시스템이 근대화되어 가는 양상을 역사적으로 고찰한 디
모이아(DiMoia 2014, 64)가 묘사한 1960년대 병원의 풍경이다. 병원에 입
원해 있던 환자가 퇴원해 집에서 생의 마지막 순간을 보내고 거기서 장
례도 치르는 것은, 집에 있다가도 구급차를 타고 병원에 가서 임종하고
전문 장례식장에서 장례를 치르는 것이 익숙한 21세기 한국인들에게

는 낯선 일일 것이다. 1995년, 전체 사망자 중 66퍼센트가 집에서 사망한 반면 오직 22.8퍼센트만이 병원에서 죽었다. 그러나 이후 병원 사망비율은 꾸준히 증가해 2003년을 기점으로 병원 사망이 가정 사망을 역전한다. 2018년 전체 사망자 76.2퍼센트가 병원에서 임종했다(정경희 외 2018). 압도적인 병원 사망 비율은 죽음이 의료의 영역에 편입된 지 오래되었음을 단적으로 시사한다.

죽음이 의료화되었다는 문장은 다소 낯설게 들릴 수 있다. 의료화 논의에서 많이 다뤄진 탈모나 주의력결핍과잉행동장애attention deficit hyperactivity disorder, ADHD 등은 그것을 질병으로 **만들기** 위해 인간이 개입할 여지가 있어 보이는 반면, 죽음은 그저 죽음이기 때문이다. 죽음은 그 누구도 부인할 수 없는 자연 현상 아닐까? 자연 대 문화의 이분법은 그간 인류학을 관통해 온 대주제 중 하나이다. 다양한 영역에서 인류학자들은 자연과 문화를 구분하는 기준 자체가 문화적 산물이며 양자를 가르는 선이 임의적이고 모호하다는 점을 지적했다. 죽음에 대한 논의가 의료인류학과 만나는 지점은 죽음을 단지 신체의 생명 활동 정지로만 이해해서는 안 된다는 사실이다. 죽음과 삶을 정의하고 이해하고 수용하는 방식은 역사적·문화적으로 만들어지는 것이다. 인도네시아 토라자Toraja 사람들의 장례의례2까지 가지 않더라도, 심장이 뛰지만 뇌는 기능을 멈췄다면 그것은 죽은 것인가, 산 것인가? 만약 그 심장이 기계의 도움으로 뛰고 있다면? 식물

---

2 인도네시아의 토라자 사람들은 가족이 죽으면 장례식을 치를 때까지 몇 주에서 수년 간 미라가 된 가족을 집 안에서 "돌본다". 장례식을 치르기 전까지 이 미라는 (살아있는) 병자로 간주돼 음식과 물을 제공받으며 가족들의 행사에도 참여한다.

인간은 온전한 인간person인가? 이런 질문들은 단지 생물학적 현상이 아니라 죽음도 생을 정의하고 협상하는 문화적 스펙트럼의 일부임을 시사한다.

사람들이 병원에서 죽게 되었다는 것은 죽음을 정의하는 근거가 의학 지식에서 나오게 되었고 죽음을 선언하는 주체가 의료 전문가가 되었음을 의미한다. 과거에는 죽음이 영혼의 문제였기 때문에 종교 전문가가 임종과 장례를 주재했다. 그러나 이제는 영혼의 부재가 아니라, 생명 유지에 필수적인 모든 신체 기능의 영구 정지로 죽음이 정의된다(아리에스 2004; 2016). 18~19세기 서구에서 해부학 및 병리학에 뿌리를 둔 근대 의학이 탄생(푸코 2006)한 뒤 죽음의 장소 역시 영혼에서 신체로 이동했다. 죽음을 근대 의학 내에서 이해하려는 첫 번째 시도로 알려진 윌리엄 오슬러의 연구[3] 이후 사망이 임박했음을 나타내는 신체적 징후가 의학에서 정립됐다. 이런 징후는 오늘날 평탄해지는 심전도electrocardiogram, ECG의 녹색선과 경고음 같은 의료 기술을 통해 측정되고 재현된다. 또한 오직 의사만이 사망을 공식적으로 선언할 수 있고, 의사로부터 사망진단서를 발급받아야만 국가가 한 구성원의 소멸을 법적으로 인준하여 장례를 치를 수 있다.

죽음을 확인하는 신체 장기는 의료 기술의 발전과 맞물려 변화했다. 전통적으로 죽음은 호흡 정지와 심박 정지로 가늠할 수 있었고, 심

---

3 1900~04년 윌리엄 오슬러는 임종 과정에서 환자들이 신체적·정신적·영적 불편을 겪는다는 것을 관찰했다. 그의 의학적 결론은 죽음이란 잠자는 것, 잊는 것(a sleep and a forgetting)이었다(Kaufman 2005, 64; Mueller 2007, 55-63).

장이 생과 사를 구분 짓는 핵심 장기였다. 그러나 인공호흡기와 집중치료실Intensive Care Unit, ICU의 발전으로 심장과 폐를 기능하게 **만들 수 있**게 되면서 질문은 "심장이 뛰고 있는가?"에서 "뇌가 활동하고 있는가?"로 바뀌었다. 이 질문은 심장 등 다른 장기는 기능하지만 — 전통적 관점에서 아직 살아 있지만 — 뇌는 멈춘 몸에서 장기 일부를 떼어내어 다른 신체로 옮기려 할 때 특히 중요해진다. 공적으로 이것이 죽음으로 인정받지 못한다면 장기이식을 행한 의사는 살인을 범한 것이 되기 때문이다.

1968년 하버드 의대의 "뇌사 정의 검토를 위한 특별 위원회"는 공식적으로 뇌사를 인정했다(Wijdicks 2018, 136-141). 즉 뇌사는 뇌의 활동을 **볼 수 있게** 해주는 영상 진단 기술, 인공호흡기 및 장기이식 기술, 법적 면책의 필요성이 함께 창출해 낸 죽음에 관한 새로운 정의인 것이다. 그러나 하버드의 특별위원회가 뇌사를 정의한 지 50년이 지났지만 여전히 뇌사는 국가마다 수용되는 양상이 크게 다르다. 한국과 일본의 경우 오직 환자가 미리 장기 기증 의사를 문서로 밝혀 두고 가족들도 이에 반대하지 않을 시에만 뇌사가 인정된다. 반면 유럽 일부 국가에서는 당사자가 미리 장기 기증을 하지 않겠다고 밝히지 않은 이상 "추정적 동의"가 인정된다(Lock 2002).

연명의료결정법의 도입

2018년부터 본격적으로 시행되고 있는 "호스피스·완화의료 및 임종 과정에 있는 환자의 연명의료 결정에 관한 법률"(이하 연명의료결정법)은 한국 최초로 죽음에 직접 개입한 법이다. 이 법의 핵심은 (1) 회생의 가능성이 없고 급속도로 증상이 악화되어 사망이 임박한 상태라면, (2) 환자나 환자 가족의 뜻에 따라, (3) 연명의료를 시행하지 않거나(유보) 중단할 수 있다는 것이다. 이로써 환자 혹은 환자의 가족이 원치 않는다면 설령 그 것이 죽음을 초래하더라도 치료를 거부할 권리가 한국에서 최초로 보장되었다.

연명의료결정법이 제정될 수 있었고 제정 이후에도 대중적 호응을 얻을 수 있었던 배경에는 특정한 형태의 죽음에 대한 공포가 있다. 오늘날 가장 피하고 싶은 죽음은 더 이상 객사가 아니라 다시 온전한 생으로 돌아오지 못한 채 "기계"에 연결되어 숨만 쉬는, 죽지도 살지도 못한 상태이다. 소위 무의미한 생명 연장치료는 일반 대중은 물론이고(윤영호 외 2004) 의료 전문가 역시 품위 있는 죽음을 저해하는 요소로 꼽는다(조계화 2010). 연명의료결정법의 제정 과정에서도 이론異論의 여지를 최대한 줄이기 위해 전략적으로 적극적 안락사의 가능성이나 지속적 식물인간 상태persistent vegetative state 를 논의 대상에서 배제하고, 오로지 생으로 돌아올 수 없는 상황에서 인위적으로 몸을 살아 있게 함으로써 며칠, 몇 주를 버티는 것이 과연 무슨 의미인가에만 주로 초점이 맞춰졌다. 일반적으로 생명윤리에서 연명의료 중단은 소극적 안락사로 분류되지만 한국에서는 이를 '존엄사'로 명명함으로써 연명의료 중단의 당위성을 강조하고 안락사에 대한 거부감을 최소화하는 언어 정치가 이뤄졌다.[4]

---

4   영어로 존엄사, 즉 death with dignity는 미국 일부 주에서 시행되는 존엄사법(Death with Dignity)의 이름에서 드러나듯 말기 환자들의 의사 조력 자살을 지칭한다.

인공호흡기로 연명하여 생과 사의 회색 지대에 갇혀 있는 모습에 대한 대중적 공포에도 불구하고 연명의료결정법이 제정되기 전까지 의사들이 연명의료를 중단할 수 없었던 이유는 크게 두 가지이다. 첫째, 어쨌든 생명은 그 당사자의 영역이자 권한인데 환자 본인의 의사를 알기 어려웠다. 건강할 때는 생애 말기에 대한 논의를 가까운 사람들과 거의 하지 않고,[5] 병에 걸렸을 때 역시 환자, 의료진, 가족들 사이에 죽음은 거의 논의되지 않으며, 더 이상 논의를 미룰 수 없는 마지막 순간이 되면 환자는 이미 의식이 없거나 대화가 불가능한 상태가 된다. 그 결과 심폐소생술을 원치 않는다는 문서인 '심폐소생술 금지 동의서'Do-Not-Resuscitate, DNR는 압도적으로 환자 본인이 아닌 가족들에 의해 작성된다(Kim Do Yeun et al. 2007, 1153-1158). 의료진 입장에서는 환자가 무엇을 원하는지 알지 못하는 상황에서 연명의료 중단을 시행하기 어려울 수밖에 없다.

둘째, 연명의료를 중단함으로써 의사가 살인죄로 처벌받을 수 있었다. 이는 잘 알려져 있다시피 1997년의 보라매 병원 사건으로 거슬러 올라간다. 보라매 병원 사건이란 환자의 아내가 의료비 부담을 이유로 퇴원을 강력하게 요구했고 실랑이 끝에 담당 의사가 퇴원을 허락하여 집으로 돌아간 환자가 곧 사망했는데, 담당 교수, 레지던트, 인턴, 환자의 아내가 살인죄 및 살인 방조죄로 기소된 사건이다.[6] 7년의 법적 공방 끝

---

5   「한번 왔다 가는 인생인데…… 왜 죽음에 대한 대화는 터부시」, <이데일리>(2019/07/02).

6   보다 상세한 내용은 세 법원의 판결문 98고합9, 98노1310, 2002도995와 「한국인의 마지막 10년」,『조선일보』(2014/09/04)와 「살인죄 논란 속의 '품위 있는 죽음'」, <메디컬투데이/뉴시스>(2007/06/05)를 참조.

에 2004년 대법원은 담당 교수, 레지던트, 환자의 아내에 대해 유죄를 선고했다.[7] 사실, 당시까지 임종이 예견될 때 환자나 환자 가족이 퇴원을 요구하는 경우는 드물지 않았다. 전통적으로 객사가 가장 피해야 할 죽음의 형태였기 때문이다. 병원 사망 역시 객사로 간주되었기 때문에 이런 경우 의사의 권고에 반하는 퇴원이라는 기록을 남기고 의료진(대개는 인턴) 한 명이 앰뷸런스에 동반하여 앰부배깅Ambu-bagging[8]을 하며 환자를 집에 데려다 주고 집에서 임종할 수 있도록 하는 것이 의료 관행이었다.[9] 어떤 측면에서는 보라매 병원 사건의 의료진 역시 치료 중단이나 환자 자기결정권에 관한 법률이 없던 당시의 보편적이었던 관행을 따른 것인데 법이 처음으로 이 관행을 유죄로 판단한 것이다.

엄밀히 말하면 보라매 병원 사건은 환자에게 회복 가능성이 있었는가, 환자 가족의 의료비 부담이 사망이 예견되는 퇴원의 정당한 이유로 인정될 수 있는가, 즉 환자의 보호자와 의료진은 환자에게 최선을 찾아주기 위해 노력했는가가 쟁점이었고, 연명의료를 중지하는 것 자체를 법이 문제 삼은 것은 아니었다(정효성 2008). 그러나 이 판결은 연명의료 중단으로 인해 환자가 사망하게 되면 의사가 법적 처벌을 받는다는 공포를 의료계에 촉발시키기에 충분했다. 의사들은 회복 가능성이 현저히 낮은 환자라 해도 더 이상 연명의료 중단을 허락하지 않게 되었고, 환

---

7 레지던트는 2심에서 무죄를 선고받았다.

8 스스로 호흡하기 힘든 환자에게 수동식 기구로 산소를 공급하는 조치.

9 '의학적 충고에 반하는 퇴원'으로, D.A.A. 혹은 D.A.M.A.(Discharge against medical advice and Homicide) 등으로 기록되었다(정효성 2008, 463).

자 및 가족은 의사가 이윤 추구를 위해 환자를 볼모로 삼는다고 오해하게 되면서 갈등이 깊어지고 말았다.

연명의료결정법이 기대하는 것

대중의 오해 — 환자를 눕혀 놓고 돈을 쉽게 벌기 위해 의사가 인공호흡기 제거를 거부한다 — 와 정반대로 연명의료결정법 제정에 가장 적극적이었던 주체는 의료계였다. 의료계는 보라매 병원 사건을 문제의 뿌리로 인식했기 때문에 무의미한 연명의료가 중단되지 않는 관행은 환자가 원할 경우 법이 중단을 **허가**하면 될 일로 보았다. 환자가 연명의료를 원치 않는다, 이 사실을 공식 문서로 남긴다, 환자의 요청에 따라 의사는 연명의료를 중단하고 이로 인해 환자가 사망하더라도 처벌받지 않는다. 이 원칙이 수렴된 것이 연명의료결정법이었던 것이다.

연명의료결정법과 이 법에 대한 사회적 기대가 전제하는 것은 환자가 중환자실에 들어갈 것인가 말 것인가를 결정하는 순간, 혹은 환자가 연명의료를 원치 않는다는 문서(사전연명의료의향서나 연명의료계획서)에 서명을 할 것인가 말 것인가를 결정하는 순간에 법이 개입하면 많은 문제가 해결될 수 있을 것이라는 상상이다. 그런데 필자가 약 2년 동안 한 상급 종합병원의 말기암 병동에서 호스피스·완화의료팀과 함께 부대끼며 목격한 것은, 사실 중환자실의 문 앞보다 훨씬 이전부터 일련의 '죽음의 경로'가 하나의 시스템으로 조직돼 있으며, 중환자실 입실 결정이나 사전연명의료의향서Advanced Directives, AD나 연명의료계획서Physician Order for Life–Sustaining Treatment, POLST**10** 작성 시점은 그 경로의 지극히 한

찰나에 지나지 않는다는 사실이다.

병원은 현대사회의 가장 촘촘하게 짜인 조직 시스템 가운데 하나다. 병원은 소속된 구성원과 이용자들을 규율하는 시공간적 구조가 있고 병원 안의 개개인은 특정한 역할을 부여받아 그에 따라 행동하게 된다. 병원의 시스템은 내부와 외부를 종횡하기 때문에 거시적으로는 국가 전체의 의료 시스템, 의료 서비스에 관한 법률의 일부이며, 사회 구성원들에 의해 공유된 문화적 규칙 또한 배태한다. 한국 문화에서 온전히 자유로울 수 있는 한국인이 없듯, 병원의 시스템에서 자유로울 수 있는 의료진과 환자 및 보호자도 없는 것이다. 따라서 개개인이 연명의료를 받느냐 마느냐를 결정하는 그 찰나에서 한 발짝 떨어져서 말기 돌봄의 경로는 어떻게 조직되어 있으며, 이 경로가 환자와 가족들을 어떻게 연명의료까지 인도하는지를 살펴볼 필요가 있다.

여기서는 말기암[11]을 렌즈로 삼아 죽음의 경로를 살펴보고자 한다. 암 환자는 어떻게 하여 상급 종합병원의 중환자실까지 오게 되는가? 이

---

10 사전연명의료의향서와 연명의료계획서는 연명의료결정법에 포함된 법적 문서로써 무의미한 연명의료를 원치 않는다는 의사를 공식화하는 수단이다. 사전연명의료의향서는 만 19세 이상이면 누구나 건강하든 질병을 앓고 있든 작성할 수 있는 반면, 연명의료계획서는 의사가 말기임을 판단한 후 환자의 의사에 따라 작성한다. 심폐소생술 금지 동의서(DNR)는 연명의료결정법이 시행되기 전까지 각 의료 기관에서 사용해 온 문서로, 원칙적으로는 심폐소생술을 하지 않겠다는 환자의 의사 표현이지만 관행적으로는 생명 연장만을 위한 연명의료를 하지 않겠다는 표현으로 사용되었다.

11 말기암으로 한정 짓는 이유는 질병마다 생애 마지막의 모습이 크게 달라질 수 있기 때문이다. 예컨대 뇌졸중, 알츠하이머, 암은 병이 진행하는 양상, 개입하는 의료 기관, 의료 개입의 급박함, 임종 장소 등이 다를 확률이 높다.

때 어떤 법적·제도적·문화적·기술적 규범들이 개입하는가? 좀 더 생생한 이해를 돕기 위해 우리는 A라는 가상의 인물을 따라갈 것이다. A는 가상의 인물이지만 말기암 병동에서 흔히 만날 수 있는 사례들의 패치워크와 같다.

상급 종합병원의 응급실에서 말기암 병동으로

A는 70대의 말기암 환자이다. 진단을 받은 지는 2년 정도 되었다. 경기도에 살고 있지만 장성한 자식들이 "서울의 큰 병원"으로 가야 한다고 해서 X병원의 외래 진료가 있을 때면 서울에 사는 둘째 딸 집에 며칠 머물곤 한다. 네 명의 자식들이 돌아가며 외래 진료 때 동반하거나 입원 시 간병을 해준다. 수술은 어렵다 하여 항암 치료와 방사선 치료를 해오고 있었는데 항암 치료를 받은 뒤 원인을 알 수 없는 고열이 나서 급히 집 근처의 응급실에 가게 되었다. 그곳의 의사는 A의 큰아들에게 서울의 병원에서 항암 치료 중인 환자이니 여기서 치료를 진행하기보다는 그 병원으로 전원 가는 게 좋겠다고 한다. 환자는 사설 구급차를 타고 X병원의 응급실로 간다.

A가 사설 구급차를 타고 X병원으로 이동한 이유는 (공공) 구급차가 이동 가능한 권역이 설정되어 있기 때문이다. 그 권역 밖으로 이동하려면 A처럼 수십만 원에서 백만 원 대에 이르는 비용을 감수하고 사설 구급차를 이용해야 한다. 이렇게까지 하면서 암 환자들이 서울로 오는 이유는

무엇일까? 실제로도 서울의 소수 상급 종합병원 쏠림 현상은 상위 다섯 개 병원이 한국 전체 의료비의 6퍼센트를 차지할 정도로 심각하다.[12] 서울에서 멀리 떨어진 지역이라 하더라도 KTX 등 교통 인프라의 확충으로 환자들이 서울의 대형 병원으로 모여든다는 분석도 있다(이재희 외 2011).

이런 쏠림 현상을 학계에서는 지나치게 낮은 의료수가 등 정책 실패에 따른 병리 현상으로 규정하지만 이는 모든 자원이 서울에 집중된 정치적·경제적·문화적 격차가 반영된 지리 불평등의 징후로 보는 것이 보다 타당할 것이다. 의료 정보를 공유하는 온라인 환자 커뮤니티에서 "지방에 살고 있는데 암 진단을 받았어요. 서울로 갈까요, 그냥 여기서 진료를 받을까요?" 질문이 올라올 때 "위급 상황이 닥쳤을 때 대응하는 시스템이 더 잘 갖춰져 있다" "임상 실험에 참여할 수 있는 기회가 더 많다" 등을 근거로 서울로 갈 것을 권유하는 의견이 많이 달린다. 특히 "지방 병원에서는 저희 어머니가 몇 달 못 사신다고 했었는데 서울의 모 병원에서 진료받고 2년 더 사시다 가셨어요"처럼 지방과 서울의 의료 환경을 모두 경험했음을 주장하는 의견은 환자 및 가족들이 서울행을 결심하는 데 결정적인 역할을 하기 마련이다. A의 자녀들도 이런 이유로 시간적·경제적 비용을 감수하고서 서울행을 결정했다. 암과 같은 중증 질환의 경우 환자와 가족들은 절박하고 필사적이기 때문에 "해볼 수 있

---

12 「지난해 빅5병원 진료비, 4조 원 돌파…… 역대 최고」, <파이낸셜 뉴스>(2018/09/20); 「대형 병원 환자 쏠림 심각, 빅5병원 진료비 20퍼센트 상승…… 복지부 '심각하게 문제 인지해 면밀히 파악 중'」, <메디게이트 뉴스>(2019/03/18).

는 건 다 해본다"라는 의미, 즉 가족의 가용 자원을 총동원하는 차원에서 서울의 상급 종합병원을 선택하게 된다.

이렇게 상급 종합병원에서 암 치료를 시작하고 나면 다시 지역 거점 병원으로 돌아가기는 어려울 수 있다. 필자가 만난 응급실 레지던트는 그 이유를 "병원을 옮기려고 해도 환자에게 딸려 오는 차트가 두꺼워지기 때문에 다른 병원에서는 환자의 진료를 부담스러워"하게 된다고 설명했다.

> A와 큰아들은 사설 구급차를 타고 항암 치료를 받던 서울의 큰 병원에 도착했다. 응급실은 시장 바닥과 다를 바가 없었다. 병상도 부족하고 앉아서 기다릴 곳도 마땅치 않았다. 몇 시간을 기다려도 의사가 오지 않았다. 큰아들이 간호사에게 항의하니 대기하는 환자들이 많아 어쩔 수 없다는 차가운 대답이 돌아왔다. 간신히 의사를 만났고, 여러 검사를 받았다. 의사는 병동에 입원을 해야 하는데 현재로서는 자리가 없어 대기를 해야 한다고 했다. 몇 시간을 더 기다리니 어느 병동엔가 입원을 시켜 주었다.

서울의 상급 종합병원은 기본적으로 병상과 인력이 부족한 공간이다. 입원을 원하는 환자는 많고 병상은 부족하여, 외래 진료에서 입원이 필요하다는 진단을 받더라도 막상 병동에 자리가 나지 않아 장기간 대기해야 한다. 따라서 말기 중증 환자가 발열, 출혈 등 급성기 문제를 겪게 되면 일단 응급실로 들어와서 대기하다가 병동에 자리가 나면 올라오는 경우가 흔하다. 응급실이 일종의 병원 입구가 되는 것이다.

응급실은 상급 종합병원 내부에서도 자원 배분 문제가 특히 첨예한 공간이다. 2015년의 통계에 따르면 응급실에서 병동으로 올라가기까지 환자들은 평균 14시간을 기다렸다. 응급실 과밀화를 방지하기 위해 정부는 방안을 마련했으나[13] 결과적으로 그것이 의료진을 압박하는 방향이 되었다. 환자가 응급실에 머무는 시간이 일정 시간 이상이 되면 권역 응급의료센터에서 탈락하는 등 병원이 불이익을 받기 때문에, 의료진은 환자를 분류하여 빨리 돌려보내거나 전원시키거나 병동으로 보내야 하는 압박이 강해졌다. 상급 종합병원 일부는 응급 병동을 운영하여 응급실–병동 사이에 거치는 간이역 역할을 하는 새 공간을 창출하여 문제를 해결하기도 했다. 입원을 요하는 환자는 많고 병상은 부족한 상황에서 결국 누군가는 집으로 돌아가거나 다른 병원으로 돌려 보내진다. 입원이 좌절되어 원하는 치료를 받을 수 없는 말기암 환자와 가족들은 분노, 실망, 좌절을 느낄 수 있고, 의료 자원을 이용할 수 있는 자를 결정하는 응급실 레지던트 역시 다양한 형태의 도덕적 고통moral distress을 경험하게 된다. 열악한 응급실에서 장시간의 대기 끝에 병동으로 올라오게 되면 환자와 보호자는 이 과정을 다시 겪고 싶지 않아 건강 상태가 충분히 호전될 때까지 퇴원을 최대한 미루려고 하게 된다.

A는 응급 병동에서 사흘을 거쳐 암 병동으로 올 수 있었다. 2인실을 배정받았다. 이 병원은 2인실과 5인실을 갖추고 있는데, 병실

---

13 「빅5 병원 응급실 환자 다른 병원 이전 비율 보니」, <조선비즈>(2019/07/29).

료가 크게 차이 나기 때문에 5인실이 인기가 많았다. 치료비 부담
이 없는 가계였다면 애초에 특실로 입원하여 응급실에서 대기할
필요조차 없었을 것이나, 하루 수십만, 수백만 원에 이르는 특실
을 이용할 수 있는 가정은 많지 않을 것이다. 무엇보다도 고령의
A는 경제활동을 하지 않은 지 오래되었고 같이 사는 큰아들에게
모든 것을 일임하고 있었다. 치료비가 A 지갑에서 나오는 게 아닌
이상 치료에 대한 결정권이 온전히 A에게 있기는 힘들었다. 운이
좋아 며칠 뒤 A는 5인실로 옮겨 갈 수 있었다. A의 아들에게 간호
사가 여기는 최장 3주까지만 머물 수 있다고 설명했다.

A가 입원하면서 간병할 사람이 필요했다. 옷 갈아입기, 샤워
하기, 화장실 가기 등 사소한 일상의 동작들도 도움을 받아야 했
기 때문에 A 곁에는 24시간 타인이 지키고 있어야 했다. A의 네
자녀들은 간병 시간표를 짜고 서로 교대하며 어머니를 돌보기로
결정했다. A는 간병해 줄 가족이 있는 운 좋은 환자에 속했다. 바
로 옆 침대의 30대 후반의 B는 자녀가 어려 가족의 간병을 기대
할 수도 없었다. 주치의는 B에게 이제 퇴원해야 한다고 말했지만
B는 집에 가면 오히려 다른 가족들이 돌봄 노동을 해야 하는 상
황이어서 최대한 퇴원을 미루고 싶어 했다.

치료비 부담이 큰 중증 질환의 경우 '치료의 결정권'이 누구에게 있는가
를 묻는 것은 사실상 무의미할 수 있다. 경제 공동체로서 가족은 수백만
에서 수천만 원에 이르는 항암제, 수술, 방사선 치료, 입원비를 공동 부
담하게 된다. 치료 결정은 결국 가족 구성원의 삶에도 큰 영향을 주는 것

이며, 환자와 가족들은 이를 누구보다도 잘 알고 있다. 뿐만 아니라 의료 처치를 제외한 모든 간병이 환자가 알아서 해결하도록 전가되어 있는 한국의 의료 시스템에서, 결국 가족 구성원, 특히 어머니, 아내, 딸, 며느리 등 여성이 중증 질환 환자의 간병을 떠안게 되는 경우가 대부분이다. 정도의 차이는 있지만 이런 돌봄 노동은 가족 구성원의 일상을 재편한다. 발병과 동시에 간병이라는 이름의 가족 전체의 프로젝트가 시작되는 현실에서 우리는 모든 결정이 환자 단독으로 이뤄질 수 있다고, 혹은 이뤄져야만 한다고 주장할 수 있을까?

말기 고지와 연명의료결정에 관한 서류들

그간 가족들은 A에게 치료 결과와 예후를 구체적으로 설명하지는 않았다. 처음 진단을 받았을 때 수술이 불가능하다는 이야기도 어머니가 낙담할 것을 우려하여 "수술은 몸에 무리가 많이 가니까 약으로 치료해 보재요" 정도로만 설명했고, "암 몇 기" 등 직접적인 표현은 삼갔다. 의사 역시 환자가 듣는 앞에서는 나쁜 예후를 이야기하지 않았다. 외래 진료를 마치면 의사가 "아드님, 잠시만 다시 들어와 보시겠어요?" 하고 불러들여 암이 점점 진행되고 있다는 이야기를 따로 했다. A도 굳이 캐묻지 않았다.

A가 입원한 후 병동 회의에서 의료진은 A의 치료 계획에 대해 논의했다. 레지던트는 병동 디렉터에게 A의 연령, 전신 상태, 폐렴 및 항암 후 경과를 고려하여 "더 이상 항암은 어려울 것 같습니다" 하고 보고했다. 병동 디렉터는 A의 보호자들이 예후가 좋

지 않을 것이라는 것에 대한 병식이 있는지 확인한 뒤, "어영부영하다가 중환자실로 가게 될 수 있으니까 빨리 환자한테서 연명의료계획서에 서명받으세요. 호스피스 상담도 들어가야겠네요" 하고 지시했다.

완화 상담팀 간호사를 만난 딸은 한편으로는 크게 위로받으면서도 한편으로는 어머니에게 어떻게 설명하고 사전연명의료의향서에 서명을 받을지 난감했다. 자식들이 보건대 어머니는 직접적인 표현은 하지 않았지만 어느 정도 당신 나름의 마음의 준비는 하고 있는 것 같았다. 그러나 생애 마지막에 대한 구체적인 계획을 이야기하고 서류에 서명까지 하는 것은 또 다른 문제였다.

말기암 환자를 중환자실에 보내 연명의료를 받게 하는 것을 가장 원치 않는 것은 의료진일지도 모른다. 응급실(혹은 외래)을 거쳐 병동에 들어온 환자들의 다음 경로는 집, 호스피스, 중환자실인데, 말기암 환자를 돌보는 의료진은 호스피스와 집을 이상적인 임종 장소로, 중환자실은 가능한 한 환자를 보내지 말아야 할 곳으로 간주하기 때문이다. 호스피스는 통증 조절, 호스피스 전문 인력의 심리적·영적 돌봄, 가족과 보내는 시간이 확보되는 반면 중환자실은 침습적인 치료로 환자를 더욱 고통스럽게 만들고 가족과의 면회도 지극히 제한되는 공간이다. 자원 배분을 염두에 두지 않을 수 없는 의료진은 중환자실이라는 제한된 의료 자원이 집중치료가 무의미해지지 않을 환자 — 살릴 수 있는 환자 — 에게 배분되는 것이 더 적합하다고 간주한다. 이와 같은 이유로 A가 입원한 병동의 디렉터는 미처 연명의료 계획이 세워지지 않은 상태에서 환자의 상태가 급격히 악화되는 바람에 중환자실에 입실하여 "고생만 하다" 돌아가시는 일이 일어나지 않도록 연명의료계획서를 받도록 지시한 것이다.

연명의료계획서, DNR 오더, 사전연명의료의향서는 모두 충분한 설명에 기반한 동의informed consent의 한 종류라 할 수 있다. 충분한 설명에 기반한 동의는 환자 자율성 원칙(Beauchamp and Childress 2001)에 따르는 것인데 미국 및 유럽에서 특정한 역사적 사건(민족자결주의, 여성해방운동, 소비자 운동, 나치의 인체 실험에 대한 사회적 반성 등)과 판례(1914년의 슐렌돌프 판례Schloendorff v. Society of New York Hospital나 1957년의 살고 판례Salgo v. Leland Stanford University Hospital 등)를 계기로 정착되어 현재 생명 의료 윤리에서 가장 중요한 원칙으로 자리 잡았다(켄지·타카오 2016[2015]; Stirrat and Gill 2005, 127-130). 충분한 설명에 기반한 동의는 기본적으로 (1) 의사가 환자에게 필요한 정보를 모두 전달하고, (2) 그에 기반해 환자는 숙고 끝에 결정을 내린 뒤, (3) 의사는 환자의 결정을 존중하고 환자를 문서에 서명함으로써 이 결정을 공식화한다는 것을 전제로 한다. 그러나 이 같은 전제에는 근본적으로 정보와 의사소통의 본질이 왜곡되어 있다(Manson and O'Neill 2008). 정보는 단지 전달되는 무엇이 아니라 그 자체로 하나의 행위이며, 애초에 의사소통은 맥락과 언어 규범 속에서 상호 주관적으로 이뤄진다. 죽음에 관한 대화, 연명의료계획서에 '서명'을 하는 행위는 한국에서(또 전 세계적으로도) 지극히 생소한 말하기 장르로서, 이에 익숙한 언중은 드물 수밖에 없다.

A의 가족들이 고민하는 시각, 같은 병원의 중환자실에서 인공호흡기 치료를 받던 80대 환자 C는 모든 치료를 중단하고 집으로

돌아가기를 원했다. 의식이 돌아올 때마다 C는 손짓과 눈빛으로 강력히 퇴원을 호소했고, C의 부인 역시 남편이 집에서 임종할 수 있기를 바랐다. 의료진으로서는 임종기로 판단되고 환자의 의사가 명확하므로 연명의료 중단 자체는 법적·윤리적으로 문제가 없었다. 그러나 인공호흡기를 중단하면 수십 분 내로 임종할 확률이 높다는 것이 문제였다. 아마도 C씨는 구급차에서 사망할 것이다. 만약 구급차가 병원 문을 나서기 전에 임종하면 의료진은 차를 다시 돌려 응급실로 들어와 사망 선고를 할 의무가 있었다. 결국 C는 연명의료 중단에는 성공했지만 병원의 임종실에서 마지막을 맞이해야 했다.

한 죽음이 좋았는지 나빴는지를 판단할 때 사망 장소는 중요한 기준이 된다. 예를 들어 병원의 다인실은 그다지 좋은 죽음의 장소가 아니다. 보다 사생활이 보장되고 가족들과 조용히 마지막 인사를 할 수 있으며, 가족들이 안심하고 애도할 수 있는 공간이어야 하기 때문이다. 연명의료를 중단하고 나서 운이 좋으면 병원 내 마련된 "임종실"을 사용할 수 있는데, 이때 병원 복도나 엘리베이터에서 환자가 사망하면 그 또한 좋은 죽음이 되기 어려우므로 앰부배깅 등을 통해 환자가 임종실로 이동할 때까지는 생명 유지를 하는 것이 병원 내부의 가이드라인이다. C 역시 집에 도착할 때까지 "숨을 붙여 놓는" 기술적 방법이 없는 것은 아니었으나 인턴이라는 의료 인적 자원에게 그것을 시키는 것이 옳은가는 논란이 있었다. 이처럼 환자 및 가족들이 원하는 것의 핵심은 연명의료의 중단이냐 유지냐가 아니라 적절한 장소에서 죽을 수 있는가의 문제일 수 있지만, 안타깝게도 이것은 연명의료결정법이 해결해 줄 수 있는 문제는 아니었다.

호스피스로의 전원

A의 가족들이 말을 꺼내지 못하고 있는 사이에 A의 상태는 빠르게 악화되었다. 하루 대부분을 깊은 잠에 빠져 있었고 거동이 어려울 정도로 쇠약해졌다. 어쩌다 잠에서 깨어나도 섬망[14] 증세를 보였다. "얘, 나 좀 살려 다오"라고 한 말이 가족들로서는 모든 가능한 치료를 다 받고 싶다는 의지의 표현인지 섬망 증세로 인한 헛소리인지 판단하기 어려웠다. 환자가 직접 서명할 수 없는 상황이었으므로 가족들이 대리로 연명의료계획서 작성을 해야 했다. 둘째 딸은 A가 몇 년 전 TV를 같이 보며 "나는 저렇게 목에 관 꽂고 하는 건 싫어. 그냥 자연스럽게 가고 싶어" 하고 말했던 것을 기억해 냈지만 몇 년 전의 생각과 지금 섬망 증세 속에 한 말 중 어느 것이 어머니가 원하는 바일지 확신할 수는 없었다. 결국 A의 남편, 자녀, 손주들이 모두 모여 연명의료계획서에 서명했다.

연명의료결정법에 따르면 환자 본인이 직접 사전연명의료의향서나 연명의료계획서에 서명하지 않을 때는 가족(배우자, 직계 존비속) 중 2인이

---

14 일종의 부적응 및 불안 상태.

환자가 평소에 밝혔던 연명의료에 대한 의사를 일관되게 진술해야 한다. 그런데 환자가 의사를 밝혔던 시점과 실제로 생애 말기에 접어든 시점이 차이가 나기 마련이므로 그사이에 환자가 생각을 바꿨는지는 그 누구도 알 수 없다. 특히 건강할 때의 생각이 실제로 병을 앓고 죽음을 눈앞에 두었을 때와 같을 것이라고 전제할 수 없는 것이다. 설령 평소에 환자가 사전연명의료의향서를 작성해 두었다 해도 투병 중 그와 상반되는 진술을 한다면, 설령 그것이 섬망 증세 때문일 것이라 해도 의료진이나 가족들로서는 무시하기 어렵다.

이렇게 환자 본인이 서명하지 못하거나 가족들이 환자가 무엇을 원하는지 추정할 수 없을 때는 가족 전원의 동의를 받아야 한다. 그러나 임종 시점은 정확하게 예측하기 어렵고, 환자의 상태가 빠르게 악화되는 경우도 많다. 이런 경우 가족 **전원**이 연명의료에 서명하기 위해 모이는 동안 어쩔 수 없이 일단 연명의료를 시작하게 될 수밖에 없는 것이다. 무엇보다도 연명의료결정법은 일종의 '정상 가족' 즉, 환자가 투병하는 동안 가족이 가까이에서 간병하면서 평소 연명의료에 대한 생각도 나눴다는 것을 전제한다. 그러나 이혼 등 여러 사정으로 인해 가족 관계가 단절된 경우도 많으며, 환자를 돌봐 온 가족이 "배우자, 직계존비속, 자매 형제"에 해당되지 않아(예를 들면, 며느리) 서명할 권리가 없는 경우도 있다.

A 가족들은 좀 더 편안한 환경에서 어머니를 모시기 위해 호스피스로의 전원을 원했다. 그러나 몇 가지 문제가 있었다. 전원을 가기에 A의 컨디션이 좋지 않았다. 호스피스·완화의료팀의 전원 담당 직원이 가족들의 거주지를 고려해서 A를 받아 줄 수 있는 호스

피스를 물색했으나 그 호스피스들은 현재 자리가 없어 대기 명단에 이름을 올리고 기다려야 했다. 한 주를 기다려 마침내 자리가 났다는 연락을 받고 부랴부랴 호스피스로 전원했다. 그곳에서 사흘을 지낸 뒤 A는 임종했다.

말기암 병동에서 가장 이상적인 죽음으로 여겨지는 호스피스 사망 역시 생각처럼 쉬운 것은 아니다. 어렵게 환자와 죽음에 관한 대화를 나눠 마지막을 준비해야 함을 인식시키고 호스피스로 전원하기로 결정하더라도 환자의 컨디션이 호스피스 전원에 적합해야 한다. 예를 들어, 특정 시술을 받아 사후 케어가 필요한 경우, 균에 감염되어 격리실이 필요한 경우에는 그것을 감당할 여건이 되지 않아 호스피스 측에서 입원을 거부할 수 있다. 환자 및 가족 입장에서는 꼭 필요한 기본 케어로 생각하지만 호스피스 측에서는 불필요한 처치로 간주되는 경우(예를 들면, 수혈), 양 측의 입장 차이로 입원이 무산되기도 한다. 또한 수요에 비해 공급이 부족한 상황이므로 최소 며칠, 최대 몇 주를 대기해야 호스피스 입원이 가능한 점도 호스피스 임종의 장애물이다.

호스피스 의료진은 환자와 가족들이 "좋은 죽음"을 통해 이별하기를 바라는 사명 의식으로 호스피스·완화의료에 헌신하기 때문에 환자들과 충분한 신뢰 관계를 형성하는 것을 중요하게 여긴다. 그런데 일반 병원에서 일하는 의료진은 생명을 살리는 것을 최우선으로 삼는 문화에서 환자를 치료(Chapple 2010)하다 보니 A의 사례처럼 말기 고지 및 말기 돌봄에 대한 논의가 최후의 순간까지 미뤄지기 쉬우며, 임종 직전이 되어서야 호스피스로 옮겨지기 마련이다. 이는 호스피스 기관에서 일하는 의료진이 가장 꺼리는 상황인데, 호스피스에 오자마자 환자가 사망하게 되면 "좋은 죽음"이라는 신념과 가치는 무너지고 오직 시체를 마지막으로 처리하는 일만이 남게 되는 것이다.

죽음의 경로에 모여드는 다층적 조합들

더 오래 살고자 하는 인간의 욕구가 최종적으로 파고드는 것이 죽음이다. 생명에 대한 근원적 욕구에 화답하며 의학 지식과 기술이 CPR, 인공호흡기, 집중치료 시설, 장기이식술 등을 발전시킬 때, 기존의 생사 구분이 잘 들어맞지 않는 특정한 형태의 죽음이 생겨났다. 때때로 인공이 자연을 창출해 내는데(강지연 2012), '기계에 주렁주렁 연결된 채 연명하는 죽음'은 '자연사'의 개념을 재정의하도록 만든다. 호스피스 운동이나 웰다잉Well-Dying 운동, 그리고 연명의료결정법은 모두 의료화된 죽음에서 벗어나 보려는 대항적 시도들이다. 한번 연명의료가 시작된 후에는 중단할 수 없었던 역사적 관행을 해결하기 위해 연명의료결정법은 환자가 자신의 의사를 미리 밝히고 문서화하고 나면 의료화된 죽음에 수반됐던 문제를 해결할 수 있으리라 전제한다.

그러나 죽음은 법이 으레 정하듯 정돈된 질서를 따르지 않는다. 무엇보다도 순수한 "자기결정"이 가능하지 않으며 문서에 서명하는 행위가 선택권을 담보해 주지도 않는다. A의 사례에서 보았듯 한 사람이 생을 마치는 것은 경제적 공동체이자 도덕 공동체인 가족 전체의 일이었다. 또한 한 상급 종합병원의 중환자실 입실을 고려하기까지 서울–지방의 불균형 발전, 병원에 관여하는 각종 법률, 병상 등 의료 자원의 분배 문제, 심지어 교통 인프라까지 다양한 층위의 거시적 환경이 그 길에 수렴하고 있었다. 이런 복잡한 현실을 "개인의 선택"만으로 타개할 수 있지는 않을 것이다.

의료화된 죽음을 개선하기 위해서 연명의료결정법이 새로 도입한 사전연명의료의향서와 연명의료계획서는 분명 해결 방안이 될 수 있다. 그러나 문서에 서명하는 것이 환자에게 정말로 이상적인 죽음을 약속해 주는 것은 아니다. 응급실에서 상급 종합병원의 병동으로, 다시 호스피스나 환자의 집이나 중환자실로 이어지는 죽음의 경로를 보다 면밀히 검토함으로써 이 경로에서 빠져나가 다른 경로로 이동하거나 제3의 경로를 모색할 수 있도록, 보다 다양한 출구와 우회로를 설치하는 것이 필요하다.

참고 문헌

강지연, 2012, 「불임 클리닉의 "자연 임신": 자연의 경계를 재구성하는 생의학의 수사」,
　　『비교문화연구』 18(2).

미셸 푸코, 2006, 『임상의학의 탄생: 의학적 시선의 고고학』, 홍성민 옮김, 이매진.

윤영호·이영선·남소영·채유미·허대석·이소우·홍영선·김시영·이경식, 2004, 「품위 있는
　　죽음과 호스피스·완화의료에 대한 일반 국민들의 태도」,
　　『한국호스피스·완화의료학회지』 7(1).

이재희·이원재·정현용, 2011, 「서울 지역으로의 원거리 의료 이용에 대한 영향 요인:
　　KTX 이용자를 중심으로」, 『한국콘텐츠학회논문지』 11(7).

정경희 외, 2018, 「죽음의 질 제고를 통한 노년기 존엄성 확보 방안」,
　　한국보건사회연구원 연구보고서.

정효성, 2008, 「연명치료 중단의 현황과 대책-안락사, 보라매병원 사건을 중심으로」,
　　『의료법학』 9(1).

조계화, 2010, 「간호대 학생이 인식하는 품위 있는 죽음」, 『한국간호교육학회지』
　　16(1).

필립 아리에스, 2004, 『죽음 앞의 인간』, 고선일 옮김, 새물결.

＿＿＿＿＿＿, 2016, 『죽음의 역사』, 이종민 옮김, 동문선.

핫토리 켄지·이토 타카오, 2016[2015], 『의료윤리학의 이론과 실제』, 김도경·정신희
　　옮김, 로도스.

Beauchamp, Tom L., and James F. Childress, 2001, *Principles of Biomedical Ethics*, Oxford
　　University Press.

Chapple, Helen Stanton, 2010, *No Place for Dying: Hospitals and the Ideology of Rescue*, Left
　　Coast Press.

DiMoia, John P., 2014, "Making Death 'Modern': Reevaluating the Patient's Body,
　　Transforming Medical Practice, and Reforming Public Health at Seoul National
　　University Hospital, 1957-1977," Charlotte Horlyck, and Michael J. Pettid.Eds.,
　　Death, Mourning, and the Afterlife in Korea: Ancient To Contemporary Times,
　　University of Hawaii Press.

Kang, Jiyeon, 2020, *Striving for a Good Death: End-of-Life Care in a South Korean Tertiary
　　Hospital System*, Dissertation, University of Virginia.

Kaufman, Sharon R., 2005, *And a Time to Die: How American Hospitals Shape the End of
　　Life*, Simon and Schuster.

Kim, Do Yeun, et al., 2007, "Do-Not-Resuscitate Orders for Terminal Patients with Cancer in Teaching Hospitals of Korea," *Journal of Palliative Medicine* 10(5).

Lock, Margaret M., 2002, *Twice Dead: Organ Transplants and the Reinvention of Death*, University of California Press.

Manson, Neil C. and Onora O'Neill, 2008, *Rethinking Informed Consent in Bioethics*, Cambridge University Press.

Mueller, Paul S., 2007, "William Osler's Study of the Act of Dying: an analysis of the original data," *Journal of Medical Biography* 15 Suppl 1.

Stirrat, Gordon M. and Robin Gill, 2005, "Autonomy in Medical Ethics after O'Neill", *Journal of Medical Ethics* 31(3).

Wijdicks, Eelco F. M., 2018, "How Harvard Defined Irreversible Coma", *Neurocritical Care* 29(1).

돌봄 노동과 생명정치

한국적 의료화와 조선족 간병사들

이기병

조선족 간병사들의 일상 세계

길림성 출신으로 60대 초반의 여성인 S는 매일 아침 5시에 일어난다. 그녀는 여덟 명의 남성 입원 환자들을 다른 남자 간병사 한 사람과 함께 돌본다. 해당 병실의 입원 환자로는 뇌경색 진단과 함께 편측 혹은 사지 마비를 진단받은 환자 다섯 명[1]과 뇌출혈 진단명을 가진 두 명,[2] 그 밖에 천

---

[1] 세 명은 우측, 한 명은 좌측, 한 명은 양측 사지마비로, 우측의 기능이 좌측에 비해 약간 더 나은 정도이다.

[2] 이 중 한 명은 의사소통이 불가능하며 목의 기도절개 후 삽입된 관으로 호흡을 한다. 이 환자는 가래 배출이 자유롭지 않기 때문에 두세 시간에 한 번씩 석션(suction, 흡입기)으로 가래를 뽑아 주어야 하며 체위 변경 역시 두 시간마다 해야 해서 전적으로 간병사들에 의존적이다.

식과 유사한 만성 폐색성 폐질환을 동반한 양성 뇌종양 환자 한 명이 있다. 이 중 세 명은 비위관Levin tube이라고 불리는 소위 콧줄로 식사[3]를 하고 두 명은 죽에 '갈찬'[4]을 한 명은 진밥에 다진 찬, 한 명은 밥에 일반 찬으로 식사를 한다. 콧줄로 식사를 하는 세 명의 환자들은 유동식 주입 시간 및 소화 시간이 필요하고 다른 환자들 중 두 명은 식사 시 보조가 필요하기 때문에 식사 시간이 겹치지 않도록 조정이 필요하다. 이런 이유로 유동식 식사의 콧줄 환자들은 오전 5시 30분경에 식사가 시작된다.

식사 준비를 위해 제일 먼저 하는 일은 캔에 든 유동식을 따뜻하게 데우기 위해 병실 밖 복도에 있는 온장고에 식사 시작 전 30분간 넣어 두는 일이다. 온장고의 용량이 한계가 있고 병실에 비해 온장고는 부족하기 때문에 순번이 정해져 있으나, S는 비교적 병원에서 고참이고 해당 층의 간병사 반장을 맡고 있기 때문에 순번이 빠른 편이다. 온장고에 캔을 넣어 두고 나서 그녀는 콧줄 식사 환자들의 침대를 좌식 모드로 만들기 위해 침대 아래의 손잡이를 돌린다. "어제 기름칠을 했는데도 이렇게 뻑뻑하네요." 그녀는 힘겹게 손잡이를 돌려 침대를 세우고 나서 다른 콧줄 환자들을 조심스럽게 세수시키고 있는 같은 방의 다른 남자 간병사에게 다른 두 명의 침대도 손잡이를 돌려 환자를 앉혀 달라고 조용한 목소리로 부탁한다. 아직 다른 콧줄−유동식 식사가 아닌 환자들 가

---

3 코로 넣어서 위까지 들어가 있는 튜브를 통해 액체화된 캔에 담긴 유동식을 섭취한다. 보통 한 캔에 200킬로칼로리이다.

4 음식을 삼키기 어려운 환자를 위해 입자가 더 곱게 '갈려' 나온 반찬. '간 찬'이 맞겠지만 간이 된(소금기가 있는) 반찬과 혼동될 수 있어서 관용적으로 이렇게 칭한다.

운데 일부는 아침의 단잠을 더 자는 시간이라 큰 소리를 낼 수는 없다. 같은 방의 남자 간병사 J는 비교적 말이 없는 길림성 출신의 60대 초반 남자로 3개월간 교육을 받고 S가 3년째 일하고 있는 병실로 투입된 신참이다. 숨죽인 목소리로 "잘 주무셨냐?"라는 S의 인사에 그는 "어제 사지마비가 있는 환자가 밤새 섬망과 불면 증세를 보여 뒤척이던 탓에 그나마 평소에도 다섯 시간밖에 못 자는 잠을 설쳤다"라고 대답한다. S와 J의 침대는 환자들의 침대가 배열된 가장 끝의 창가 쪽으로 나란히 배치되어 있다. 동절기에 한파의 영향으로 덧댄 스폰지가 5월인데도 여전히 남아 있다. 실상 이들의 침대는 눕고 나면 몸이 가까스로 뉘어지는 가로 70센티미터, 세로 185센티미터 정도의 간이침대이다. J는 침대가 한 뼘씩만 더 넓고 컸으면 좋겠다고 불평한다. 사실 누군가가 불면의 밤을 뒤척인 이런 날은 옆의 다른 환자들도 잠을 뒤척였을 것이기에 예민해진다. S는 이것을 다년간의 경험으로 알고 있는 듯 동작이나 말의 높이가 조심스럽다. 그녀의 감정 노동이 느껴지는 이런 정황도 L요양 병원 행정의 역사적 변화와 관련되어 있다. 그녀의 말을 들어 보면 다음과 같다.

병원에 '중환자실'이 있을 때는 콧줄로 식사하는 환자들이나 목관-석션suction 환자들이 그곳에 주로 입원하고 있었잖아요. 그렇게 입원 환자들이 배치가 되면 거기서 일하는 게 힘들기는 해도 돈도 더 받고 게다가 다른 [콧줄 없고 석션 안 하는] 환자들 눈치 보며 불편하게 일하는 게 아니라 내 계획대로 일해도 되니까 덜 불편했는데, 중환자실이 경영이 어렵다고 문을 닫은 이후에는 중환자가 없어지지는 않고 각 병실로 고루 분포가 된 거지요. 그러니까 그

부담을 우리가 [알아서] 해결해야 하니 이게 또 힘들어요. 근데 나만 하는 일도 아니니까.

사실 S가 언급하는, L병원에 있었던 중환자실은 실상 정식 중환자실이 아니라 병원의 중환자들을 더 잘 돌보기 위해 만든 서비스 차원의 '집중 관찰실'이다. 수년간 유지하던 L병원의 집중 관찰실은 손이 많이 가는 환자들을 돌보아야 하기에 포괄수가제의 요양 병원 운영에는 경제적으로 도움이 되지 않으며 (일의) 로딩만 많다는 지적과 함께 간호사들이 자주 그만두는 원인으로 지목당하면서 1년여 전 일반 병동의 일부로 통폐합되었다. 당시는 간호사들이 '간병사(보호자) 없는 병동' 구호로 대학병원에서 간호사들을 대거 고용하던 시기와 맞물려 비대학병원에서는 간호사들을 고용하기 어려워진 시기와 일치한다. 문제는 집중 관찰실이라는 공간의 제거가 병원의 경영이나 실무에서 실질적인 해당 환자의 배제로 이어지지는 않았으며, 콧줄 식사나 석션이 필요한 환자들이 일반 병실로 분배되는 병원 내 행정으로 대치되었고, 이의 부담이 환자와의 거리가 가장 가까운 간병사들이 오롯이 져야 하는 짐으로 전가되었다는 사실이다. 2절에서 후술하겠지만 생명정치가 만들어 내는 권력의 가장 아래쪽에 있는 간병사들의 노동은 이런 방식으로 체제가 운영되는 방식에 소리 없이 포섭당한다. 그들의 노동으로 공백이 메꿔진 병원의 체제는 다시 순환되기 시작하고 이렇게 다시 경사傾斜된 체제의 비대칭성을 재생산하게 된다.

오전 6시 30분경, 콧줄-유동식 식사 주입은 천천히 끝나 가지만, 경구로 식사하는 이들은 서서히 잠에서 깨어나는 중이다. 오전 7시면 식사가 도착하기 때문에 그들은 지금이 세수하고 씻을 수 있는 시간이라고 말한다. "교대로 해야 하니 시간이 부족해요." S의 말이다. 그녀가 먼저 씻고 나오니 6시 50분이다. J가 씻으러 가면서 어제 입었던 유니폼과 면도기를 챙긴다. 간병인 직무 준수 사항에 '항상 용모를 단정히 하며 소속된 간병 유니폼 착용할 것'이라고 써진 항목을 염두에 둔 탓인 듯 빨래도 해야 한다며 분주하다. 다른 병실도 슬슬 소란스러워지는 것을 보니 밥차(식판을 넣는 컨테이너)가 들어오는 것 같다. 7시 50분경, 서둘러 돌아온 J와 함께 S는 "이제 아침 식사를 대접해야 해요"라며 침대에 앉아 있는 환자들에게 앞치마를 두르고 식판을 세팅한다. J는 신참이지만 능숙해진 손길로 콧줄 식사 환자들의 관 끝에 연결된 유동식 병을 제거하고 소독기에 넣을 준비를 한다.

우측 편마비가 진행된 한 환자는 혼자 식사를 하지만 왼손 숟가락질이 서툴러 가끔씩 간병사들이 보조해야 한다. 즉 식사 보조가 필요한 두 명의 환자 외에 가끔씩 추가 보조가 필요한 1인이 더 있는 셈이다. 메를로-퐁티에 따르면 왼손의 숟가락질이 영 어려운 그 환자는 오른손이 사용하기에 용이했던 자신의 몸의 세계를 잃어버린 것이다(메를로-퐁티 2004[1964]). 퐁티 연구자인 드레퓌스Herbert Dreyfus는 "몸의 기술을 바탕으로 상황에 투사할 수 있는 몸의 실존적 자유 능력을 통해 몸과 세계가 연결된다"(공병혜 2017 재인용)라고 말한다. 다시 말해 환자의 장애는 단지 그 신체의 제한 문제로 국한되는 것이 아니라 그가 지금까지 만들고 살아온 세계가 단절되거나 축소되는 문제가 된다. 한 걸음 더 나아가, 공병혜는 뇌졸중 환자의 몸 경험과 그 돌봄에 대한 글에서 퐁티의 개념을 응용하여 "투사하는 몸이 자신의 몸 습관에 따라 친숙하게 거주하는 세계와의 교섭을 시도하다 실패하면, 현실적 몸은 새로운 몸 습관을 습득해야 한다"라고 쓰고 있다. 불행히도 우측 편마비 환자의 왼손은 새로운 몸의 습관을 습득하려면 모종의 시간과 노력이 필요할 것으로 보이며 이 시간과 노력의 간극을 ― 의사나 간호사 심지어 보호자도 잘 해주지 못하는 일상적 도움을 통해 ― 간병사들의 몸이 메우고 있는 것이다. 즉 환자들이 일상적 습관 형성을 통해 새로운 몸의 세계를 만들어 나가는 재활의 중심에는 간병사들의 돌봄의 실천이 위치하고 있다. 돌봄의 실천은 이처럼 몸의 상황에 맞춰 이뤄지는 까닭이다.

반면, 이런 식으로 돌봄이 몸의 상실을 회복시키는 실천임을 보여주는 미학적 상상력이 실상 간병 노동의 실제에서는 그저 현실성을 차감시키는 신화적 서사일 수 있다. 다른 병동에서 근무하는 간병사 H는 요녕성 출신의 60대 여성으로 자신의 돌봄 경험에 대해 다음과 같이 말한다.

[못 움직이는] 환자들 보는 게 왜 더 힘드냐 하면은요. 뭐가 좀 잘못 되면 다 우리 잘못이 되거든요. 작년에 풍[뇌졸중]이 와서 못움직이시고 말도 못 하는 할머니 한 분을 제가 봤는데 어느 날 아침에 일어나 목욕시키려고 보니 한쪽 다리가 부어 있는 거예요. 바로 호사[간호사]한테 얘기해서 주치의 오고 X-ray 찍고 했는데 이게 부러져 있는 거죠. [재활]운동 가시는 분이니 몸 만지는 물리치료사들도 있고 휠체어에 태우고 내리는 기사들도 있고 병실 회진 도는 간호사들도 있는데, 다들 자기들이 안 그랬다고 모른다고 하니 이게 결국 우리 책임이 되는 거예요. 아니라고 따져도 봤

지만 소용없었어요. [간병] 팀장도 와서 설득하고, [계속] 일하려
면 그냥 이렇게 하는 거라고. 간병 보험이 있으니 망정이지 안 그
랬으면…… 그래서 내가 간병 보험비 꼬박꼬박 내잖아요. 이 환
자들 불쌍해서 내가 잘 돌봐야지 싶다가도 한편으로는…….

'환자에게 일차적으로 가장 가깝다'라는 것이 항상 미학적 돌봄의 의제
로 환원되는 것이 아니다. 이 지점은 전술한 바와 같이 요양 병원 체제 운
영과 관련하여 간병 돌봄 노동의 이면에 있는 문제를 수면 위로 드러낸
다. 의료 기관 내 책임 소재의 문제에서도 권력의 가장 하위에 있는 이들
은 자유롭지 않다. 문제가 발생하고 책임 소재가 불분명할 때에는 가장
가깝게 곁에서 돌보던 이의 행실이 주로 도마 위에 오르게 된다. H의 표
현에 의하면 '자신이 책임질 수 없고 책임지지 않아도 되는 일들에 대해
책임이 돌아오는 억울함'이 이런 방식으로 간병 노동의 이면에 도사리
고 있다. 아울러 이들의 고용조건인 '24시간 호출제' '원내 거주 노동'은
이런 견지에서 보면 시공간적으로 빈틈없(어야 하)는 환자 관리 감독의
책무로 기능해 환자에게 낙상 등의 사고나 문제 발생 시 일차적 책임 소
재가 새어 나가는 지점들을 차단하는 효과를 가진다. 생명(관리)정치의
현장에서 장기 요양 병원 체제의 저수가 정책이 만들어 내는 공백을 메
우기 위해 간병사들의 노동이 체계적으로 포섭되고 있으며 이제 이들
의 피로가 생명정치 내 권력의 경사면을 따라 축적되고 있는 것이다.

환자들이 아침 식사를 모두 마치고 나면 식판을 치우고 양치질을 해
주거나 돕는 과정으로 이어지고 이 과정을 마치고 나서야 간병사들은
교대로 식사를 다녀올 수 있다. 아침 재활 운동 치료가 각 환자 마다 다르

게 시작되지만 가장 이른 사람은 오전 9시부터 시작하고 또 개인의 재활 운동 치료 지속 시간은 의사의 운동 처방 및 질환의 정도, 기간 등에 따라 제각각이기 때문에 일괄적으로 운동을 보내거나 다녀온 환자를 일정 시각에 모두 맞이할 수 있는 것이 아니다. 따라서 간병사들은 30분 이내 에 식사를 마쳐야 환자를 보내고 맞이하는 반복적인 과정을 누락하지 않을 수 있다. 이런 과정이 오전과 오후 동안 반복되므로 점심과 저녁 식 사에서도 유사한 과정이 반복된 것이다. H는 간병 일을 시작한 이후 위 궤양에 걸렸었다고 말한다.

> 스트레스 받고 빨리 먹어야 하니 바쁘지요[힘들지요]. 난 원래 집 [중국]에 있을 때는 천천히 느긋하게 먹는 스타일이었는데 여기 와서 6개월 만에 다 바꼈지요. 처음에는 약 먹고 생목이 오르고[5] 속이 아파서 많이 바빴는데[힘들었는데] 이제는 안 아파지고 또 적응이 다 되어 놔서 ……. 힘들 때는 중국에 돌아갈까 해도 중국 가도 60 넘으면 할 일이 없어요. 그냥 여기서 벌고 해야지. 그래도 중국보다는 돈 많이 주니까. 적응도 이왕 했는데.

이해응은 「중장년 조선족 이주 여성의 노동 경험과 탈구적 삶에 관한 연 구」(2013)라는 논문에서 푸코의 '경제적 인간' 논의로 조선족 이주 노동

---

5 '생목이 오른다'라는 표현은 조선족 간병사들마다 결이 다르게 사용하는 말로, 맥락 에 따라 다른 해석을 요하는 표현이다. 대체로 '목 안에서 뭐가 넘어 오는 것 같다' '가래가 많거나 신물이 나와 가슴-목 부위가 불편하다' 정도로 해석되며, 위-식도 역 류 증상을 묘사하는 것으로 보인다.

자들의 행위자성과 신자유주의적 통치성을 연결시킨다. '경제적 인간이란 경제적 원리에 따라 스스로를 규칙화 하는 것을 가능케 하는 일정유형의 주체'(푸코 2012[2004])[6]라는 푸코의 목소리를 빌어 이주 노동자들이 신자유주의적 경제 논리에 포섭된 채, 시간과 체력이 있으면 얼마든지 돈을 벌 수 있다는 믿음과 욕망을 부여받고 이를 노동을 통해 표상하고 있는 것으로 분석한 것이다. 이런 과정에서 노동자 각자의 재생산에 필요한 휴식이나 노동 윤리에 대한 재고는 쉽게 생략된다. 결국 이런 자기 통치는 이주 노동자로 하여금 스스로를 '능동적 경제 주체'로 인식하게 하는 동시에, 이주 노동을 위한 적합한 신체로 대상화하는 것을 가능케 하는 원리가 된다.

다음은 L병원의 간병사 M을 면담한 내용이다.

연구자 이제 어느 정도 중국에 재산도 있는데 굳이 여기서 힘들게 일하시는 이유가 뭐예요?

M 사람 욕심이 끝이 어딨어요. 여기서 일하면 돈 버는 재미가 있어서, 돈 벌기 빠르고, 물가가 중국이 싸기 때문에 여기서 저축하면 중국 가서 '가치 있게' 쓸 수 있지. 중국에서는 보통 퇴직하면 보통 애나 봐 주거나, 아무것도 안하고 노는데 그럴 바에야 한국은 조건도 좋고, 일할 수 있는 기회가 있고, 비자도 잘 주고, 연장도 쉬워서. 언어

---

6   푸코(2012[2004], 373); 이해응(2013, 27)에서 재인용.

도 잘 통하고 교포들 중에 특히 나이 많으신 분들은 중국에서 중국어 못 따라가는데, 한국은 말도 잘 통해서 좋지. 일도 뭐 할만 하고. 또 병원이나 식당 어딜 가나 서비스가 잘 되어 있고, 친절해서 좋아요.

요컨대 간병사 M의 선택에는 합리적인 측면이 있다. 다만 그 합리성은 '경제적 인간'으로서의 원리 위에서만 주로 작동한다. 그런 동의의 이면에는 조선족 간병사들이 의료보험 및 4대 보험에 가입되지 않은, 협회와의 계약을 통해 체결되는 일종의 비정규직 신분이며, 따라서 안전성 및 복지, 건강 이슈가 결핍돼 있고 노동시간을 규제하는 근로자법의 테두리 바깥에서 이뤄지는 노동이라는 현실이 은폐된다.

장기 요양 병원 체제와 조선족 간병사들의 돌봄 노동

사회학자 피터 콘래드가 2007년 그의 저작 『어쩌다 우리는 환자가 되었나』에서 환기했던 '의료화'란, 간략하게 말해 우울, 비만, 만성 음주 등의 비의학적 문제가 질병이나 질환 체계의 의학적 범주 내로 포섭되고 정의되며 진단되고 치료되는 일련의 과정을 함의한다고 할 수 있다. 그러나 의료화라는 문제의식이 환기될 필요는 공유하더라도 콘래드가 경험하는 미국 사회의 그것과 한국의 의료화는 상당히 결이 다르다. 예컨대 정치와 의료의 관계에 주목하여 비유한다면 미국식 의료화의 경우, 정치마저 의료화의 도구로 이용되는 상업주의적 성향 즉 '의료의 정치화'로 표상될 수 있는 반면, 한국의 경우에는 의료화를 정치적 도구로 이용하는 국가주의적 경향, 다시 말해 '의료의 정치화'라고 할 수 있을 것이다. 한국전쟁 이후 단기간 내 성장을 이뤄 내고자 하는 국가 주도형 경제정책에 편승하여 보건 의료 또한 국가 주도로 성장해 온 역사적 배경이 있는데다, 공공 의료를 위한 전 국민 의료보험의 시행 등 의료 민주화의 정치적 진보에 발맞추어 소위 '의료 혜택'이라는 형식으로 일상에 침투하는 의료화의 진행도 착실히 병진되어 왔기 때문이다. 이런 의료화 프레임은 의학이 발달할수록, (산업화 이후) 사회가 다양하게 분화될수록, 의료가 정치적 필요에 의해 국가적 도구화 될수록 더 확장될 가능성이 열린다. 예컨대, 유병장수의 고령화 사회로 진입한 한국 사회에서 의료적 필요에 대한 체감이 다양하게 증가하고 있는 것도 의료화의 한 측면으로 바라볼 수 있을 것이다. 그렇다면 한걸음 더 나아가, 의료가 국가 주도적 정치화의 형식으로 전용되는 방식을 포착하기 위해, 필자는 이지점에 이른바 생명정치biopolitics 논의를 가져오는 것이 적실하다고 생각한다. 그것이 정치와 의료 사이의 역학에 설명력을 부여하고, 관련된 담론이 형성 되는 지형을 풍성하게 만들어 줄 것으로 전망되기 때문이다. 아울러 필자는 현재 한국의 장기 요양 병원 체제가 그런 생명정치의 현장 가운데 하나임을 주장하고자 하며, 그 안에서 일차적 돌봄을 감당하고 있는 조선족 간병사들의 위치와 노동을 통해 드러나는 맥락이, 난맥한 관련 사안에 대한 이해와 대안적 상상력 마련에 중요한 단초가 됨을 제언하고자 한다.

한국 사회에서는 2000년대에 접어들며 만성 장기 입원 환자에 대한 돌봄 및 관리의 필요성이 대두되었고 그에 따른 대안으로 장기 요양 병원의 수요와 공급이 급속히 증가했다. 이에 발맞추어, 보건복지부는 건보 재정의 안정성을 도모하고 행위별 수가제의 의료비 상승 요인을 제어하기 위해 1997년부터 부분적으로 시행해 오던 포괄수가제의 도입을 전면화하여 2008년 1월 1일부터 의료 체계를 급성기의 행위별 수가제와 요양(만성기)의 포괄수가제로 이원화하기에 이른다.

실상, 보건사학적으로 건강보험 제도의 변화는 의료비 조절과 복잡다단하게 연동되는 맥락이 있다. 첫째, 의료공급자(의사)들이 주도한 과도한 비급여 등의 문제로 전체 의료비가 상승하면 건강보험 제도가 이에 대한 억제력을 행사하기 위해 변화, 강화되는 측면이 존재한다. 그리고 둘째로는 주로 국가 주도형 의료비 조절, 즉 앞서 언급한 '정치의 의료화'와 연관된 사안이라 할 수 있는데, 비맥락적 의료비 하강을 종용받아 원가 이하로 절삭된 보험 수가로는 정상 운영이 어려운 의료공급자들이 비급여(건강보험에 포함되지 않는 항목) 진료를 늘려 활로를 개척하고자 하여 의료비가 재상승하는 측면을 말한다. 이 두 측면은 실상 한국적 의료화의 문맥에서 거짓말처럼 공존해 왔다. 이 둘이 서로를 앞서거니 뒤서거니 되먹이며 제도적·관행적 난항들을 고착시켜 온 것이다. 이처럼 닭이 먼저냐 달걀이 먼저냐 하는 식의 중첩된 악순환의 연결 고리를 해체하기란 쉬운 일이 아니다. 이 복잡한 연결 고리의 연장선상에서 탄생한 '요양(만성기) 보험 및 포괄수가제'에 대해서도 마찬가지로 단순하게 정리하기는 어려우나, 거칠게 말해 의료 서비스의 질이나 수준의 문제를 차치하고, 장기 입원 환자들에게 공여되는 의료비를 절감하려는 데 우선적으로 초점을 맞추는 기획이라고 할 수 있다.

장기 요양 병원의 제반 의료 서비스 중에서도 특히 중요한 것은 장기간 입원을 요하는 환자들의 일상생활 동작 수행을 유지시키기 위해 필수적인 간병 서비스이다. 의사/간호사 등의 인력도 부족한데다 감당해야 하는 전문적 업무만으로도 벅찬 상황에서, 입원 기간 내내 먹고 씻고 자고 하는 일상 동작을 몸이 불편한 환자 혼자 수행할 수 없기에 의료 지식이나 전문성은 떨어지더라도 일상의 유지에 밀착되어 있는 간병 노동이 상대적으로 더 중요해지는 것이다. 다만 기존의 급성기 병원 의료 체계 내에서 비교적 단기적인 교대 형태의 간병만 전담해 오던 한국인 간병사의 업무 양식으로는 이런 새로운 요구를 충족시킬 수 없었던 것이 사실이다.

의료 시장 내 경영 논리 및 포괄수가제의 저가형 체제 보존을 위해 저임금 노동력이 선호되는 맥락과 '간병' 업무의 특성상 한국어 소통이 중요하게 인지되는 맥락을 모두 만족시킬 수 있다는 전제에서 간병 인력의 대안으로 급부상한 대상이 바로 조선족 간병사들이었다. 이런 수요는 조선족들에게 열린 방문취업제 시행(2008)의 공급 정책과도 잘 맞물린 것으로 보인다.

주지하다시피, 자본주의에서 노동력이 하나의 상품이라고 할 때, 조선족의 간병 노동은 개인의 경제적 이익을 최대한 추구하는 자발적인 선택이라고 쉽게 해석된다. 그러나 이주 노동자로서 조선족이 선택할 수 있는 노동의 종류는 실질적으로 제한적일 뿐 아니라, 설령 그것이 자발적인 선택이라고 하더라도 간병 노동을 선택하도록 하는 데는 다양한 정치경제적이고 사회문화적인 요인들이 작동할 수 있다. 실상, 조선족 간병사들의 장기 요양 병원 내 고용 형태는 대개 4대 보험이나 퇴직금 등의 근로법 기준에서 벗어난 비정규직의 양상이고, 숙식을 제공한다고 하지만 24시간 호출제 노동, 주 1회 이하의 휴무, 원내 거주, 불규칙한 수면 및 식사 등, 제도적으로 불안정할 뿐 아니라, 일–생활 균형이 무너져 있어 장기간 수행할 경우 건강을 해칠 수도 있는 고된 노동의 양상을 띠고 있다. 또한 이들이 우리 사회의 수요를 충족시키면서 한국인이 하지 않는 고된 노동에 종사하고 있음에도 불구하고, 의료사회 안팎에서 이들을 하대하고 차별하는 관점이 암약하고 있는 것도 사실이다.

생명(관리)정치 및 의료화의 시대에 장기 입원을 요하는, 재활(생산인력으로의 복귀) 여부가 불투명한 환자군을 푸코의 언명인 '살게 하고 죽게 내버려 두는' 경계에 위치한 이른바 '벌거벗은 생명'(Agamben 2008)으로 상정할 때, 요양 병원이나 포괄수과제로 대표되는 예산 절감형의 보건 정책적 기획은 실상 그 '경계'에 '선을 긋는' 작업(선 긋기를 하여 양쪽을 나누는 작업)이라고 할 수 있다. 이런 선이 나누어 내는 효과를 잘 모르겠다면, 요양원이든 요양 병원이든 '요양'이라는 말이 한국 사회에서 의미하는 바를 떠올려 보라. 당신은 요양 시설이나 기관에 있고 싶은가, 아니면 이유를 막론하고 그 반대편에 있고 싶은가. 이 같이 '요양 병원'이라는 표현은 원래의 'convalescence hospital' — '회복기의 병원' — 이라는 의미를 벗어나 회복이나 재개가 어렵거나 불가능한 환자들이 여생을 보내는 시설이라는 이미지를 구축하며, 그런 범주 내의 다양한 의학적·사회적 실천들을 만들어 낸다. 장기 입원 환자들을 '죽게 할 수 없기에' 불가피하게 돌봐야 하는 주요 인력으로서 조선족 간병사들은 그 생명정치의 필수적인 주체이자, 동시에 대상화되고 도구화된 시스템의 일부로 현전한다. 장기 입원을 요하는 환자군은 정도의 차이는 있겠지만 보통 뇌병변이나 심폐 질환 등으로 개인적인 장애의 수준을 넘어 사회적 기능이 마비된 집단일 공산이 크고, 이런 집단은 일반적으로 사회

로의 복귀 및 재생산이 어려운 사람들로 분류된다. 즉 '장기 입원을 요하
는 환자군'의 조건 자체가 푸코식 생명(관리)정치의 본질인 '경제적으로
유용하고 건강, 유순한 국민'의 생산과 유지에 역행하는 상황인 것이
다. 이런 견지에서 건강보험의 재정이 2008년부터 급성기 보험의 행위
별 수가제와 요양 보험의 포괄수가제로 이원화된 것은 이런 관리 측면
의 효율성을 직시하고 표면화한 생명정치적 사건으로도 예시할 수 있
다. 다만 푸코의 미시권력화된 생명정치 논의는 일련의 '통치성'에 주목
하게 되면서 국가의 주권 권력에 대한 책임의 문제를 희석할 수 있다. 한
국의 요양 병원 체제 및 포괄수가제 등이 의료비 절감을 목적으로 태동
한 배경에는 보건복지부로 상징되는 국가적 개입이 분명히 존재하는
까닭에, 실질(주요한) 권력으로서 국가의 책임이 절삭되지 않아야 한다.
사회적 재생산으로부터 이탈했다는 이유로, 일상적 공간으로부터 구
획되고 제도적으로 고립되어 가는 장기 요양 병원 입원 환자들의 생명
에 대한 책임 소재 문제를 그래야 추적할 수 있기 때문이다. 아감벤은 주
지하다시피, 『호모 사케르』 등의 저작에서 벌거벗은 생명으로서의 조
에Zoe를 사회적이고 정치적인 생명인 비오스Bios와 구분하는 작업을 통
해 '수용소'로 대표되는 주권 권력의 '예외적' 상황에 주목해 왔다. 이는
일종의 희생양 논의로서 모든 사회는 벌거벗은 생명을 예외로 만듦으
로써 사회의 안정성과 질서가 확보되는 방식으로 확장해 간다(양운덕
2011; 강선형 2014). 그는 특히 특정한 생명을 '살 가치가 없는' 것으로 보는
우생학적 사고를 생명정치에서 희생당하는 인간과 관련짓는다. 재생
산이 불가능하고 사회로의 복귀가 불투명한 장기 요양 병원의 환자들
은 푸코의 논의처럼 생명정치의 관리 대상이면서 동시에 아감벤의 논

의대로 '벌거벗은 생명' 혹은 '가치 없는 생명'에 대응될 수 있다. 우선 푸코적으로는, 사회적 재생산과 복귀가 불가능한 생명들을 '생산적으로 관리'되어야 할 생명의 집단에서 분리하고 장기 요양 환자라는 이름으로 범주화함으로써 두 범주의 관리가 제도적·사회적으로 용이해졌으며, 또한 아감벤적으로 이런 (국가의) 구획은 장기 요양 환자 집단을 다른 생명 집단에서 배제시킴으로써 가능했고 동시에 이 배제를 통해서만 장기 요양 환자 집단은 국가의 제도적 혜택(건강보험)을 누리며 생명정치의 질서 안에 포함될 수 있다. 요컨대, 국가가 '장기 요양 환자 집단 이외의 (생산적인) 생명 전체'를 더 '잘' 살게 하기 위해서 의료비 절감 방편으로 탄생한 장기 요양 병원과 포괄수가제는 장기 요양 집단을 '덜 가치 있는 (비생산적인) 생명' 집단으로 위치 지은 기획의 결과로 볼 수 있는 까닭이다.

한편 장기 요양 병원 체제 내 조선족 간병사들의 삶은 생명정치 권력에 포섭되는 그들의 노동 양태와 관련이 있는데, 그들의 돌봄 노동은 요양 병원의 미리 책정된 수가 구조 내에서 절삭된 의료적 실천의 공백을 메우기 위해 투입되는 측면이 있고 이는 간병사들의 삶과 노동을 경사시킬 뿐 아니라 그 자체로 상기 체제를 재생산하는 데 기여하기 때문이다. 다만 이때 주권 권력과 희생양의 구도를 그려 내는 아감벤의 논의 틀은 양자 사이의 경계에 있는 간병사들의 입지를 위치 짓기가 수월하지 않다는 한계를 지닌다. 필자는 이 지점에서 더욱 간병사들의 입지와 맥락이 다뤄져야 한다고 주장하고자 한다. 두 가지 이유에서이다. 첫째로 전술했다시피, 아감벤식 '주권권력-희생양'의 프레임으로는 본 연구에서 간병사의 위치가 체제의 일부로 작동하는 공모자인지, 또 다른 형식의 희생양인지를 명확하게 포착할 수 없다. 그래서 오히려 이들은 주권권력–희생양의 이분법에서 한쪽으로 귀속되거나 회수되지 않는 **경계적** 서사를 가장 잘 발화할 수 있는 위치에 서게 된다.[7] 따라서 간병사들의 위치가 현장에서 생명정치의 이론적 조준에 의해 어떻게 포위당하고 또 어떻게 벗어나는지 보여 줌으로써 실제 논의의 질감을 더 풍성하게 만들어 줄 수 있을 것으로 생각한다.

둘째로 '시민적인 삶이 벌거벗은 생명으로 환원된다고 주장하지만 그 생명이 벌거벗겨지는 과정은 보여 주지 않는다'[8]라고 비판받는 아감벤 논의의 결락이, 이 벌거벗고 벌거벗기는 과정의 체현적 주체이면서 동시에 이 과정의 도구적 대상으로도 호명되는 조선족 간병사들의 경계적 서사를 통해 극복될 가능성이 있기 때문이다.

---

7   한편, 조선족 간병사들이 보여 주는, 한쪽으로 환원되지 않는 경계적 위치성은 '비식별역의 확장'이라는 아감벤의 또 다른 논의와 느슨하게 연결된다. "…… 결정적인 것은 모든 곳에서 예외가 규칙이 되는 과정과 더불어, 원래의 법질서의 주변부에 위치해 있던 벌거벗은 생명의 공간이 서서히 정치 공간과 일치하기 시작하며, 이런 식으로 배제와 포함, 외부와 내부, 비오스와 조에, 법과 사실이 무엇으로도 환원되지 않는 비식별역으로 빠져드는 것이라고 할 수 있다. 예외 상태는 벌거벗은 생명을 법적·정치적 질서로부터 배제하는 동시에 포섭하면서 바로 그것이 분리되어 있는 상태 속에서 정치체제 전체가 의존하고 있는 숨겨진 토대를 실제적으로 수립했다"(아감벤 2008, 46-47).

8   "…… 아감벤은 근대 생명정치가 시민적인 삶을 벌거벗은 생명으로 환원함으로써 작동한다고 말한다. 하지만 그는 그 환원이 실제로 어떻게 이뤄지는지 분석하고 있지 않다. 생명정치적 권력이 수용소 안에서 범례적으로 작동할 때에도, 수용소 담장을 넘어서 사회적 상례로 확산될 때에도 일상적인 삶의 형식들은 존속한다. 그러므로 벌거벗은 생명은 그 일상적 삶의 형식을 '벌거벗기는' 과정, 굴욕적인 박탈 과정 없이 등장할 수 없다"(김종엽 2018, 439).

1. 환자, 보호자에게 간병료 외 추가 부담금 요구 금지
2. 보호자에게 필요 없는 물품(간병사 사적인 물품) 요청 금지
3. 보호자의 지시에 반하는 행동 금지
4. 환자 구타 및 방치 금지
5. 환자 개인정보(사생활) 누설 금지
6. 환자 및 보호자에게 부드러운 말씨 사용
7. 간병 중 환자 상태에 이상이 있을 시 간호사에게 즉각 보고
8. 의료진(의사, 간호사)의 지시에 반하는 행위 금지
    :
20. 원내에서 전자레인지 이용하여 조리 금지(냄새 나는 음식)
21. 원내에서 중국어 사용 금지
22. 위와 같은 병원 수칙을 잘 이해하고 반드시 지킬 것을 약속하며, 위반 시에는 환자의 안전을 위해 다른 간병사와 교체될 수 있음에 동의합니다.

<표2> 모 요양 병원의 "간병인 준수 사항"

결국 우리는 간병사들의 삶과 간병 노동이 만들어 내는 서사에 다시 주목할 필요가 있다. 전술했던 여러 맥락에서 드러나듯 다른 어떤 제도나 관행으로도 해결할 수 없는, 장기 입원 환자들의 일차적 필요를 해결하기 위해 동원되고 투입되는 간병사들의 돌봄 노동이야말로 장기 요양 병원이라고 하는 생명정치적 기관의 핵심 동력이기 때문이다. 노동시장의 상황에 맞게 저임화 및 제도화된 간병 노동 없이 장기 요양 병원 시스템의 유지와 존속은 불가능하다.

"간병인 준수 사항"을 몇 줄만 읽어 보아도 알 수 있듯이 간병사들의 삶은 장기 요양 병원에 수용되어 있는 장기 입원 환자들의 삶에 밀착되어 있으며 그 밀착의 정도만큼 제한되고 재단된다. 이 재단된 돌봄의 과

정에서 조선족 간병사들은 얻고 잃는 것이 있고, 그것을 선택, 유지한다는 점에서 노동의 주체이나, 자신의 노동이 사회적으로 비생산적인 장기 입원 환자들을 특정한 구획으로 위치 짓고 시설에 수용하여 저렴하게 관리하는 생명정치 권력의 도구임을 알지 못한다는 점에서 그저 시스템의 일부이자 기능적 요소이기도 하다. 전술했다시피, 그들은 이런 식으로 생명정치 권력의 공모자이면서 동시에, 현 체제를 유지하기 위해 구조적으로 고되고 과도한 노동 투여를 지속해야 하는 희생양이기도 한 것이다.

요컨대 우리는 조선족 간병사들의 돌봄 노동에 대해 숙고하면서, 우리 삶에 침투해 있는 생명정치적 힘에 대해 어떤 통찰을 가질 수 있을까. 정치가 생명에 의해 결정되는 것이 아니라 생명이 정치에 의해 결정되는 생명정치적 현실을 장기 요양 병원 체제가 표상하고 있다고 할 때, 앞서 논의한 바와 같이 그 체제를 돌아가도록 만드는 최종 심급이자 동력이 진정 돌봄 노동에 있다면 이제 저항적인 복안을 갖기 위해 우리는 돌봄의 어떤 측면에 주목해야 하는가.

돌봄의 정의론 다시 쓰기

클라인먼은 "돌봄의 공여caregiving는 도덕적 경험의 기초적인 요소이기에 이것을 통해 '인간이란 무엇인가'라는 존재의 질existential quality의 문제가 가시화된다"(Kleinmann 2008, 22-23)라고 적고 있다. 그는 소위 '의학적 기예'art of medicine라는 의제 아래 사회과학에서 가져온 해석적 이론 및 방법론과 의학적 인본주의medical humanity가 만나는, 지식 생산의 세계와 실천적인 도덕적 경험의 세계 사이에 놓인 '허약하지만 전망이 있는 frail but promising 연결 지점'의 중요성을 환기한다. 우리 모두는 누구나 다른 누군가의 돌봄 없이 생존하거나 재생산하지 못하기 때문에 돌봄에 대한 인간의 감수성에는 근원적인 면모가 있다. 그렇다면 이처럼 인간성의 기초인 돌봄이, 조선족 간병사들의 경우와 같이 재단되고 도구화되는 것에 대해 반성적 사유를 요청하는 것은 다분히 필요한 일이며, 윤리적 함의가 있다고 할 수 있다.

다만 인간의 돌봄과 연관된 광범위한 연구와 논의에 대해 다루는 것은 필자의 역량 이외에도 이 책의 지면과 지향하는 바를 넘어서는 일이다. 그러므로 여기서는 그런 논의 중 괄목할 만한 한 가지에 주목하는 것으로 글을 마치고자 한다. 예컨대, 정치적 의제로서 돌봄의 철학을 주장하는 키테이Eva Feder Kittay는 그녀의 저작 『돌봄』Love's Labor에서 돌봄이 사회정의를 근본적으로 정초하는 인간의 근원적이고 보편적인 가치임을 주장한다. 그녀의 작업은 근대 이후 자유민주주의 사회의 정치철학에 막강한 영향력을 끼쳤던 존 롤스의 『정의론』A Theroy of Justice을 비판하며 시작된다. 그녀의 요점은 롤스가 『정의론』에서 시민사회의 주체로 상정한 '자유롭고 대등한 개인'이 실상은 근원적으로 불가능한 개념이라는 다소 도발적인 주장이다. 인간은 아프거나 장애를 겪지 않는다 하더라도 성인이 되기까지 십 수 년, 노년과 말년에 십 수 년을 돌봄을 받아야만 하는, 돌봄 관계에서 전혀 분리될 수 없는 존재이기에[9] 따라서

---

9   키테이는 날 때부터 자유롭고 대등한 개인을 상정하는 존 롤스의 이른바 '무지의 장막' 기획에 대해 '돌봄 및 의존'이라는 키워드를 비판하며 작업한다. 그의 견해는 요컨대,

완전히 자유롭거나 대등한 인간이란 성립될 수 없는 허구라는 것이다. 키테이에 따르면 이 오류는 롤스 이론의 보편성에 심각한 결락을 만드는데, 그것은 돌봄이 필요한 의존인과 돌봄 노동자 모두를 논의에서 제외했을 뿐만 아니라 그 배제를 이론적으로 승인했기 때문이다(키테이 1999[2016], 171-173). 예컨대 이런 배제는 정의론의 원칙에 따라 의존인이나 돌봄 노동자를 최소 수혜자로 상정한다고 해서 보상될 수 있는 성질의 것이 아니며, 오히려 그들을 최소 수혜자로 만드는 과정을 통해 시혜와 수혜의 관점을 고착시키고 사회적·경제적 불평등을 정식화하는 결과로 이어질 수 있기 때문이다. 키테이의 관심은 의존인이나 돌봄 노동자의 보이지 않았던 입장을 가시화함으로써 롤스식 정의론의 이론적 결점을 수정·보완하려는 데 있다고 생각된다. 이는 돌봄받는 자와 돌보는 자 사이에서만 존재해 왔고 따라서 자립적인 개인들의 연합인 시민 사회에서 공적으로 회자 되지 않던 '돌봄' 및 '돌봄 노동'에 '공급자'[10]의 도식을 위시한 사회적 맥락을 부여하는 시도로 예시된다. 즉 돌봄 노동자인 엄마가 의존인인 아이를 전적으로 돌보는 상황에서는 삶의 질과 양을 공급자인 아빠에게 의존할 수밖에 없는 현실을 지적한 것이다.

약 20여 년 간의 돌봄 및 의존 과정을 거쳐야만 성인이 되고, 또 결혼이나 친족을 통해 누군가를 돌보다가 추후 질병이나 노화로 인해 다시 누군가의 돌봄이 필요해지는 인간의 생애에서 실상 완전히 독립적으로 '자유롭고 대등한' 시기란 얼마 되지 않는다는 것이다.

10 의존인을 돌보는 돌봄 노동자의 필요를 채우는 존재, 기존의 가정이라는 틀에서는 가장의 역할이 되며 사회 차원으로 확장된다면 국가 및 사회제도의 역할이 될 수 있다(키테이 1999[2016], 11-12).

연구자가 보기에 그의 강점이 드러나는 지점은 이 부분인데, 이런 '돌봄의 사회적 도식'은 도식 자체가 가지는 함축의 한계가 있음에도 불구하고 돌봄 노동의 논의들을 다양하고 풍부하게 만들며, 돌봄이라는 인간 사회의 필수적 자원의 분배와 연관된 난제에 참여하는 대상들을 가시화해, 해법을 제시하기 위한 정치적인 장을 열어 주기 때문이다. 장기 요양 병원에 입원하는 환자들과 그들을 돌보는 간병사들 사이의 일차적인 돌봄 역학을 넘어, 의료진이나 운영자들, 환자의 경제적 공급자인 보호자들, 장기요양보험의 관리자인 심평원 및 건강보험관리공단, 그리고 거시적 시야에서 체제 운영자인 보건복지부 및 국가가 모두 참여하는 장이 마련되는 것이다. 그리고 이 '돌봄의 장' 내에서 이들 사이의 역학과 복잡한 관계의 노선이 암묵적인 공모나 일방적인 기획으로부터 가시적이고 상호적인 합의로 이행하는 일은, 다름 아닌 돌봄의 윤리적 주도권을 진정성 있게 재고해 그것을 어떻게 사회적으로 재구성하는가에 달려 있다는 것이다.

단번에 모종의 결론을 도출하기는 어렵다 하더라도 돌봄의 실천에 대한 다양한 서사가 기술되고 정치적인 분배 논의가 활발해질수록, 생명정치의 비근한 현장으로 예시된 장기 요양 기관 내 간병사들의 돌봄 노동을 향한 편견 또한 희석될 것이라 생각한다. 또 이런 방식으로 공적인 인식이 확장된다면 사회 전반에 걸쳐 돌봄의 가치를 재조명할 대안적 담론의 생성 가능성이 높아진다고 필자는 생각한다. 아울러, 장기 요양 병원과 연관된 논의가 우리에게 시사하는 바를 면면히 따라가 보면 아감벤의 지적대로 '근대 시민사회 생명정치의 숨겨진 정치적 모형' 인 '수용소'[11]가 우리의 삶에 침투해 들어온 정황을 포착하는 합리적 의심의 기회가 될 것으로 전망한다.

과도한 희망이 아니기를 바라면서 말하건대, 건강한 돌봄 담론의 생산 — 이것이 진정 가능하다면 — 을 추구하면서 우리가 경험하는 과정 그 자체만으로도 새로운 돌봄에 대한 사회적 상상력을 고무하는 동력이 될 것이다. 그리고 이런 돌봄 논의가 성숙, 축적되면서 비로소 창발하는 돌봄의 실천들이야말로, 우리 삶에 깊숙이 들어와 우리를 재단하는 '생명정치 권력'에 대해 체계적으로 이의를 제기하는 한 가지 방식이 된다.

---

11 "…… 대체 수용소란 무엇인가. 수용소에서 (비인간적인) 그런 일들을 가능케 하였던 법적, 정치적 구조는 어떤 것이었을까? 우리는 이 질문을 통해 수용소를 역사적 사실이자 이미 과거에 속하는 (물론 여전히 재생될 가능성이 있지만) 비정상적인 것이 아니라, 어떤 면에서는 우리가 여전히 살아가고 있는 정치적 공간의 숨겨진 모형이자 노모스로 바라볼 수 있을 것이다"(아감벤 2008, 315-316).

참고 문헌

강선형, 2014, 「푸코의 생명관리정치와 아감벤의 생명정치」, 『철학논총』 78.

공병혜, 2017, 『돌봄의 철학과 미학적 실천』, 서울대학교 출판문화원.

마르틴 하이데거, 2009, 『존재와 시간』, 이기상 옮김, 까치.

메를로-퐁티, 2004, 『보이는 것과 보이지 않는 것』, 남수인 옮김, 동문선.

미셸 푸코, 2012, 『생명관리정치의 탄생: 콜레주 드 프랑스 강의 1978~79년』, 오트르망 옮김, 난장.

양운덕, 2011, 「생명(관리)권력과 생명정치」, 『진보평론』 Vol. 47.

이해응, 2013, 「중장년 조선족 이주여성의 노동경험과 탈구적 삶에 관한 연구」, 이화여자대학교 대학원 여성학 박사 학위논문.

에바 페더 키테이, 2016, 『돌봄: 사랑의 노동』, 김희강·나상원 옮김, 박영사.

조르주 아감벤, 2008, 『호모 사케르: 주권 권력과 벌거벗은 권력』, 박진우 옮김, 새물결.

피터 콘래드, 2018, 『어쩌다 우리는 환자가 되었나: 탈모, ADHD, 갱년기의 사회학』, 정준호 옮김, 후마니타스.

Kleinman, Arthur, 2008, "Catastrophe and caregiving : the failure of medicine as an art", *The art of medicine* 371.

의료화된 근대성과 일상화된 의료화

정치와 존재론의 연결 위에서

김태우

인류학이 의료에 관심을 가지는 것은 문화와 의료의 유사성 때문이기도 하다. "문화"라는 말이 들어가는 문장에 "의료"를 넣어도 말이 된다. 문화가 공유된다면, 의료도 공유된다. 개별적이지 않고 집단적이다. 백신 접종에서부터 줄기세포 해외 원정까지, 의료는 혼자 하지 않는다. 의료 행위를 하는, 혹은 받는 "사람들"이 있다. 공유되기 때문에, 그 공유에 영향을 미치는 사회적 인정의 방식이 문화에도 의료에도 작동한다. 문화 영역에 영향력 있는 형식이나 행위가 있다면, 의료도 마찬가지다. 면허라는 제도는 말할 것도 없고, "용한 의사"에서부터 근거 중심(기반) 의학Evidence Based Medicine, EBM[1]까지 모두 사회적 인정을 위한 의료 영역

---

1   근거 중심 의학 또는 근거 기반 의학으로 번역된다.

에서의 인정 투쟁의 이름들이다. 문화도 그러하지만, 어떻게 영향력이 만들어지고 또한 행사되는가는 의료에서도 중요하다. 아니, 내 몸에 대한 다른 사람의 개입을 허용해야 하기 때문에 의료에서는 더욱 중요하다. 어떻게 우리는 살을 가르는 의사의 칼을 허용하는가? (의식도 없는 상태에서) 어떻게 (진맥을 위해) 손목을 잡는, 혹은 (촉진을 위해) 배를 누르는 생면부지의 한의사의 손을 허용하는가? 그러므로 의료는 강력한 영향력을 가진 문화의 형태를 가진다. 내 몸에 다른 사람의 개입을 허용할 정도로 강력한 문화라고, 의료를 표현할 수 있다. 내 몸에 대한 타자의 영향력을 전제로 하는 것이 의료다. 문화가 그러하듯, 그러므로 의료도 권력의 양상을 가진다.

이 글은 의료의 권력적 양상을 근현대라는 시대의 배경 속에서 고찰하고자 하는 시도이다. 이 글이 다루는, 나아가 이 책 전체가 다루는 의료, 고통, 몸의 문제는 '근현대라는 지금의 시대'[2]를 떠나서 생각할 수 없다는 것이 이 글의 기본적 문제의식이다. 의료 체계, 건강 담론, 몸-존재론에 그 시대의 주제가 관통되어 있기 때문이다. 좀 더 큰 그림에서는, 근대라는 시대를 의료라는 이슈를 통해 말해 보려는 방향성을 이 글은 가지고 있다. 근대라는 시대와, 근대성이라 불리는 그 시대를 꿰뚫는 주제는 당대 인문 사회과학의 피해 갈 수 없는 화두다. 근대라는 시대를 어

---

2 이 글에서 근현대는 근대 이후의 시대를 통칭한다. 근대 이후의 변화가 어떤 맥락 속에서 지금까지 지속적으로 영향을 미치고 있다고 보기 때문이다. 여기서 말하는 어떤 맥락은 18세기 유럽에서 국민국가가 본격적으로 등장하고 그 정치권력의 형태가 세계화 되는 것을 의미하며, 그렇게 공유된 맥락의 시대를 근현대라고 지칭하고자 한다.

떻게 규정할 것인가? 근대적임(즉, 근대성)을 어떻게 표현할 것인가? 그 근대를 사는 우리는 누구인가? 그동안 많은 논의들이 있어 왔다. 근대, 현대, 후기 근대, 비근대, 후기 식민에서부터 최근의 인류세에 이르기까지 우리가 지금 기거하는 시대를 표현하려는 노력들은 모두 근대 이후의 변화를 말하고자 하는 시도들이다. "산업혁명"은 근대를 가장 직접적으로 규정한 방식일 것이다.[3] 뿐만 아니라, 정치경제의 측면에서, 심리의 측면에서, 권력의 측면에서, 또한 과학의 측면에서 바라본 '근대라는 시대를 관통하는 주제'(즉, 근대성)에 대한 논의는 인문 사회과학의 핵심적 논의를 이루고 있다고 해도 과언이 아니다. 여기에 더해서, 이 글에서는 의료의 측면을 가지고 근대에 대해 말해 보고자 한다. 그리고 의료의 측면에서 말한 근대성이 지금 우리의 삶에 가지는 함의를 논해 보고자 한다. 의료와 근대성을 연결하는 논의는 물론 이 글이 처음은 아니다. 하지만 간과되어 온 측면이 없지 않다. 특히, 한국과 같은 동아시아 지역의 근대성을 말하기 위해서는 의료가 근대성의 중요한 내용을 구성한다는 것을 강조해야 한다는 것이 이 글이 말하고자 하는 바이다.

이 글은 의료와 연결된 근대성을 두 가지 측면에서 논하고자 한다. 첫째는 의료 체계의 측면이다. 특히, 국민국가의 의료 체계를 주시한다. 앞으로 구체적으로 다루겠지만, 근대라는 시대의 변화에서 빼놓을 수 없는 것이 표준화된 국가형태로서의 국민국가의 등장이다. 의료의 측

---

3   지속적으로 등장하는 산업혁명들의 버전들은 이 근대성에 관한 논의가 현재형임을 말한다. 4차 산업혁명의 담론이 어느 곳보다도 열띠게 논의되고 실천되는 한국 사회에서는 더욱 그러하다.

면에서 중요한 것은 국민국가가 의료를 바라보는 특별한 관점과 그 관점의 체화로서의 국민국가 의료 체계다. 이제는 일상화된 국민국가 의료 체계 속에서 우리는 의료적 도움을 구하고, 의료/건강과 관련된 담론 또한 그 체계 속에서 생산 유포된다. 이것은 지금의 의료를 말하는 데 있어 빼놓을 수 없는 전제다. 두 번째는 근대 의학의 인식론/존재론의 측면이다. 여기서 근대 의학은 근대 이후 주된 의학으로 자리 잡은 생의학을 말한다. 생의학은 근대의 인식론과 존재론을 체화한 의학으로서 근대성의 의학이다. 여기에 주목하며, 서구 근대의 형이상학을 체화하고 몸과 질병을 바라보는 생의학의 관점을 중심으로 의료와 연결된 근대성을 살펴보고자 한다.

근대성에 관한 논의가 항상 그러하듯, 근대성은 결코 거대 담론이 아니다. 근대성 자체가 우리의 일상 속에 체화되어 있기 때문이다. 그러므로 이 글에서 의료의 측면을 통해 근대성을 말하는 것은 또한 일상화된 의료의 영향력을 말하려는 노력이다. 일상적 의학이 되면서, 생의학이 체화한 관점은 보다 적극적으로 우리의 일상으로 들어와 있으며, 또한 의료와 연결된 근대적 권력의 문제가 우리의 일상에 체화되어 있다는 것이 이 글이 강조하고자 하는 내용이다. 생의학은 근대 이후 전 세계의 주류 의학으로 자리 잡으면서 인류의 건강과 보건에 괄목할 만한 기여를 하고 있다. 동시에 생의학은 국민국가 의료 체계의 내용이 되면서 권력과의 연계를 피할 수 없는 의료 체계가 되었으며, 그 접점에 인류학적 비평의 시선을 주시해야 한다는 것이 이 글의 기본적 입장이다.

국민국가 의료 체계와 의료화된 근대성

지금 의료의 존재 방식을 독해하기 위해서는 정치에 대해 말해야 하고, 정치를 말하기 위해서는 근대 이후 정치의 변화를 말하지 않을 수 없다. 또한 근대적 정치를 체화한 근(현)대 국민국가를 말해야 한다. 우리는 국민국가라는 형태의 국가에 살고 있다. 하지만, 국민국가는 필수적인 국가의 형태가 아니다. 우리가 그 속에 있기 때문에 너무 당연해 보인다. 조명할 수 있는 거리의 확보가 쉽지 않다. 하지만, 다양한 국가형태의 하나일 뿐이다. 다양한 사회와 문화를 연구하는 인류학 논의에서는, 국가 자체가 한 사회가 가질 수 있는 정치조직 중 하나의 형태이다. 역으로 말하면, 한 사회의 정치조직이 반드시 국가일 필요는 없다. 그 동안 다양한 사회에서 진행된 인류학 연구들을 바탕으로, 인류학에서는 권력 집중의 심화에 따라 평등 호혜 사회, 혈족 사회, 연합 혈족 사회(혈족 중 한 명의 장이 여러 혈족을 관할하는 사회), 그리고 국가로 나누어 정치조직의 형태들을 열거하곤 한다.[4] 국가는 권력의 집중이 가장 심화된 형태이다. 국가 형태에도 다양성이 존재한다. 세계 역사 속에서도 다양한 국가가 존재해 왔다. 중앙아메리카의 아즈텍도, 동아시아의 조선도, 짐이 곧 국가라고 했었던 루이 14세의 혁명전 프랑스도 모두 국가다. 하지만 이들 국가

---

4 이들 분류는 진화주의(evolutionism)의 혐의가 있다. 즉, 원시부족사회-고대봉건 사회-자본주의사회-사회주의사회 같은, 모든 사회가 거쳐야 하는 진화의 모델을 답습한다는 인상을 준다. 하지만, 이들 분류에서 방점은 사회 진화의 단선적 순서에 있다기보다는, 권력의 집중도에 있다.

들은 근대 국민국가는 아니다. 국가가 유일한 형태의 정치조직이 아니고 국민국가도 다양한 형태의 국가 중 하나일 뿐인 것이다. 지금 우리에게 국민국가가 유일한 국가의 형태로 인식되고 있지만, 그것은 역사의 궤적 속에서 우리에게 각인된 것이다. 중상주의, 자본주의를 거치면서 국가권력과 국가 내 몸들 간의 관계를 가장 견고하게 그리고 효율적으로 관계 지을 수 있는 형태로 나타난 것이 국민국가이다. 국민국가는 근대라는 시대에 있어 의료의 영향력을 이해하기 위해 필수적이다. 국민국가 자체가 의료의 강력한 영향력을 배태하고 있기 때문이다. 중상주의의 대두는 국경 내 인구의 관리를 부각시키고, 이런 관점은 의료의 중요성을 강조하게 한다. 중상주의, 인구, 의료의 연결성은 국민국가 탄생의 산파 역할을 한다. 이와 관련해서 미셸 푸코(2011, 490)는 다음과 같이 말한다.

중상주의자들은 인구가 나라를 부유하게 만들어 주는 첫 번째 원칙이라고 생각했는데, 오늘날에는 누구나가 국력의 본질적 부분으로 여기게 됐다. 이 인구를 관리하기 위해서는 무엇보다도 보건정책이 필요하다. 유아의 사망률을 저하시키고, 전염병을 예방하며, 풍토병의 발생률을 낮추고, 생활 조건에 개입한 결과로 생활 조건을 변경시키고 이에 규범을 부과해(식량, 주거, 도시 정비 등에 관련해) 충분한 의학 설비를 확보할 수 있도록 하는 보건 정책 말이다. 의학적 내치, 공중위생, 사회 의학이라고 불리는 것이 18세기 말부터 발전했다는 것은 '생명정치'의 일반적 틀 안에 새롭게 기입되어어야 한다.

의학적 내치, 공중위생, 사회 의학과 같은 푸코의 18세기 말 예시들은 면허 제도, 의료 기관의 네트워크, 그리고 의료 법령 체계의 구축을 통해 근대적 국민국가 의료 체계로 구체화된다.

권력의 관점에서 국민국가는 효율적인 체계다. 근대 유럽에서 그 효율성을 인정받은 국민국가는, 제국주의의 물결을 타고 전 세계에 보급된다. 이런 흐름 속에서, 지금으로 이어지는 국민국가 표준화의 시대가 대두된다. 또한 그에 따라 국민국가의 근대 의료 체계도 또한 비서구로 수입되고 전 지구적 표준으로 자리 잡는다.

의료의 근대적 체계화는 국민국가를 특징짓는 중요한 측면이다. 하지만 근대 이전의 (비국민국가) 국가들이 의료에 관심이 없었다고 말하는 것은 아니다. 역사 시간에 언급되었던 『향약집성방』 『의방유취』 『동의보감』 등의 의서들이 모두 의료 지식의 전달을 위해 국책 사업으로 발간된 책들이다. 이런 방식으로 조선은 의료에 대한 국가적 관심을 표명했다. 하지만, 근대 국민국가의 의료에 대한 관심은 특별한 데가 있다. 주시할 부분은 의료를 통해 국민의 몸과 국가가 전에 없이 밀접하게 연결된다는 사실이다. 그 연결을 견고히 하기 위해 개별 의료인의 면허에 개입하고, 의료 제도와 법률을 전 국가적으로 정비하고, 의료 기관에 대한 관리를 철저히 하는 국가의 관심이 고조되는 시기가 근대라는 시대이다. 우리가 지금 당연시하는 의료 체계의 존재 방식 대부분은 근대 이전에는 존재하지 않았다. 면허 제도 자체가 근대 이후의 일이다. 국가의 세심한 관리를 받는 의과대학, 의료 기관의 존재 자체가 근대적 현상이다. 통계를 통한 역학epidemiology의 발전 또한 국경 내 몸들의 최적화에 관심을 가진 국민국가와 밀접하게 연결된다(통계statistics의 어원 자체가 국가state

즉, 국민국가이다). 의료를 통한, 국민 몸에 대한 관심이 국민국가만큼 높은 국가의 형태는 존재하지 않았다. 국민국가의 의료에 대한 관심은 구체적이고 주도면밀한 근대 의료 체계로 체화된다.[5] 이 글은 국민국가 의료 체계가 해체되어야 한다고 주장하는 글이 아니다. 면허와 의학 교육에 대한 관리를 통한 의료의 질 확보, 의료 기관의 전 국가적 네트워크를 통한 질병에 대한 체계적 대처 등 고무적인 측면을 빼놓을 수 없다. 하지만 국가의 영향력에 연결되어 있는 정치와 권력 부분에 대한 고려도 함께 논의해야 한다는 것이 이 글이 강조하는 부분이다.

동아시아에서 국민국가 의료 체계는 메이지유신의 일본에 의해 수입된다. 특히 일본의 국민국가 의료 체계 수립은 독일로부터 심대한 영향을 받는다. 메이지 시기 1200명에 달하는 일본인이 독일에서 의학 공부를 위해 유학한다(Kim 2016). 이들 유학생들은 의학만 공부한 것이 아니고, 의료에 바탕한 근대적 인구 관리의 정치를 배우고 들어온다. 위생 개념을 번역한 나가요 센사이長與專齋, 독일식 중앙 집권식 의료 관리 체계를 식민지 지배와 연결한 고토 신베이後藤新平 등이 이들 유학생 그룹에 속한다.

일본이 조선을 강점했을 때, 독일식 국민국가 의료 체계는 일본에서 그리고 먼저 식민화된 대만에서 실험되고, 시행되고 있었다(Liu 2009).

---

5   푸코에 의하면 근대 국민국가의 의료에 대한 체계화는 근대 권력의 초미의 관심사인 "생명"과 맞닿아 있다. 근대 이전, 죽음을 좌지우지하면서, 혹은 스펙터클한 죽음을 통해 그 존재감을 과시했던 권력에서, 생명의 최적화, 관리, 통제를 우선시하는 근대 권력으로의 전이가 여기서 목격된다. 이런 생명에 대한 관심을 의료에 대한 적극적 체계화와 구체화를 통해 현실화하려는 것이 국민국가의 근대 의료 체계이다.

인구센서스, 의사 및 의생 제도, 의료 관련 각종 법령이 대만에서 실험된다. 그 결과물이 전에 없었던 속도로 식민지 조선에 자리 잡는다. 공식적으로 조선을 강점한 1910년 이후 의료 제도는 봇물처럼 반포되고 시행된다. 의료인에 대한 전면적 면허 제도인 의사 규칙, 의생 규칙이 1913년 제정 시행된다(신동원 2002).6 서울의 대한의원을 비롯해 지방의 거점 병원(자혜병원)들이 자리를 잡는 것도 일제강점기 초의 일이다(박윤재 2005).

국민국가가 기원한 유럽에서도 국민국가 의료 체계의 방식은 몇 가지 방식이 있었다. 대표적으로 영국식, 프랑스식, 그리고 독일식이 있었다(Foucault 2001). 일본은 이 중에서 가장 중앙집권적 권력 집중이 두드러진 독일식 국민국가 의료 체계를 받아들인다. 한반도에서 국민국가 의료 체계가 수입되는 방식은 일본에 의해 식민지 조선에 이식되는 방식으로 진행된다는 것을 우리는 상기할 필요가 있다. 그것도 중앙집권적인 독일식의 이식이었다. 일본에 의해 위생 경찰로 불리는 독일식 의료 경찰medizinal polizei은 유럽에서는 19세기 중반이 되면 이미 유명무실하게 된다(Rosen 2008). 당시 유럽의 민주주의에 대한 논의와 상반된, 억압적인 권력의 양태를 의료경찰 제도가 가지고 있었기 때문이다. 하지만 동아시아에서는, 특히 대만, 조선, 만주와 같이 일본의 식민지에서는 확실하게 부활하며, 식민지 인구에 대한 관리와 통제의 기제로 적극적으로 활용된다.

서구에서 국민국가 의료 체계의 형성은 나름의 역사가 있다. 의료인

---

6 면허 제도는 대한제국 시대에도 "의사(醫士)규칙"으로 반포된 적이 있다. 하지만 본격적으로 시행되지는 못했다.

들이 면허 제도 성립에 직접적으로 관여하기도 하고, 병원 체계의 성립 또한 기존의 사회 인프라의 조건 위에서 성립한다. 이와 달리, 동아시아에서는 국민국가 체계를 시급히 완성하려던 식민체계에 의한 탑-다운의 방식이 주를 이룬다. 국민국가 의료 체계에 연결된 권력의 시선을 한국과 같은 동아시아 국가에서는 더욱더 주목해야 하는 이유가 여기에 있다.

근대성의 의학과 "비인간" 영역의 몸

국민국가 의료 체계의 "갑작스런" 대두는 생의학을 동아시아에 갑작스럽게 당도하게 한다. 유럽에서 기원한 국민국가 의료 체계는 생의학을 바탕으로 한 체계다. 국민국가 의료 체계가 형식이라면, 그 내용은 생의학인 것이다. 이 형식과 내용은 분리 불가능하다. 개화기 국민국가 의료 체계를 수입한 동아시아의 근대주의자들은 그 의료 체계와 함께 생의학을 수입한다. 국민국가 정치 체계와 분리된 별도의 의료 체계를 그들은 상상할 수 없었다. 생의학은 부국강병을 위한 국민국가 의료 체계에 반드시 포함되어야 하는 필수 옵션이었다. 국민국가 의료 체계와 그 내용으로서 생의학을 관통하는 주제가 있다. 이것이 이 글이 주목하는 의료를 통해 바라본 근대성이다. 이 근대성을 고찰하기 위해서는 그 형이상학적 바탕에 대해 좀 더 살펴볼 볼 필요가 있다.

최근 "존재론적 전회" 논의를 이끄는 인류학자의 한 명인 필리프 데스콜라Philippe Descola는, 『자연과 문화를 넘어서』*Beyond Nature and Culture*에서 인류의 존재론을 네 가지로 분류한다. 인류학이 그동안 다양한 지역에서의 현지 조사를 통해 확보한 풍부한 에스노그래피의 자료를 통해 복수의 존재론을 제시하고 있다. 데스콜라의 네 가지 존재론은 애니미즘animism, 토테미즘totemism, 아날로지즘analogism, 내추럴리즘naturalism이다. 이들 존재론이 차별화되는 것은 인간 자신과 인간 외 비인간 존재들을 확인identification하는 방식에 있다. 또한 그 방식에 바탕한 존재 사이의 관계에 있다. 내면과 외면의 연속성, 불연속성으로 그 관계는 규정된다. 예를 들어, 애니미즘은 인간과 비인간 존재 사이에 내면의 연속성이 있다. 그러므로 인간의 내면과 비인간 존재의 내면 사이에서 소통이 가능하고 사회적 관계를 형성할 수 있다. 반면에 인간과 비인간 존재의 외면 사이에 연속성은 없다. 다른 몸을 가진다. 데스콜라의 네 가지 존재론 중 근대 서구의 존재론이 내추럴리즘이다. 근대 서구의 전 세계적 영향력으로 이 존재론은 지금 인류 존재론의 헤게모니를 쥐고 있다(그 제목이 시사하는 바와 같이 『자연과 문화를 넘어서』는 내추럴리즘이 전제하는 자연과 문화의 분리를 넘어서고자 한다. 자연과 문화의 분리로 대표되는 내추럴리즘의 존재에 대한 이해뿐만 아니라, 다양한 형이상학이 존재함을 이 책은 말하고 있다). 내추럴리즘에서는 인간과 비인간 존재들 사이에 내면이 공유되지 않는다. 하지만 외면은 공유될 수 있다. 모든 존재가 공유하는 자연적 물질로 몸들이 이뤄져 있기 때문이다. 이것은 역사적 현상이다. 데스콜라(Descola 2013, 173)는 다음과 같이 말한다.

데카르트의 시대부터, 무엇보다도 다윈의 시대부터, 우리는 우리 인간됨의 육체적 부분은 다른 존재들보다 더 중요한 독보적 존재로 드러나지 않는 물질적 연속성 속에 우리를 위치시키는 것을 당연시한다.

내추럴리즘에서 인간과 비인간 사이에 내면의 공유가 불가능한 것은 두 존재들 사이 위계로 작용한다. 공유가 불가능한 내면과 달리, 육체적 외면의 경우 인간과 비인간 존재 사이 특별한 차별성이 없다. 이성과 의식이 있는 인간은 고등한 존재로서, 그것이 부재한 비인간 존재는 열등한 존재로서 차별화되기 때문이다. 흥미로운 것은 이 위계가 인간의 내면과 외면 사이에도 존재한다는 것이다. 물질화되어 있어 비인간 존재들의 외면과 공유할 수 있는 인간 외면은, 인간과 비인간 사이 위계뿐만 아니라, 인간의 내면과 외면 사이의 위계를 또한 의미한다. 그러므로 내추럴리즘에서 몸은 "비인간"의 영역으로 범주화된다.

생의학은 근대 서구의 내추럴리즘을 전제로 하는 근대 의학이다. 생의학이라는 명명 자체가 그 의학이 바탕한 형이상학을 명시한다. 생bio의학은 생–물학bio-logy과 같은 "자연"과학을 바탕으로 한다. biology 혹은 bioscience는 인간 만에 대한 학문이 아니다. 생물과 관련된 모든 "보편적"universal 현상에 관한 것이다. 이 범주에는 인간의 몸까지 포함된다. 하지만 이성, 정신의 범주인 내면을 포함하지는 않는다.[7] 근대 서구의 문화/자연, 정신/물질의 경계는 인간 존재 자체에도 경계를 나눈다.

근대 서양 의학의 탄생 이후, 생의학은 말 그대로 눈부신 발전을 거듭했다. 예술의 경지의 진단 기기와 과학과 연결된 의과학은 첨단이라

---

7   이런 측면에서, 세로토닌, 도파민과 같은 "보편적" 몸의 부분에 대한 개입을 통한 생의학의 정신에 대한 접근은 흥미롭다.

는 말에 잘 어울린다. 생의학은 내추럴리즘의 근대 의학이기 때문에 이와 같은 발전을 이룰 수 있었다. 몸을 자연의 영역에 두고 있기 때문에 가능한 변화였다. 그동안의 연구들이 드러내 보이는 근대 서양 의학의 특별함은(푸코는 "탄생"이라는 말을 통해 그 특별함을 표현한다), 그 근간에 있는 형이상학과 깊은 관련이 있다(푸코 2006). 생의학은 발전을 거듭하는 의학이지만, 또한 존재론, 인식론의 측면에서 더 많은 논의가 필요한 의학이기도 하다. 특히 지금 시대의 헤게모니를 쥐고 있는 의학이기 때문에 더욱 그러하다. 의료, 질병, 몸을 사회적인 것, 정치적인 것 속에 배치하려는 이 글의 목적에서는 또한 더더욱 그러하다.

중요한 것은, 생의학 헤게모니의 시대에 우리 자신도 생의학적 시선으로 우리 몸을 바라본다는 것이다. 대상화된 몸과 몸의 일부를 바라보는 시선을 우리는 체화하고 있다. 데스콜라의 존재론 분류의 방식을 빌려온다면, 이것은 나의 내면과 내 몸의 소통 불가능성을 의미한다. 내추럴리즘 존재론 위의 생의학이기 때문이다. 이 분리의 틈 사이로 외부의 시선이 개입한다. 제약 회사, 진단 기기 회사, 임상 시험, 첨단 의과학 지식이 그 사이에 존재한다. 이들 지식, 기술, 시험, 자본이 나름의 방식으로 진행이 되고, 나름의 성취 속에 생의학은 발전한다. 하지만, 이들 지식 기술이 증대하면서 우리 자신과 우리 몸 사이의 거리가 더 멀어지는 것을 주목해야 한다. 그 행위자들의 담론에 내 몸은 곧잘 좌지우지된다. 이제 '나는 아프다'라고 말하지 못한다. '나는 아프다라고 들었다' '나는 아프다라고 한다' '나는 아프다라고 확진되었다'라고 말해야 한다.

필자의 생의학에 대한 현지 조사에서, 내추럴리즘에 바탕을 둔 의료 실천과 그 존재론적 전제에 의해 드러나는 정치의 문제를 접할 수 있었다. 서울 모 종합병원의 만성병 클리닉에서 7개월간 진행된 현장 연구(김태우 2014)에서 내추럴리즘의 존재감은 확연했다. 내추럴리즘의 구도에서, 물질과 함께 대상의 영역에 있는 몸의 위치는 진료실 상담에서도 관찰되었다. 필자의 진료실 참관에서는 특히, 환자의 자신 몸에 대한 언급과 의료적 진단·치료의 분리가 내추럴리즘이 전제하는 분절의 존재론을 드러내고 있었다. 환자가 자신의 몸이 경험하는 증상을 말하는 것과 콜레스테롤, 글루코스 등 수치화된 진단 대상 물질을 확인하고 분석하는 생의학의 실천 사이에는 분명한 거리가 있었다. 병원에서 사용하는 전자 차트 자체에 그 분리는 명시되어 있었다. "주관적 증상"을 기입하는 란과, "객관적 발견"을 기입하는 란이 따로 구분되어 있어, 이 분리된 차트에 각각 내용이 기록되고 있었다. 그리고 진료는 "객관적 발견"을 중심으로 진행되고 있었다.

자신 몸의 일부이지만, 환자는 진단·치료의 대상 물질에 대해서는 할 수 있는 말이 많지 않았다. 오감으로 지각되지 않는 미시물질인 콜레스테롤, 글루코스에 대해서는 그 물질들을 진단하고 분석하는 권위자가 말을 하는 방식으로 진료실 대화는 진행된다. 앞에서 언급한 인간 내면과 외면의 분리는, 생의학 현장에서 환자 자신과 거리를 둔 대상 물질에 대한 측정과 분석 그리고 그에 대한 전문가의 논리로 드러났다. 이에 비해, 환자의 자신 몸에 대한 말은 "주관적" 증상으로 범주화되어 정치적 힘을 가지지 못했다. 과거에 힘을 가졌던 환자의 몸에 대한 증상 표현은 또한, 수치로 대체되는 경향을 보이고 있었다. 환자가 경험하는 증상의 정도는 "객관적"으로 분석된 수치의 크기가 대신하고 있었다. 수치화를 통한 지금 생의학의 변화를 논의하는 제레미 그린은 『숫자, 의학을 지배하다』에서 이런 변화를 다음과 같이 표현한다. "몸으로 느끼는 증상이 더는 질병의 규정에 필요하지 않게 되고, 수치와 지침 자체가 사실상의 증상으로 탈바꿈하자, 정상성을 중재하는 역할은 개개인의 신체에서 더욱 광범위한 관료 체계와 시장의 논리로 자유로이 흘러가게 되었다"(그린 2019, 325).

생의학은 생체 물질에 대한 철저한 분석을 통해 발전을 거듭하고 있다. 최근의 생의학은 의료와 사회적 부분의 접점에 관해서도 관심을 가지고 중요한 주제로 다루고 있다. 그럼에도 불구하고 생의학 현장에서 관찰되는 환자와 진단 대상의 분리, 주관적 증상과 객관적 발견의 분리는, 의료화의 논의에 있어 짚어 봐야 할 내용을 제시하고 있다. 몸에 대한 규정은, 또는 그 몸에 대한 목소리는 더 이상 그 몸의 주체에게 주어지지 않는다. 미시물질을 측정하고 수치화하고 "객관"화하는 의료지식 생산자에게 그 권위는 주로 부여된다. 이것은 보다 포괄적인 생의학 실천과 연결해서 고찰할 수 있다. 단지 만성병 클리닉뿐만 아니라 생의학의 진단, 분석, 처치의 시선이 가 있는 암세포, DNA, 효소, 호르몬, 신경전달물질 등과 연결된 논리도 마찬가지로 내추럴리즘의 전제 속에서 진행되기 때문이다. 그리고 이들 미시의 세계에 대해, 환자는 할 말이 많지 않다. 앞으로 첨단 의과학 기술이 발견하고 측정하게 될 대상들도 마찬가지이다. 새로운 진단물질이 발견되면, 그 물질 중심으로 전문가의 논리가 만들어지고, 그 물질을 중심으로 의료가 작동한다. 환자는 어느 날 갑자기 주목받는 자신 몸의 일부에 대해 알게 되겠지만, 그 미시의 일부에 대해 할 말은 없다.

생의학은 새로운 물질을 미시의 세계 속에서 발견하고, 그와 연결된 질병의 기전을 확인하면서 발전해 왔고, 앞으로도 그럴 것이다. 이를 통해 인류 건강에 기여한다. 고무적인 성취다. 하지만 이런 시선이 권력적 시선이라는 것을 또한 우리는 주목해야 한다. 의료의 작동 방식에 대해, 사회적·정치적 논의가 필요한 이유이다. 질병을 앓는 몸—주체의 목소리를 어떻게 들을 것인가의 문제를 고민해야 하는 이유이다. 더 미시화되고 더 대상화되는 지금 생의학의 방향성 속에서 고민해야 할 숙제가 있는 것이다.

근대라는 시대의 "의료화"

헤게모니적 의학인 생의학은 표준화된 국민국가의 국가형태에 자리 잡음으로써 몸—존재에 대한 근대적 의료화는 가속 심화된다. 몸—존재가 의료의 관점으로 파악되고 개입의 대상이 된다. 국민국가에 기거하고 생의학과 함께 일상을 사는 우리는 그 국가와 의학의 관점으로 우리의 몸을 바라본다.

국민국가의 인구에 대한 통제와 관리는 생의학의 몸과 질병에 대한 통제와 관리와 연결된다. 국민국가의 주체와 생의학의 주체는 내추럴리즘이 상정하는 근대 이성의 주체와 일맥상통하다. 국민국가 의료 체계와 생의학의 견고한 결속 속에서 몸과 몸들은 그 시선의 대상으로 존재한다.[8] 그 시선의 방향성 속에서 우리는 일상화된 의료화를 산다.

---

8 이들 결속을 통칭해 푸코는 생명권력이라 한다. 최근 생명권력(biopower)과 생명정치(biopolitics)는 혼용되는 경향이 있다. 하지만 푸코는 생명권력이라는 총체적

의료화는 기본적으로 지식-권력의 문제다. 의료와 관련된 지식-권력이 의료의 대상인 몸과 인간에 행사하는 힘에 관심을 가지며 의료화 논의는 진행된다. 의료화가 몸의 문제에 이름을 얻게 하고, 심리적 안정을 찾게 하기도 한다. 하지만 의료와 관련된 지식-권력이 몸에 행사하는 힘의 보다 다양한 방식에 우리는 주목해야 한다. 국민국가 의료 체계와 내추럴리즘의 생의학은 몸에 강력한 지식-권력을 행사할 여지를 기본적으로 가지고 있다. 국민국가 의료 체계와 생의학 속에 강력한 권력의 시선이 존재하기 때문이다. 여기에는 기본적으로 주체와 대상의 근대적 권력 구도가 전제되어 있기 때문이다. 이 주체는 대상을 관리하고 통제하려는 강력한 의지의 시선을 가진다. 국민국가의 인구와 생의학의 몸이 그 대상의 구체적 이름이다. 이 주체는 근대적 형이상학이 전제하는 경향성과 방향성을 공유한다. 그 시선에 이미 권력이 내재해 있다. 푸코는 『임상의학의 탄생』에서 근대적 주체의 시선이 근대 의료에 투과되어 의료적 시선the medical gaze으로 자리 잡는 과정을 보인다. 그리하여 그 책의 처음은 이렇게 시작한다. "이 책은 공간과, 언어와 죽음에 관한 것이다. 그것은 봄의 행위, 시선the gaze에 관한 것이다." 푸코의 의학적 시선medical gaze은 몸을 바라보는 권력적 시선으로 곧잘 설명되지만, 이것은 단지 의료 공간에만 존재하는 시선이 아니다. 의료 공간 밖에서

권력 아래에 생명정치와 해부정치(anatomo politics)로 나눠 보았다. 해부정치는 곧잘 『감시와 처벌』의 논의 내용과 연결되지만, 생의학의 시선의 탄생을 통해 인간과학의 새로운 국면을 논하는 그럼으로써 근대성을 논하는 『임상의학이 탄생』과도 연결할 부분이 상당하다. 이런 부분에 대한 연구는 최근 존재론적 전회의 논의와 연결하여 앞으로 보다 구체적으로 살펴볼 필요가 있다.

도 인구를 바라보는 시선, 또한 자연을 바라보는 시선으로 존재한다. 그가 '근대를 관통하는 주제(즉, 근대성)'라는 그의 화두에서 특히 권력에 집중한 것도 여기에 이유가 있다.

분리불안장애, 주의력결핍과잉행동장애ADHD, 성조숙증, 고지혈증, 대사증후군, 남성갱년기 등 새로운 질병들이 명명되면 몸들은 그 병명들에 의해 규정된다.9 체질량지수BMI가 30에서 25로 하향되면, 그에 따라 과체중의 몸이 비만의 몸이 된다. 내 몸과 떨어진 곳에서 지식, 기술, 자본이 만들어 내는 언어들이 몸을 규정한다. 몸도 스스로의 목소리를 내지만, 주체/대상의 관계 속 지식-권력의 강력함은 그 목소리를 미약하게 한다. 명명자들이 명명하면, 몸은 그 이름에 맞춰 아프다. '그들은 명명하고 나는 아프다'라고 말해야 할 형국이다. 그 언어 생산에서 몸은 소외되어 있으므로 그 언어의 생성, 유포자와 몸 사이의 관계는 위계적일 수밖에 없다.

최근 인류학의 "존재론적 전회"에서 "존재론"을 내세우는 것은 내추럴리즘이 상정하는 강력한 인식론을 의식하고 있기 때문이다. 주체중심주의는 주체의 인식으로 세계를 구성하는 형이상학이다. 그 만큼 주체 밖 존재들의 입지는 약화된다. 주체 중심주의의 인식론 존재론의 불균형을 균형 잡기 위해서 존재들에 대한 관심을 "존재론"적 전회는 촉구한다. 하지만, 근대 주체를 체화한 국민국가 의료 체계와 생의학은 여전히 인식론이 강력한 체계다. 그 속에서 몸의 행위성은 곧잘 침묵된

---

9 고지혈증은 이제 일상적인 용어가 되었지만, 이 병명이 병명으로 자리 잡은 것은 그리 먼 과거가 아니다(그린 2019 참조).

다. 지금 시대에 의료화는 사회적·문화적·의료적 문제이면서 형이상학의 문제이다. 분명히 해야 할 것은, 의료는 몸과 내면을 분리하는데, 우리 자신의 존재에서 그것은 쉽게 분리되지 않는다는 것이다. 이것이 근대 이후 의료화 문제의 기저에 존재하는 내용이다.

나가며

의료의 역사는 인류의 역사만큼 길다. 언어가 없던 시절에도 의료는 있었다. 석기 유물과 함께 발견되는 수십만 년 전 유골에서도 의료의 흔적(치유를 위한 타자의 의도적 개입)이 남아 있다. 수많은 의료가 다양한 방식으로 인간 사회 속에 있어 왔다. 근대 이후의 의료는 그 의료가 존재하는 정치 체계의 방식에 의해 변별된다. 또한 헤게모니적 의료가 가진 몸과 질병을 바라보는 존재론적 방식에 의해 차별화된다. 더욱이 이 두 가지는 떨어져 있지 않다. 국민국가 의료 체계 속 헤게모니적 생의학은 근대성과 연결되어 작동한다. 근대라는 시대를 관통하는 의료의 이런 존재 방식에 대해 주목해야 한다. 과도한 건강 담론, 건강 염려증, 질병 관련 서사들, 정상과 비정상의 몸을 구분하는 방식, 제도, 체계 등 한국 사회에서 드러나는 의료 관련 문제들은 이런 역사적·권력적 맥락과 연결되어 있기 때문이다. 이 책에서 논의하는 의료와 고통의 문제들 또한 이런 맥락 위에서 바라본다면, 시대적·정치적 흐름 위에서 그런 문제들을 읽어낼 수 있을 것이다.

참고 문헌

김태우, 2014, 「만성병 수치화의 생명정치」, 『한국문화인류학』 47-2.

미셸 푸코, 2006, 『임상의학의 탄생: 의학적 시선의 고고학』, 홍성민 옮김, 이매진.

_____, 2011, 『안전, 영토, 인구: 콜레주드프랑스 강의 1977-78년』, 오트르망 옮김, 난장.

박윤재, 2005, 『한국 근대 의학의 기원』, 혜안.

신동원, 2002, 「1910년대 일제의 보건 의료 정책: 한의학 정책을 중심으로」, 『한국문화』 30.

제레미 그린, 2019, 『숫자, 의학을 지배하다: 고혈압, 당뇨, 콜레스테롤과 제약산업의 사회사』, 김명진·김준수 옮김, 뿌리와 이파리.

Descola, Philippe, 2013, *Beyond Nature and Culture*. University of Chicago Press.

Foucault, Michel, 2001, "The Birth of Social Medicine", edited by James D. Faubion ed., trans., Robert Hurley, *Power: The Essential Works of Michel Foucault 1954-1984*, The New Press.

Kim, Hoi-eun, 2016, *Doctors of Empire: Medical and Cultural Encounters between Imperial Germany and Meiji Japan*, University of Toronto Press.

Liu, Michael Shiyung, 2009, *Prescribing Colonization: The Role of Medical Practices and Policies in Japan-ruled Taiwan 1895-1945*, Association for Asian Studies.

Rosen, George, 2008[1957], "The fate of the concept of medical police: 1780-1890", *Centaurus* 5.

무엇이 사고를 사회적 참사로 만드는가

국가와 제도 폭력

이현정

무엇이 사고를 사회적 참사로 만드는가? 이 글은 2014년 4월 16일 발생한 세월호 참사와 그 이후의 진행 과정을 살펴보면서, '사고'를 '사건'으로 만들어 가는 재난의 정치 문화적 구성과 이로 인한 고통의 확대 재생산에 대해 논의하고자 한다. 세월호 참사는 책임 당사자들의 무능력과 책임 회피를 반복적으로 겪으며, 우연적이고 어쩔 수 없는 경험으로서의 '사고'가 아니라 사실 확인과 해석이 요구되는 역사적인 '사건'으로 자리매김하게 되었으며, 그 결과 피해 당사자뿐만 아니라 국민 대다수에게 더욱 끔찍한 고통과 아픔을 주었다. 세월호 참사의 고통은 어쩔 수 없는 개인적 문제에서 발생한 것이 아니라 제도적이고 정치 공학적인 요인에 의해서 배가되고 강화되었다는 점에서 그야말로 '사회적 고통'이었다. 참사 유가족은 무려 6년이 넘는 기간 동안 길거리에서 정치투쟁을 해야 했으며, 아직도 진상 규명을 위해 싸우고 있다. 그렇다면, 세월호 참사를 장기간 지속되는 광범위한 사회적 참사로 만든 요인은 무엇일까? 이 글에서는 저자가 수행했던 참여 관찰과 피해자 구술 증언록 『그날을 말하다』 총서1의 내용을 중심으로, 피해자의 관점에서 사회적 참사를 만드는 데 관여해 온 국가와 제도 폭력, 그리고 의료화의 문제에 관해 논의해 보고자 한다.

권력의 자체 생산 기구인 언론

일찍이 수전 손택은 미디어의 선정성에 관해 논한 적이 있다(Sontag 2003[손택 2004]). 즉, 미디어는 대중에게 주목받는 이미지를 생산하고 소비하는 것에 일차적인 관심을 지니기 때문에, 그 미디어가 발생시킬 수 있는 윤리적 문제에 대해 상대적으로 둔감하다는 것이다. 세월호 참사는 미디어의 선정성과 비윤리성을 가장 잘 드러낸 사건이었다. 2014년 4월 16일 11시 1분경, MBC는 제일 먼저 세월호 선박의 침몰 사건을 긴급 속보로 보도하면서 '전원 구조'라는 오보를 내보냈다. 그리고 이후 모든 공중파에서 '전원 구조'라고 보도했다.

만일 당시에 제대로 보도되었다면, 사회적인 대응이 훨씬 더 신속하고 집중적으로 이뤄졌을 수 있다. 희생자의 가족들은 당시의 오보를 전

---

1 세월호 참사 피해자 구술 증언은 2015년 6월부터 세월호 참사를 좀 더 정확하고 다각도로 기록하고자 하는 인류학, 역사학·기록학·여성학 연구자들의 자발적인 참여를 통해 수집됐다. 이후 세월호 참사 5주기를 맞아, 4·16기억저장소에서는 그간 수집된 증언 내용을 총 100권의 책으로 발간했다. 필자는 이 구술 증언 수집 및 발간 과정의 총 책임을 맡았다.

달받고 "아이들이 물에 젖었으니 옷을 갈아 입혀야겠다"는 생각을 했을 뿐, 이처럼 거대한 참사로 귀결될 것이라는 생각을 하지 못했다. 진도로 내려가면서 실제로 '전원 구조'가 아니라는 것을 알게 된 가족들은, 움직이는 버스 안에서 오열을 하거나 불안에 떨어야 했으며, 언론과 국가를 믿었던 자신들의 무지와 부모로서의 속수무책의 상황을 탓해야 했다.

한국 사회는 언론의 오보와 기자들의 업무 방기에 대해 '기레기 언론'이라는 담론을 통해, 단순히 언론에 대한 불신을 확인하는 것으로 마무리 지었다. 심지어 "세월호, 교통사고보다 희생자가 많지 않다"라고 언급한 KBS의 김시곤 보도 국장이 유가족들의 항의 속에 사퇴했지만, 홍문종 새누리당 전 사무총장은 참사가 발생한 지 얼마 되지 않은 4월 29일 "일종의 교통사고"라고 발언했으며, 4년 뒤인 2018년에 안상수 자유한국당 의원은 "한국은 교통사고에 5000억을 지불한 나라"라며 교통사고의 프레임을 지속했다.

문제는 '교통사고 프레임'이 갖는 책임 회피의 정치 공학적 성격이다. '교통사고'라 함은 일반적인 가해자와 피해자가 존재하는 것으로, 처음부터 세월호 선박에 대한 검사와 규제를 철저히 하지 못한 담당 기관과 침몰 발생 이후 구조 과정에서 역할을 다하지 못한 국가의 무능을 면책하는 담론이다. 이는 세월호 참사에만 해당하는 것은 아니다. 1999년 유치원생 19명을 포함한 23명의 사망자를 낳은 씨랜드 참사 때에도 '모기향에 의한 사고'라는 과실치사를 강조하면서, 언론과 국가는 당시 화성군 공무원들의 인허가 비리 문제를 덮었다.

그렇다면, 언론은 어떻게 이런 무소불위의 거짓, 그리고 설령 의도

하지는 않았다 하더라도 '악행'을 행할 수 있는가? 이후에 한국 사회에서는 이 문제를 두고 오늘날 인터넷 언론이 확산하면서 '클릭 수에 따라서 기자들에게 이익이 배분'되는 신자유주의적인 질서에 대한 문제를 지적했다. 그러나 이런 해석적 프레임 속에서, 기자의 사실 보도 여부는 결국 경쟁 논리 속에서 당사자의 윤리적 기준이 얼마나 엄격한가에 따라 좌우되는 문제일 뿐이다. 기자가 돈을 좀 더 벌기 위해서 조금 더 선정적인 제목을 정하고 기사를 작성하는 것은 어디까지나 그 '개인'의 문제로 치부되고 만다. 그러나 언론의 윤리란 과연 개인 기자만의 문제인 것일까?

필자가 현장에서 만난 기자들의 경험은 어떤 한 가지로 환원될 수 없었을 뿐만 아니라, 적어도 '악행'을 정당화하는 모습을 띠고 있지는 않았다. 시사주간지 기자 한 명은 세월호 참사 이후 진실을 전달할 수 없는 기자로서의 자괴감에 우울증을 심하게 겪다가 결국 기자 일을 중도에 그만둘 수밖에 없었다. 다른 시기에 만난 젊은 방송국 기자 두 명은 자신들이 어떤 기록을 가져가면 상부 데스크에서 검열되어 내용이 변경되는 일이 흔했던 2014년 4월 상황에 대해 고백했다. 그들은 당시 상부를 향해 더 강력하게 항의하거나 처신하지 못한 것을 반성하며, 지금부터라도 참사의 진실을 알리기 위해 애써야겠다고 다짐했다.

따라서 우리가 생각해 볼 문제는 기자 개인의 윤리를 넘어선 '제도로서의 언론'이다. 언론 기관은 자체적으로 수익 구조를 가지고 정보를 생산해 내는 기관이다. 수익성의 측면에서 기업과 비슷한 모습을 띤다. 사회적인 영향력의 측면에서는 일상적으로 '사실 담론'을 생산해 낸다는 점에서, 기업보다 더욱 커다란 직접적인 영향을 가질 수도 있다. 그런데 기업은 규제하는 국가 기관이 존재하고 또한 소비자단체와 국회에 의해 견제되는 반면에, 언론은 언제든지 '자기가 하고 싶은 말을 스스로 할 수 있는' 제한 없는 권력을 가지고 있다. 그렇다면, 이처럼 자기 권력을 스스로 생성하는 기관으로서 언론이 행해야 하는 '윤리'란 무엇일까?

2014년 4월 16일 밤, 팽목항에는 텐트 한두 개밖에 없었고, 아무도 상황을 지휘하거나 관리하고 있지 않았으며, 아이들의 시신은 올라오는 대로 텐트 바닥에 던져졌다. 그때 기자들은 그 현장의 '생생한' 장면을 찍기 위해 시신을 덮어놓은 천을 마음대로 들추고 카메라 플래시를 터뜨렸다. 그것이 과연 '철저한 기자 정신'인지는 알 수 없지만, 아이들의 부모들은 그 시신이 자신의 아이인가와 상관없이 그런 기자들의 행동을 도저히 용납할 수 없었다. 기자들의 이런 관음적이고 비윤리적인 태도는 체육관 안에서도 계속되었다.

진도체육관으로 와서 "밖에 시신 왔다" 이래 가지고, 안에 있는 사람[들이] 다 뒤집어졌었죠. 그런 일 한 번 있었고…… 카메라들 위에서 하도 난리 쳐서, 올라가서 한 번 두들겨 깬 거 있고. 찍지 말라는데 왜 찍는 거냐고. 극도의 흥분 상태로 사람들이 막, 거기 안에 있던 사람들이 이렇게 됐다가 누군가가 딱, 어떤 제공만, 기회만[빌미만] 부여가 되면 전부 다 '전쟁을 치를 기세가 됐다' 이렇게 갔다고. 안에 있는 사람들은 막 그런 상황이었거든요. 그런데 그 위에서 카메라들 열심히 그런 장면들을 즐기고 있더라고, 찍으면서. 찍지 말라고 그랬는데 계속 그래서, 올라가서는 내가 깨버렸죠. 그 뒤에 카메라들이 나갔어요. 위에 안 있고 나갔어요.

성호 아빠 최경덕은 체육관에서 벌어지는 지옥과 같은 난리통을 마치 극영화라도 보듯이 흥미로워하며 찍어 대는 이들을 견딜 수가 없었다 (4·16기억저장소 2019a, 41-42). 제도로서의 언론은 이처럼 무자비한 제도적 권력을 이용해 죽음 앞에서도 자신의 필요를 위해 탐닉하는 모습을 보여 줬으며, 아픈 자의 마음을 더 아프게 하는 데 일조했다. 한국의 언론은 자신이 듣고자 하는 것만 들었고, 하고 싶은 말만 했고, 보고자 하는 것만 마음대로 보았다. 그들은 자신들이 공개한 자료가 사람들에게 미칠 수 있는 치명적 영향에 대해 생각하지 않았다.

국가의 규율·감시 권력과 야만성

실종자 가족들이 갓 떠내려 온 난민처럼 수용되어 있던 진도체육관의 장면을 본 적이 있는가? 그곳은 어떤 개인적 공간이 허락되지 않은, 사방이 개방되어 있고 이불만이 잇달아 깔린 전쟁의 피난처와 같았다. 오늘날까지도 유가족들은 당시의 경험을 기억하기를 꺼리며 "만일 지옥이 있다면 그곳이 지옥"이었다고 말한다. 궁금한 것은 팽목항과 훨씬 더 가까운 곳에 강당과 숙박 시설을 갖춘 남도국악원이 있었는데, 어째서 가족들을 먼 진도 군내 체육관에 머무르게 조치했는가 하는 점이다. 정부는 피해자들이 체육관에 머무르게 하면서, 남도국악원에는 경찰 간부들이 묵게 했다. 피해자보다 경찰을 배려하는 결정이었다.

체육관 바닥에서 가족들은 전국에서 보내온 '구호 물품'으로 짧게는 사흘, 길게는 7개월이 넘는 기간을 보내며, 이 나라의 '국가'에 대해 감히 상상조차 할 수 없었던 끔찍한 발견을 하게 되었다. 가족들은 말한다. 이미 당일에 소식을 듣고 내려갔을 때, 곳곳에서 언론사와 기자들이 구름떼 같이 와 있었다고. 또, 이미 체육관엔 도저히 가족이라고는 할 수 없는 엄청난 수의 '이상한 사람들'이 있었다고. 그들은 어울리지 않게 등산복을 입고 있었고, 가족들이 삼삼오오 모여서 이야기할 때마다 옆에 조용히 끼어들어 그들의 이야기를 엿듣곤 했다고(4·16기억저장소 2019b). 그들은 가족들이 무언가 의논하고자 하면, 갑자기 집기를 던진다든지 싸움을 벌이며 관심을 다른 데로 돌렸다. 심지어 시민의 손길로 차려진 식사를 하면서, 아이를 잃어 눈물조차 흘릴 기운이 없는 가족들 옆에서 음식 맛에 대한 품평을 늘어놓곤 했다. 궁금하다. 어째서 그곳에는 몰려들었어야 할 구조 세력은 늦장을 부리거나 오지 않으면서, 언론사와 감시 세력들은 부지런을 떨며 와 있을 수 있던 것(4·16기억저장소 2019c, 55-57)일까? 그들은 도대체 무엇을 감시하고자 했던 것인가? 가족 중 상당수는 "4월 16일 당일의 카카오톡 대화 내용이 어느 날 갑자기 사라졌다"라고 이구동성으로 말한다(4·16기억저장소 2019d, 117; 2019e, 53). 그리고 몇 개월 후, 카카오톡의 대화 내용을 국정원이 감청하고 있었다는 것이 보도되었다.

해경 123정 김경일 정장은 세월호 내부에 수백 명의 승객이 타고 있다는 것을 단정을 운행하는 중에 이미 알고 있었고 상부에 보고했다. 그 후 상부에서 어떤 명령이 내려왔는지 김경일 정장은 지금까지 말하지 않고 있다. 김 정장은 바로 세월호 선박에 접안하지 않고 '적절한 시점'을 기다렸다. 선장과 선원이 타고 있는 3층 조타실이 해수면에 가까워

질 때까지 말이다. 그리고 우리가 방송을 통해서 직접 본 것처럼, 그는 창문을 통해 구해 달라고 외치는 승객들을 외면하며 자연스럽게 선장과 선원들만을 구조했다. 심지어 그는 조타실에서 선장과 선원들을 구조했으면서도 이들이 "선원인 줄 몰랐다"라고 말했다. 박 모 경장이 조타실 안에까지 들어갔지만, 그는 선내 탈출 방송을 시도조차 하지 않았다. 이후에 김 정장은 망치와 깨진 유리 조각을 직접 들고 나와 자신이 선내 탈출 방송을 했으며, 조타실 창문을 깨고 구조가 이뤄졌다고 인터뷰를 했다. 물론 거짓 증언이었다.

4월 16일부터 적어도 사흘 밤낮 동안, 실종자 가족들은 배 안의 가족이 살아 돌아올 수 있기를 온 마음을 다해 기도했다. 지금도 가족들은 '왜 당시 직접 물속으로 뛰어들지 않았을까'라는 어처구니없는 자책을 하고 있다. 17일 저녁 박근혜 대통령이 진도체육관을 방문할 당시, 김석균 해양경찰청장은 실종자 가족들 앞에서 "잠수사 500명을 투입하고 있다"라고 발언했다. 이는 명백한 거짓이었다. 가족 중 일부는 직접 침몰 지점에 다녀와서 그것이 사실이 아니라는 것을 알고 있었지만, 김석균 청장과 박근혜 대통령의 장면은 공중파를 통해 전국으로 보도되었고 국민은 의심의 여지없이 대대적인 구조 작업이 이뤄지고 있다고 믿었다. 이호중 특조위원이 공개한 녹취록에 따르면, 해경은 4월 17일 오전 7시 8분과 51분 두 차례 청와대와의 통화에서 "해경 잠수 인력이 8명 투입됐다"라고 보고했고 이 내용은 해양수산부 상황실에도 전달되었다. 김석균 청장이 "500명 투입"이라고 거짓을 말할 때, 옆에 있었던 이주영 장관은 거짓임을 알고 있었음에도 정정하지 않았다. 그리고 특조위에서 김석균 청장이 "'잠수'와 '투입'은 다르다"라며 변명할 때, 방청

석에 있던 유가족들은 기가 막혀 질끈 눈을 감을 수밖에 없었다. 또한, 당시 현장 지휘의 총책임을 맡아야 했던 김문홍 목포해양경찰서 서장은 침몰 지점과 겨우 15분 거리에 떨어져 있는 3009함에 머무르면서 현장 지휘를 하지 않았다. 그는 특조위에 나와서 떳떳하게 말했다. "잘 되고 있는 것 같아서 특별히 개입하지 않았다."

처음엔 '국가가 알아서 잘 처리해 주겠지' 하고 믿었던 가족들은 시간이 지날수록 '설마'를 거듭하며, 대통령이 사실을 알면 상황이 다르게 전개되리라고 생각했다. 그렇기에 이들은 팽목항에서 사흘째 되던 날 청와대를 향한 행진을 시도했고, 그동안 국가 대응의 잘못이 '현장의 소식이 청와대에 제대로 전달되지 않기 때문이 아닐까'라고 의심했다. 그러나 가족들은 대통령이 5월에 유가족을 청와대로 초청하고 국민 담화를 발표한 뒤 갑자기 태도를 바꾸는 것을 보고, 그들의 한 가닥 기대와 희망이 한참 잘못된 것이라는 것을 깨달았다. 이들은 대통령에게 심각한 배신감을 느꼈다(4·16기억저장소 2019f, 88-89).

[배신감을 느낀 기점은] 그, [박근혜 대통령이] 우리 만나고 나서 얼마 안 있다가 대국민 연설한 게 있어요. 우리는 [그 연설을] '악마의 눈물' '악어의 눈물'이라고 [불러]. 그 발표하고부터 바로 이제 여당 애들이 엄청나게 가족을 압박을 해오지. 그게, 바로 그때 당시 이제 사람들이 6·4 지방선거로 연결되고 7·3 재보선거로 연결되면서, 야당이 패하면서 여당에서 노골적으로 대놓고 가족을 인제 핍박을 하는 거지. 특별법 무산시키고, 안 된다고 하면서. 그때부터 우리나라가 진보, 보수[로] 나눠지지, 또. 그때 대국민

사과 딱 하고 나서부터 바로 느껴졌어요, '이거는 우리를 이용한 거구나. 가족들 이용한 거구나. 이용할 사람들이 없어서 이런 사람들, 아픈 사람들을 이용하는구나. 정치라는 게 이래서 무섭구나' 라는 걸 알았지.

국가란 도대체 무엇인가? 국가란 특정 정치 세력이 "개·돼지와 같은"[2] 국민을 함부로 지배하고 이용하는 이권 단체는 아닐 것이다. 당시 박근혜 정권이 정권을 지속하기 위해 세월호 참사 피해자에게 행했던 태도는 믿을 수 없는 정치적 획책의 연속이었다. 2015년 4월 첫 주, 참사 1주기를 앞두고 피해자 집단과 그 어떤 협의조차 없이 "배상·보상 지급 기준안"을 갑자기 선포했다. 단원고 학생은 1인당 8.2억 원, 교사는 11.4억 원을 받게 된다는 것이 내용의 골자였다. 그 항목들을 자세히 살펴보면, 각각 여행자보험에서 지급되는 1억 원과 국민 성금 등을 통해 지급되는 3억 원이 포함되어 있으며, 국가 배상금도 세월호 선박 운영 기관인 청해진해운 등에게 구상권을 청구해 국고 부담을 줄일 계획이었기 때문에 직접 국민의 세금을 사용하는 것이라고 보기는 어려웠다. 지급되는 국민 성금은 천안함 침몰 희생자에게 지급되는 것보다 5000만 원이 적은 금액이었고, 단원고 학생에 대한 국가 배상금의 산정은 이전의 대구 지하철 참사나 성수대교 붕괴 참사 등에서 직업이 없던 피해자들

---

2   2016년 7월 7일, 교육부의 고위 간부인 나향욱 정책기획관은 "민중은 개·돼지와 같다"라고 발언해 사회적 물의를 일으켰다. 「교육부 고위 간부 "민중은 개·돼지……신분제 공고화해야"」, 경향신문(2016/07/08).

에게 이뤄졌던 것과 마찬가지로, 각 희생자를 도시 일용 노동 임금 월 193만 원을 산정하여 약 3억 원의 금액이 도출된 것이었다.[3] 이 금액은 대한민국 국민 중 누구라도 국가적 참사에 의해 사망할 때 지급받는 금액 이상도 이하도 아니었다.

그럼에도 불구하고, 1주기에 즈음하여 해수부에서 발표된 배상·보상 지급안은 전 국민을 혼돈의 도가니로 몰아갔다. 마치 경제적으로 어려운 시기에 국민의 세금이 모두 유가족에게 지급되는 것처럼 정치인들은 이 문제를 호도했고, 심지어 피해자 가족을 '종북 세력'으로 서슴없이 몰아갔다. 2019년 5월, 공개된 기무사 문건은 세월호가 침몰한 지 5일 후부터 정부에 대한 비판 여론을 '종북'과 '반정부 활동'으로 매도하고, 참사 한 달여 후인 5월부터는 세월호 참사 유가족을 사실상 '종북 세력'으로 규정하고 대응책을 실시해 왔다는 것을 드러냈다. 이 대응책에는 진도 지역 21명(610부대), 사이버 활동 10명(3처 7과) 등 기무사 요원 배치, 유가족 가족 접근 반정부 활동 조장 불순 세력 차단, 단원고 선배·후배, 지역 주민들의 촛불 시위 등 반체제 징후 포착이 활동 계획으로 포함돼 있었다.

의심할 바 없이, 국가와 하위 기관들의 이런 태도는 세월호 참사를 더욱더 끔찍하고 잔인하며 공동체 분열적인 사회적 참사로 만들어 가는 데 크게 일조했다. 피해자들의 진상 규명에 관한 요구는 반정부 활동으로 낙인찍혔으며, 하룻밤에 터무니없이 자녀를 잃은 유가족들은

---

3 단원고 희생 학생의 유가족들은 아직 꿈을 꽃피우지도 못한 희생 학생을 '도시 일용 노동자'로 간주하는 법률적 기준에 대해 분노하고 슬퍼했다.

갑자기 종북 세력이나 국가 경제를 위협하는 분열 세력으로 간주되었다. 세월호 참사의 원인을 밝히는 작업은 특조위 활동 기한을 축소하려는 정부의 책략 속에서 제대로 조사를 진행하지 못한 채 중단되었다.

국가란 '지배계급의 이익에 따라 합법적으로 폭력을 행사할 수 있는 기구'일 수 있지만(엥겔스 1991), 적어도 오늘날의 민주주의 국가에서 국민은 투표 등의 방식을 통해 국가의 지배자를 선출하고 자신의 권한을 이양함으로써 국가의 폭력을 인정하는 형식을 취한다. 권한을 위임했다고 하더라도, 국가가 부여받은 폭력의 권한은 죄 없는 국민을 향해서는 안 된다. 그런데 그와 같은 상황이 세월호 참사 이후의 진행 과정에서 발생했다. 국가가 참사 피해자를 '불순 세력'으로 간주하고 폭력을 가한 것은 세월호 참사가 발생한 지 겨우 사흘 뒤인 2014년 4월 18일 새벽부터였다. 가족들은 국가 대응의 미비와 거짓된 방송에 분노하여 청와대를 향해 행진해 나갈 때, 진도대교 앞에는 어느새 몇 개 중대의 병력이 와 있었다. 이런 상황에 직면하여, 피해자 가족들은 어째서 구조할 때는 그토록 늦장을 부리면서도 국민을 막아설 때는 이처럼 신속한지에 대해서 의문을 가질 수밖에 없었다.

참사 1주기 행사가 이뤄진 2015년 4월 16일과 17일 이틀 동안 유가족은 경찰이 만든 차벽으로 가로막혀, 화장실도 가지 못한 채 광화문 광장 안에 갇혀 있어야 했다. 이들은 지지하는 시민들과 함께 세월호 특별법 시행령 전면 폐기와 세월호의 즉각적인 인양을 요구하며 집회를 벌이는 중이었다. 집회 도중 유가족 중 한 명은 경찰로부터 떠밀려 넘어지는 바람에 갈비뼈 네 개가 부러지고 일부가 폐를 찔러 피가 고이는 중상으로 병원에서 수술해야 했다. 그리고 몇 주 뒤 2015년 5월 2일, 세월호 유가족과 시민사회단체로 구성된 '4월16일의약속 국민연대'(4·16연대)는 노동절을 기념하여 청와대로 행진을 시도하다가 경찰과 격렬히 대치했다. 이날 유가족은 물대포와 캡사이신의 세례를 받았다. 이처럼 세월호 참사 이후 국가의 폭력은 은밀할 뿐 아니라 적나라하게 참사 피해자들을 향해 작동했으며 사회적 고통을 더욱 강화했다.

2016년 10월 말부터 최순실 국정 농단으로 인해 새롭게 불붙은 시민들의 정부에 대한 분노는 세월호 참사 처리 과정에 대한 불만과 함께 타올라 결국 박근혜 정권의 탄핵과 야당으로의 정권 이양으로까지 이어졌다. 많은 사람이 정권이 바뀜과 동시에 그간 누적된 문제들이 하나둘씩 해결될 것이라고 믿었다.

우리는 여기에서 문재인 정권에서 과연 무엇이 해결되었는가를 되돌아보며, 다시 국가에 대한 질문을 재개할 필요를 느낀다. 문재인 정권은 2019년 5주기에도 피해자 집단의 분열을 이유로 공식적인 국가적 애도를 책임 회피했고, 새롭게 구성된 특조위는 국민의 망각을 빌미로 진실 규명에 관한 활동을 제대로 진행하지 않고 있다. 정권이 바뀌었지만 달라지지 않는 진상 규명의 과제를 붙들고, 피해자 가족들은 과연 지금 정권이 그들이 촛불을 통해 얻어 낸 정권인가를 질문하고 있다. 정권은 바뀌었으나, 국가의 모습은 그대로 변하지 않고 있다. 국가란 무엇인가? 바뀐 정권 속에서도, 우리는 여전히 같은 질문을 맞닥뜨리고 있다.

학교, 사회와 유리된 그들만의 통치 왕국

"가만히 있으라." 세월호 참사가 남긴 여러 구절 중, 이 구절만큼 우리에게 뼈에 사무치는 문장은 없을 것이다. 어째서 선원들은 무려 20번에 걸쳐서 "가만히 있으라"라고 방송했던 것일까? 그러면서도 어떻게 선원들은 '가만히 있지 않고' 배에서 빠져나왔던 것일까? 우리는 선원들의 행동에 대해서도 의문점이 많지만, 어떤 이유에서인지 침몰 전후의 사실에 관한 증언을 하려는 선원이 단 한 사람도 없다.

침몰 당시의 사실에 관한 증언을 하지 않는 집단이 또 하나 있는데, 바로 참사 당시 세월호에 학생들과 같이 탑승하고 있었던 생존 교사들이다. 세월호 선박에는 자살한 강 교감을 비롯한 총 열네 명의 교사가 탑승하고 있었고, 이들 중 세 명이 배 밖으로 빠져나왔다. 그중 한 명의 교사는 스스로 탈출을 시도하면서, 반 학생들에게는 "움직이지 말고 가만히 있어라"라는 메시지를 보냈다. 강 교감의 자살로 두 명밖에 남지 않은 생존 교사들. 이들은 참사 이후 곧바로 전근 신청을 해서 다른 학교로 배정받았다. 학교에서는 이후에 그 당시 교사들이 무엇을 하고 있었으며, 학생 인솔 문제를 어떻게 했는가에 관해서는 조사하지 않았다. 그리고 지금까지도 '참사 피해자'라는 범주 속에 스스로 가둔 채, 수학여행을 인솔했던 '책임자'로서의 직분에 대해서는 회피하고 있다. 교사도 생존자라는 점에서 그들의 고통을 축소할 수는 없다. 그러나 참사 후 생존 교사들이 보인 이런 무책임한 모습은 바로 오늘날 학교의 모습을 대변하는 것만 같다.

"가만히 있으라"라는 말에 전국의 시민이 분노했던 것은, 바로 그 구절이 우리 학교 체제의 위계적인 모습을 그대로 반영하고 있었기 때문이다. 우리의 학교는 지금까지 어떤 공간이었던 것일까? 사람들은 말한다. 과거 더욱더 억압적이고 위계적인 학교생활이었다고 하더라도,

그 안에서 모두 '즐거운' 학창 시절을 누렸다고. 그러나 정말 그렇게 간단하게 치부되어 버릴 수 있을 만큼, 한국의 교육제도는 문제가 없는 것일까? 학생들은 학교에서 새로운 지식을 배우고 함께 나누는 즐거움을 경험하기보다, 혹은 각자의 자기 계발에 도움이 될 능력을 습득하기보다, 오로지 대학 합격을 목표로 돌아가는 입시 체제의 수동적인 주체로서 살아가기를 강요받는다. 입시 체제에 맞지 않는다고 판단된 존재들은 일찌감치 교사들과 친구들의 관심으로부터 배제된다. 그들은 가장 호기심이 많고 건강한 시기에 몇 명 입시 제도에 적합한 사람들을 위해 자리를 채워 주는 존재들로 살아간다. 그리고 이런 교육 체제는 대학 중심의 위계적인 사회에 익숙하고 그 사회 속에 자녀가 들어가기를 열망하는 부모들의 암묵적인 동의와 협조로 더욱더 강화된다.

그러나 인간 사회에서 다음 세대의 교육이 언제나 이런 방식으로 이뤄졌던 것은 아니며, 지금도 전 세계에서 이런 방식으로 이뤄지고 있지 않다는 점을 재확인할 필요가 있다. 근대 이후 위계적인 지식 체계는 지식을 가진 사람과 아닌 사람을 구분하고, 지식을 가르치는 선생과 지식을 배워야 하는 학생을 명확하게 역할로서 구분 지었다. 오늘날에도 세계에는 대학 입시가 배움의 중심이 된다는 것에 대해 낯설거나 심지어 조롱하는 문화가 존재한다. 조금만 거리를 두고 생각하면, 명확하다. 어떻게 대학의 이름이 그 사람의 지식과 능력을 평가하는 절대적인 기준으로 자리 잡을 수 있다는 말인가. 그리고 어떻게 그 대학이 평생 그 사람의 미래를 결정짓는 요소로 작용할 수 있다는 말인가. 그런데 바로 그런 사회 속에서 유치원에 가기 전부터 길들이고, 그런 체제 속에서 뼛속까지 적응하기만을 바라는 사회가 바로 우리 사회이다. 체제의 공고함 속에, 교사들은 자신들의 권위를 더욱 강고한 성벽으로 구축한다. 학교는 그 어떤 곳보다 다른 사회와 소통하지 않는 그들만의 성벽이 된다.

혁이 엄마의 사례(4·16기억저장소 2019g, 56-57)는 자신에게 '거짓말'을 하고, 그로 인해 아들과 마지막 인사조차 제대로 나눌 수 없게 만든 담임교사에 대한 섭섭함과 분노가 지금까지도 얼마나 크게 상처로 남아 있는지를 보여 준다. 혁이는 표현을 잘 하는 아이가 아니었지만, 수학여행 당일에는 가고 싶지 않았는지 집에 와 버렸다. 엄마는 담임교사에게 연락해 혁이가 안 가고 싶어 하니 여행 처리를 해달라고 했다. 그렇지만 담임교사는 갑자기 여행 처리가 안 된다면서 아이를 보내 달라고 했고, 그렇게 혁이는 다시 학교에 갔다. 이후 아들이 핸드폰을 놓고 갔다는 사실을 안 뒤, 엄마가 직접 가져다주려고 했지만, 담임교사는 '2시 반에 버스가 떠나니까 핸드폰을 갖고 오지 말라'고 했다. 실제 버스 출발은 그보다 한참 뒤였다. 그리고 7시쯤 다시 교사에게 연락해 혁이와 통화하려고 했으나, 교사는 혁이가 없다며 나중에 전화해 준다고 하고는 그대로 잊어버렸다.

또 인제 장사하다가 7시쯤 돼서 선생님한테 전화를 했어요. "선생님 우리 혁이 어떻게 하고 있어요. 우리 혁이 핸드폰도 안 갖고 가고, 통화도 못하고" 그렇다니까, "어머니 혁이 밥 먹으러 내려갔으니까, 혁이 오면 꼭 제 전화로 하라고 할게요" 그랬거든요. 전화도 안 왔어……. 그러고 선생이 그랬어요. "어머니 혁이 핸드폰 안 갖고 왔으니까, 자꾸 어머니 걱정되니까 제가 제주도 가서도 항상 옆에다 데꼬[데리고] 다닐게요. 혁이는 더 신경 쓸게요" 이랬거든요. 진짜 신경 써서 혁이 안산까지 잘 데리고 온다고 했고, 여행 처리해 달라니까 갑자기 안 된다고 했고, 또 전화도 거짓말해서 못 전해 줬고, 또 저녁 7시에도 전화도 통화도 안 했[고], 그러면 자기가 혁이 오면은 자기 걸로 하라고 한다 했잖아요. 안 했어요.

학교 체제의 공고함은 참사 이후 단원고의 대응 양상에서도 명확하게 나타났다. 참사 이후 단원고는 '아무것도' 하지 않았다. 참사 직후 그들이 알고 있었던 정보에 대해 학부모와 공유하지 않았으며, 250명의 학생이 갑작스러운 침몰 사고로 사망했는데도 불구하고 유가족들의 애도와 추모 행위에 대해 적대적인 태도를 보이기도 했다. 이들은 분노하면서 사실을 알고자 하는 유가족으로부터 거리를 두기 위해 노력했고, 이후 보상 차원에서 정부의 지원을 받게 되자 장학금을 신설해 무마하려고 시도했다.

2014년 11월 24일, 단원고는 1, 3학년 학부모 긴급 총회를 개최하고 "내년[2015년] 신학기에 2학년 교실을 정리해야 한다"라고 발표했다. 이 소식을 전해들은 유가족들은 아직 아이들 시신 수습이 다 끝나지도 않았다는 점을 강조하면서, 11월 30일 가족 총회를 통해 "현 상태로 2학년 교실을 유지해 달라"라고 요구하기로 입장을 결정했다. 유가족과 재학생 부모의 갈등에 직면해, 이재정 교육감은 12월 1일 오전 도교육청 주간 업무 보고 회의에서 "[희생 학생들에게] 명예 졸업장을 주는 것이 옳은데 교실을 없애 놓고는 안 된다"라고 지적하며, 2016년 1월 명예 졸업까지는 교실을 유지할 것을 표명했다. 이와 동시에 교육감은 명예 졸업 이후에는 교실을 철거하고, 대신 다목적 체육관을 단원고 옆 부지에 건립해 그곳에 추모관을 두는 방안을 제시했다.

한국 사회에서 교실은, 혹은 학교는 누구의 것인가? '재학생'의 것인가? 혹은 '교사들'의 것인가? 2014년 말에 이미 교실을 둘러싼 입장들은 참사에 관한 기억과 애도의 문제를 둘러싸고 서로 다르게 나타나기 시작했다. 먼저, 희생 학생의 부모들은 교실을 존치해 참사의 잔인함과 참사로 인해 꽃다운 나이에 사라진 아이들 한 명 한 명에 관한 기억과 애도의 공간으로 교실을 사용하기를 원했다. 그 공간은 단지 아이들이 가장 오랜 시간을 보냈던 학창 시절의 삶뿐 아니라, 앞으로의 세대에게 참사에 관한 각성과 반성의 기회를 제공할 것이었다. 유가족 측이 제안했던, 단원고 교실을 기념관으로 바꿔 건립하는 방안에는 다음과 같은 구절이 명시돼 있었다.

> 교실은 단원고 학생들과 안산 시민들에게 고통을 딛고 일어서 새로운 삶의 변화를 생성해 내는 역사적 공간으로 자리 잡을 겁니다. 이곳은 입시 교육의 현장이기도 하지만, 동시에 아이들이 친구들과 가장 즐거운 시간을 보냈던 곳이기도 합니다. 또 아이들이 자신들의 꿈을 키워 나갔던 공간이기도 합니다. 교실은 슬픈 기억과 추모를 넘어, 아이들의 꿈이 실현되고 행복이 이야기되는 희망과 실천의 장소가 될 것입니다.[4]

---

4 4·16 가족협의회, 「단원고 교사 증축과 2학년 교실 증축 방안」, 단원고 특별위원회 2차 회의 발표자료(2015/09/04).

반면, 단원고의 경우 행정 편의주의적인 관점에서 기억을 삭제하고, 마치 참사가 발생한 적이 없는 것처럼 학교를 입시 교육의 장소로 '원상 복귀'하고자 했다. 일부 재학생 학부모들은 '학습권 보장'을 명분으로 교실을 서둘러 철거하고 2학년 학생들에 대한 기억을 학교로부터 삭제하려고 했다. 특히 재학생 학부모에게 2학년 학생에 대한 기억은 자녀에게 해를 끼칠 수 있는 '불길한 것'이라는 의미조차 지니고 있었다. 유가족 다수의 기억에 따르면, 재학생 학부모는 당시 '귀신 나오는 학교에서 우리 자식들을 공부시킬 수 없다'라는 언급을 하기도 했다. 그리고 교육청은 참사의 비극과 2학년 학생들이 추모와 애도의 대상이라는 것은 인정하면서도, 교실 존치에 대해서는 거리를 둔 채, 어딘가 추모관을 따로 지으면 된다고 생각하고 있었다.

경기도 교육청이 2016년 1월 명예 졸업까지는 교실을 그대로 유지하겠다고 표명했기 때문에, 2014년 11월부터 한동안은 각 집단 간의 갈등이 표면적으로 불거지지 않은 채 잠잠한 상태가 계속되었다. 그러나 단원고 교실을 둘러싼 갈등의 잠정적 소강상태는 2015년 여름부터 새로운 국면으로 치달았다. 단원고 운영위원회와 입장 표명에 적극적이었던 재학생 학부모 일부는 2014년 11월의 학부모 총회의 결의를 근거로, 단원고 2학년 교실 정리를 계속 주장했다. 그리고 2015년 7월 17일, 당시 1, 2학년 재학생 학부모 10여 명이 경기도 교육청에서 단원고 2학년 교실의 유품들을 철수하도록 요청하며 본격적으로 교실 존치 반대 활동에 돌입했다.

이런 상황에서 이재정 교육감은 경기도 교육감직 인수위원회 때 구성한 단원고 특별위원회에게 단원고 2학년 교실 문제를 논의하도록 요청했다. 단원고 특별위원회는 2015년 8월 26일, 9월 4일, 9월 16일, 총 3회에 걸쳐 회의를 진행했는데, 단원고 학교운영위원장 장기(지역대표 운영위원)와 일부 교육청 간부들의 '교실 정리' 주장과 유가족 대표와 특위 전문가 위원들의 '교실 존치' 주장이 팽팽하게 맞서 결국 결렬되고 말았다. 그런데 과연 교육청이 교실 문제에 대해 진정 '해결'하고자 했던 것인지는 의문의 여지가 있다. 당시 교육청이 단원고 특별위원회 회의를 공개로 진행하기로 함에 따라, 방청에 참석한 100여 명의 유가족과 재학생 학부모들 간에 진흙탕 논쟁이 벌어지는 상황이 발생했기 때문이다. 특위 회의는 교실 문제 해결에 한 걸음 다가갔다기보다는 유가족과 재학생 부모 간의 극렬한 대립을 도리어 촉발했다. 그리고 유가족과 재학생 학부모 측의 갈등이 격화되자, 경기도 교육청은 단원고 2학년 교실 존치 문제에 대해 유가족과 재학생 부모들이 '합의'하도록 요구하면서, 논의 자리에서 빠지는 것을 선택했다.

세월호 참사의 핵심적인 문제는 한국 교육제도에 있다. 참사의 문제를 국가 무능의 문제, 언론 거짓의 문제로 볼 수도 있지만, 그 이전에 한국 교육의 문제이다. '가만히 있으라'라는 승무원의 반복된 방송에 사람들이 그토록 분노했던 이유는, 이 나라의 교육이 학생들을 그저 어른 말에 무조건 순응하고 따르게 하는, 비주체적으로 훈육하는 방식이라는 것을 잘 알고 있기 때문이었다. 그런데 우리가 바라는 미래 사회는 이처럼 굳건한 위계적 체제 위에서 복종과 굴종의 삶 속에 살아가는 성원들을 양산하는 것일까? 세월호 참사의 사례는 그 사회의 교육제도가 어떻게 참사를 더 잔인하고 슬픈 사회적 고통과 망각의 어두움으로 만들어 갈 수 있는지 단적으로 드러낸다.

의료계의 비겁과 공감 부재

세월호가 침몰하고 4월 19일, 경기도와 안산시 공동으로 통합재난심리 지원단이 신속하게 구성되었다. 그리고 5월 1일 보건복지부령으로 안산정신건강트라우마센터가 안산올림픽기념관 3층에 마련되었다. 5월 2일, 안산정신건강트라우마센터를 방문한 저자의 첫 기억은 많은 사람이 정신없이 북적거리며, 중앙에 놓인 커다란 화이트보드에는 계속 변동되는 사망자와 실종자, 그리고 생존자의 수가 적혀 있었다는 것이다. 이미 보름이나 지난 뒤였지만, 모두 여전히 혹시라도 실종자의 숫자가 생존자의 숫자로 바뀌지는 않을지 안타깝게 기대하고 있었다. 당시에 국립정신병원의 원장인 하규섭 원장이 센터장으로 와 있었고, 당장 전문 인력을 수급할 수 없어 국립정신병원의 스태프들이 급하게 호출되어 함께 일하고 있었다. 그후 명지병원이 위탁·수탁 계약을 맺음에 따라, 명지병원의 의사인 김현수 센터장이 와서 운영했는데, 이때에는 이미 안산정신건강트라우마센터에서 일할 사람들을 따로 모집한 다음이었다. 센터의 직원 공고를 내자 기존에 함께했던 스태프에 더해 당시 상황을 가슴 아파했던 전문가들이 곳곳에서 적지 않게 몰려들었고, 정신병원의 체계에 따라 정신과 전문의와 임상심리사, 그리고 정신보건 간호사로 이뤄진 역할 구조가 만들어졌다. 그리고 추가로 안산과 경기도 지역에서 활동하던 사회복지사가 결합했다.

세월호 참사가 이전의 재난 사고와 달리 독특한 점은, 침몰 당일부터 외상후스트레스증후군PTSD의 위험에 대해 의료 전문가들이 신문 기고를 통해 알리기 시작했다는 점이다. 특히 소아정신과 의사들은 생존 학생들의 정신 건강을 우려하며 공동 성명을 내기도 했다. 세월호 참사가 발생한 이후, 정신의학, 간호학, 심리학 등등 정신 건강과 관련된 전문가들이 각 학회를 중심으로 모집되었으며, 이들은 진도와 안산에서 헌신적으로 자원 활동을 진행했다. 그러나 이들의 열정과는 별도로, 전문가들은 참사 피해자들에 대한 충분한 이해와 공감을 하지 못하고 있었다. 특히 점차 정부와 피해자 간의 정치적인 대립이 격화되면서, 전문가들은 자신에게 올지도 모르는 피해에 대한 두려움에 참사 피해자 입장에 서야 한다는 자신의 역할과 위치를 회피했다.

당시 유가족을 위시한 피해자들은 참사의 원인이 국가의 잘못된 대응과 구조 실패에 있다고 믿고 있었다. 전국적으로 언론 보도는 왜곡되어 나갔지만, 팽목항과 진도체육관에 있었던 사람들은 그런 언론 보도가 잘못되었다는 것을 알고 있었고, 실제로 구조가 제대로 이뤄지지 않았다는 점을 직접 경험을 통해 알고 있었다. 이런 상황은 '국가가 의도적으로 구조를 제대로 하지 않은 것이 아닌가' 하는 의심마저 피해자 집단 사이에 불러일으켰다. 피해자들은 국가에 대한 분노와 자녀를 잃은 억울함에 가득 차 있었다.

그런 상황에서, 정부의 명령에 따라 설치된 안산정신건강트라우마센터는 피해자들이 마음 편히 다가갈 수 있는 곳이 아니었다. 초기 1년 동안 방문했던 피해자들은 이곳에 가면 '정신병자' 취급을 하며 자신들의 발언을 불신한다고 거리를 두었으며, 심지어 자신의 말을 신뢰하지 않는 의료진을 향해 분노를 표출하기도 했다. 전문가들의 행정 편의주의와 공감 부재는 피해자에게 부가적인 폭력적 경험을 가하기도 했다. 참사가 발생한 뒤 사태가 더 정치적으로 악화할 것을 두려워했던 정부는 피해자나 피해자의 가족 중에서 자살자가 나올 것을 우려했다. 그리하여 당시 센터의 전문가들은 두세 명씩 팀을 꾸려 각 집을 방문해 자살 위험이 있는지를 조사했다. 그 과정에서 "자살 생각이 드느냐?"라는 질문을 받은 유가족들은 "자식이 죽었는데, 아직도 죽지 않고 뭐 하고 있느냐?"는 질문으로 듣고 충격을 받기도 했다. 이는 피해자의 마음을 헤아리지 못한 공감 부재의 행동이었다.

따라서 1년 남짓 동안, 안산정신건강트라우마센터는 그들이 의도했던 것과는 달리 피해자로부터 불신과 미움을 받기도 했고 제구실을 하지 못했다. 당시 안산정신건강트라우마센터의 전문가들은 보건복지부령에 의해 임금을 받는, 준공무원과 같은 입장을 지니고 있었다. 그러다 보니 전문가들은 피해자들을 그들이 가지고 있는 의료 패러다임 속에서 '환자'로 보는 것 외에는 다른 관점을 가지지 못했다. 하지만 너무나 당연하게도, 피해자들은 자신들이 '환자'라고 생각하지 않았다. 자녀를 눈 깜짝할 사이에 터무니없이 잃었는데, 그로 인해 분노하고 오열하지 않는 사람이 어디 있단 말인가. 이들은 자신들의 극한에 치닫는 감정이 '정상적'이라고 생각했다.

자녀를 잃은 유가족이 광화문 집회에 매일같이 나가고, 전국을 돌며 서명운동을 하고, 곳곳에서 피케팅을 하는 동안, 안산정신건강트라우마센터의 전문가들 상당수는 이들이 어째서 정치적으로 움직여야 했는지 공감하지 못했다. 때로는, 센터로 치료받으러 오지 않는 피해자들의 선택이 잘못됐다며 단언하기도 했다. 정부와 피해자 집단이 서로 대립하고 갈등이 격화되면서 안산트라우마센터는 공식적으로 정부의 태도를 편들 수밖에 없는 구조적인 상황에 부딪쳐 있었다. 그렇지만, 이들은

'의료진'이라는 이유로 '정치적인 중립'을 선언함으로써, 자신들이 정부의 편에 서 있다는 것을 비겁하게 묵인했다. 이런 선택에는 의료진이 만나고 돌봐야 하는 '피해자'의 입장보다 '정부'의 입장을 따르는 미묘한 굴종의 논리가 숨겨져 있었다. 이들이 자신들의 고집스러운 생각을 바꾸게 된 것은 정치적인 구도가 바뀌었을 때, 즉 최순실 농단 이후 박근혜 정권의 잘못이 하나둘씩 드러나고 그동안 믿지 않았던 피해자의 발언이 일부 사실이라는 것이 공식적으로 인정되면서부터였다. 이처럼 전문가들은 어찌 보면 피해자들, 심지어 일반 시민들보다 더 정치적으로 용기를 갖지 못했다.

물론 센터에서 활동하는 모든 전문가가 똑같은 정치적 입장이나 태도를 보이지는 않았다는 점을 강조할 필요가 있다. 필자가 직접 만나 본 의료진들은 피해자들의 마음에 공감하면서도 자신들이 속한 기관이 가지고 있는 애매한 처지를 한탄했으며, 병원 체제가 가지고 있는 위계적인 틀을 답답해했다. 그러나 이들 대부분은 안산트라우마센터 바깥으로 피해자들을 만나러 가야 한다는 생각을 하지는 못 했는데, 피해자들이 센터 밖에 대부분의 시간 동안 머물고 있음에도 센터 밖을 떠난다는 것은 정치적으로 그들 편에 선다는 것을 의미하고 있었기 때문이다. 당시에 그것은 정부의 감시 체제 속에 포함된다는 것을 뜻했다. '의료 패러다임'으로부터 상대적으로 자유롭고, 그동안 일상적 공간에서 지역 주민들과 밀접한 관계를 맺고 있었던 사회복지사들만이 안산트라우마센터에서 다른 전문가들과 별도로 움직였으며, 피해자들과 함께 집회에 참여하며 공감하는 것을 선택했다.

분명히 재난 상황에서 고통의 양상은 다른 질환과 성격을 달리하는 것이지만, 전문가들은 그들에게 익숙한 병원의 체제를 계속 유지했다. 정신 건강 전문가들은 자신들이 부족한 점에 대해서는 새롭게 배우고, 현장에 맞는 치료 방법에 대해서 다각도로 고민해야 했지만, 강고한 학문 분야의 체계를 유지하는 한도 내에서 기존의 '권위 있는' 접근법을 그대로 활용하고자 했다. 세월호 참사라는 재난 상황은 또한 학문 분야 간 영역 싸움과 논쟁을 불러일으켰다. 피해자 집단, 지역사회 및 현장 상황에 대한 전문가들의 참여는 불필요하거나 영역 간 위계 다툼으로 변질되었고, 오히려 기존의 자기 학문 분야를 더욱 공고히 확립하고 확장하려는 시도와 연결되었다. 그리고 재난과 관련한 학문적 고민과 시도, 연구는 의미 있는 작업으로 평가받아야 하겠지만, 그 과정에서 피해자들의 고충은 상대적으로 고민의 대상이 되지 못했다. 피해자들은 이렇게 말했다(4·16기억저장소 2019h, 157-158).

우리나라에 지금 트라우마센터나 뭐 이게 정립이 돼 있질 않아요. 가면 처음부터 끝까지 다시 또 얘길 끄집어내야 되고, 그러다 보니까 우린 더 힘든 거죠. 거기에 대한 트라우마 [치료]가 체계적으로 정립돼 있는 병원도 없고 의사들도 없고. 정신과 치료를 받아야 되는데, 정신과 치료를 받으면 진료에 그게 [기록이] 남아 버리니까 또 그건 그렇고. …… 집사람도 처음에 트라우마센터, 온마음센터도 갔다가 성질을 냈다 그러더라고요. 그 사고가 날 당시부터 시작해서 그걸 다시 또 끄집어내도록 유도해 버리니까 집사람이 이제 하는 얘기가 그거더라고요. "그걸 왜 당신한테 얘기하냐"고, "차라리 정신과 병원을 소개해라. 거기 가 갖고 치료받

겠다"라고 [했다 하더라고요]. 이제 그러다 보니까 처음에는 온

마음센터고 뭐고 이런 데 많이 부모들한테 배척을 받았죠.

피해자의 마음을 충분히 공감하지도 위로해 주지도 못했던 전문가들. '전문가'란, 가만히 자기 자리에 앉아서 모든 것을 알고 평가할 수 있는 사람인가? 그들에게 배움이란 자기들끼리만 가능한 것이며 그들이 접하는 현장에서는 불가능한 것인가? 그렇게 폐쇄적인 집단이라면, 우리가 그들을 '전문가'라고 권위를 세워 줘야 하는 까닭은 무엇인가? 세월호 참사는 지식의 폭력, 전문성의 공감 부재를 적나라하게 보여 주는 사례였다. 박근혜·최순실 농단이 드러나고 정권 교체가 이뤄지면서, 온마음센터 전문가들의 태도도 변하기 시작했다. 의료진을 비롯한 센터의 전문가들은 유가족 단체의 의견에 귀 기울이려 애쓰고, 나아가 연극이나 합창 등 유가족의 활동을 지원하는 양상으로 조금씩 변화했다. 그러나 어째서 정권 교체 이후에서야 이런 변화가 가능했는지, 참사 이후 의료적 접근에 관해서는 씁쓸한 생각이 가시지 않는다.

나가며

도입부에서 언급한 바와 같이, 세월호 참사는 책임 당사자들의 무능력과 책임 회피를 반복적으로 겪으며, 우연적이고 어쩔 수 없는 경험으로서의 '사고'가 아니라 사실 확인과 해석이 요구되는 역사적인 '사건'으로 자리매김하게 되었으며, 그 결과 피해자 당사자뿐만 아니라 국민 대다수에게 더욱 끔찍한 고통과 아픔을 주었다. 세월호 참사의 고통은 어

쩔 수 없는 개인적 문제에서 발생한 것이 아니라 제도적이고 정치 공학적인 요인에 의해서 배가되고 강화되었다는 점에서 그야말로 사회적 고통이었다.

사회적 고통이란 고통이 지니는 사회적인 성격을 다음 세 가지 측면에서 강조하는 개념이다. 첫째, 사회적 고통의 개념은 고통의 감각이 존재론적으로 개인이 겪는 문제일 수밖에 없음에도 불구하고, 개인이 경험하는 고통의 내용이나 강도가 각자가 처해 있는 '사회적 관계'로 인해서 영향을 받는다는 점을 강조한다. 다시 말해, 가족 관계, 공동체 및 국가 안에서 개인이 부여받은 위치와 역할은 고통에 대한 감각과 경험을 특수하게 성격 지운다. 둘째, 사회적 고통의 개념은 지역적이고 역사적인 맥락에 따라 고통의 의미가 달라지고, 그에 따라 고통을 경험하는 강도가 달라질 수 있다는 점을 드러낸다. 예컨대, 세월호 참사의 피해자들은 한국 정치가 만들어 낸 독특한 분위기 속에서 그 고통이 몇 배로 더 가중될 수밖에 없었다. 셋째, 사회적 고통의 개념은 고통이란 언제나 전문가적 담론 속에서 관료제적 관리나 기술적 개입의 대상으로 나타난다는 점에 주목한다. 나아가 국가나 전문가들이 사회적 문제에 어떻게 개입하느냐에 따라, 그 문제로 인해 발생한 고통이 감소될 수 있을 뿐 아니라 거꾸로 심각하게 가중될 수도 있다(Kleinman et al. 1997).

이 글에서는 세월호 참사가 본연의 특수성으로 인해 발생시킨 고통 외에도 어떻게 피해자가 처한 위치, 나아가 주변의 사회적 관계와 특성들이 그 고통을 강화해 왔는가에 주목했다. 특히, 국가, 언론, 학교, 의료 부문을 각각 간단히 살펴보면서, 한국 사회에서 국가와 제도 권력이 참사 이후에 취한 독특한 태도와 양상이 세월호 참사 피해자에게 어떻게 고통을 가중해 왔는지 논의했다.

인간의 삶에 고통이라는 것은 어쩌면 완전히 제거할 수 없는 영역인지도 모른다. 그리고 우리는 분명히 고통의 경험을 통해서 개인적으로, 또 공동체적으로 성장하기도 한다. 그렇지만, 만일 없어도 될 고통이 경험되거나 굳이 더 잔인하게 경험되어야 한다면, 그리고 그 까닭이 우리 사회의 국가와 제도 권력이 가지고 있는 잘못된 폭력적인 특성 때문이라면, 다시 한번 되돌아보고 개선해야 할 필요가 있지 않을까? 이 글은 그런 작은 바람을 담아 썼다.

참고 문헌

4·16기억저장소, 2019a, 『그날을 말하다: 성호 아빠 최경덕』, 한울.

_____, 2019b, 『그날을 말하다: 애진 아빠 장동원』, 한울.

_____, 2019c, 『그날을 말하다: 지성 엄마 안명미』, 한울.

_____, 2019d, 『그날을 말하다: 유민 아빠 김영오』, 한울.

_____, 2019e, 『그날을 말하다: 혜선 엄마 성시경』, 한울.

_____, 2019f, 『그날을 말하다: 혜원 아빠 유영민』, 한울.

_____, 2019g, 『그날을 말하다: 강혁 엄마 조순애』, 한울.

_____, 2019h, 『그날을 말하다: 건우 아빠 김정윤』, 한울.

프리드리히 엥겔스, 1991, 『가족, 사유재산, 국가의 기원』, 김대웅 옮김, 아침.

Kleinman, Arthur, Veena Das and Margaret Lock, 1997, *Social Suffering*. University of California Press.

Sontag, Susan, 2003, *Regarding the Pain of Others,* Farrar, Straus and Giroux[수전 손택, 2004, 『타인의 고통』, 이재원 옮김, 이후].

3부

아픔의 경계가
던지는 질문들

나를 설명하지 못하는 이름표

드림칼리지의 사례로 본 장애 개념의 쓰임과 한계

이예성

"장애인인가요?"라는 물음

어떤 사람을 처음 만난 상황을 가정해 보자. 분명 한국인 같고, 말을 충분히 할 수 있는 연령대로 보이는데, 말투가 조금 특이하고 의사소통이 잘 되고 있는 것 같지 않다. 조금 더 지켜보니 시선이 불안정하게 움직이기도 하고, 손을 흔들거나 발길을 서성이는 등 몸짓이 다소 산만하기도 하다. 이런 사람을 마주쳤을 때 오늘날 한국 사회에서 살고 있는 사람은 어떤 반응을 보일까? 이 반응은 다른 사회의 사람들이 보이는 반응과 같을까?

아래 대화의 상황은 내가 석사 연구의 현지 조사를 진행할 때 있었던 일이다. 아래의 대화에 나오는 기관은 드림칼리지[1]라는 민간 교육 시설로 '청년을 위한 대안학교'라고 소개되는 곳이다. 나는 당시 보조 교사로 수업 진행을 돕는 역할을 하고 있었는데, 하루는 한 강사가 특강 수업을 하러 처음으로 이 학교에 방문하게 되었다.

그는 내게 "선생님, 근데 여기는 어떤 기관이에요? 아이들은 어떤 아이들이에요?"라고 물었다. 나는 '아이들'이라는 표현을 불편하게 느끼며, "학생들은 대부분 성인이구요. 여기는 대안학교예요"라고 대답했다. 그러자 강사는 "그럼 여기 친구들은 지적장애인이에요?"라고 물었고, 나는 이들이 장애인으로 묶여 표현되는 것에 곤란함을 느끼며 "그런 친구도 있지만, 아닌 친구도 많아요. 여긴 장애인 학생들만 오는 곳은 아니에요. 저는 자원 교사고요"라고 말했다. 그리고 그가 "좋은 일 하시네요. 아이들이 천사 같아요"라고 하며, 이 꺼림칙한 대화가 끝났다. 강사는 낯설고 독특한 교육 시설에 와서 이곳 청년들을 보고 장애인이라는 생각을 하게 되었다. 그리고 그는 장애인을 천사 같이 순수하거나 선한 존재로 보는 듯 했다. 당시로부터 6년 전 이 학교에서 처음으로 봉사활동을 시작한 뒤 이곳을 오래도록 지켜봐 온 나는 드림칼리지가 장애 혹은 장애인이라는 용어를 사용하지 않는다는 사실을 잘 알기 때문에

---

1   서울시 관악구의 번화가에 위치한 대안교육 시설로, 청소년을 위한 대안학교와 함께 운영되고 있다. 청소년 대안학교는 2002년에 설립되었고, 이곳을 졸업한 학생들을 위해 2010년 드림칼리지가 설립되었다. 필자가 현지 조사를 진행할 당시 학교에는 3명의 전일제 교사와 20여 명의 학생이 재학 중이었다. 전문대학교를 의미하는 '칼리지'라는 명칭을 가지고 있지만, 전체 학생이 한 학급처럼 움직이며 교시마다 선택제 수업을 수강하는 방식으로 하루 일과가 이뤄졌다. 학생들은 길게는 6년까지 지속적으로 학교를 다녔으며, 재학 기간에 따라 학습이나 취업 활동이 좌우되는 것은 아니었기에 학년은 의미 없었고 학년제 자체도 사라졌다. 학교에서는 일부 학생들에게 취업을 연계해 주거나 학교 자체적으로 고용해 취업과 실무 경험을 제공했다.

강사의 질문에 대답하기 곤란했다. 실제로 드림칼리지에는 정신적 장애[2] 진단이나 장애 등급[3]을 갖고 있는 학생도 있지만 그렇지 않은 학생도 있다. 게다가 자원봉사 활동이 "좋은 일"로 표현된 것에 부끄러움을 느꼈다. 그 강사의 말에 집중하지 않은 학생들을 포함해 모두가 천사로 취급되니 영 어색했다.

한편 학생들을 대하는 사람들의 이런 태도와 반응은 학생들과 함께 밖을 다닐 때 종종 목격하는 일이었다. 시장에서 어떤 상인들은 학생들을 보고 측은한 표정으로 "아이고, 아픈 애들인가 보다" "장애가 있나 보다"라고 말하며 어린아이를 대하는 말투로 유난히 친절히 대해 주기도 했고, 학생들이 상품으로 만든 비누, 방향제, 학용품, 쿠키 등을 거리 판매할 때 행인들은 "장애인 복지관에서 나온 거예요?"라고 물으며 학생들을 대견하게 바라보기도 했다. 드림칼리지에서 학생들은 장애인이라고 지칭되지 않고, 드림칼리지는 장애인 관련 시설이 아니기 때문에 학생들은 이런 반응에 대해 불쾌해하거나, 난감해하면서 아니라고

---

2 장애인 복지 제도에서는 장애를 신체적 장애와 정신적 장애로 나눈다. 정신장애는 정신 질환으로 인한 장애를 의미한다. 일반적으로 정신장애라는 표현이 흔히 쓰이지만 혼란을 막기 위해 이 글에서는 정신적 장애라는 표현을 사용하고자 한다. 정신적 장애는 발달 장애와 정신 장애를 포함한 개념이다.

3 1989년부터 적용되어 온 장애 등급제는 장애의 종류에 따라 각각 장애 정도를 6단계의 등급으로 나누는 제도로, 등급별로 차등적인 장애인 복지 서비스를 제공하는 기준이 되어 왔다. 그러나 이런 접근이 복지 사각지대를 낳고, 실제 개인의 수요에 맞는 서비스 제공에 제약을 준다는 오랜 비판이 있어 왔고, 2019년 등급제의 단계적 폐지가 결정되었다. 이 글 후반부에서 살펴볼 수 있듯 여러 이해관계에 따라 어떤 이는 더 높은 등급을 받길 원하고, 어떤 이는 높은 등급을 더 짙은 낙인으로 여겨 꺼리거나 낮은 등급 받는 것을 위안 삼기도 한다.

대답하거나, 못 들은 척하곤 했다.

이처럼 행동이나 말투가 이상한 사람을 볼 때 "장애"라는 개념을 떠올리는 것, 행동이 다르게 느껴지는 사람을 쉽게 "장애인"으로 부르는 것은 현재 한국 사회에서 흔히 나타나는 현상이다. 과거의 기록에서 지금 장애라고 지칭되는 여러 유형의 불편, 고통, 차이 등을 포착하는 용어는 찾을 수 있지만 그 개념은 달랐다. 여러 유형의 불편, 고통, 차이 등을 장애라는 개념으로 통합하여 유형화하고 범주화하며 국가에서 공식적으로 장애인을 인정하는 식의 제도가 한국 사회에서 정착한 것은 비교적 최근의 현상이다(정창권 2011).[4] 정신적 장애라는 개념 역시 최근 학술적인 지식을 바탕으로 전문적으로 정의되며, 의료 및 복지 등 제반 국가 제도를 통해 구체화되어 왔다.

장애라는 개념의 이런 특성은 의료화를 잘 보여 주는 지점이다.[5] 의

---

4 조선시대에는 정신적 장애와 관련한 용어로 광질, 심질, 미치광이병이라는 표현이 나타나지만, 여러 종류의 장애인을 포괄하는 표현으로는 잔질자, 독괄자, 폐질자라는 기록이 있고, 민간에서는 병신이라는 언어가 쓰였으며, 최근에는 불구자라는 표현이 쓰였다.

5 미셸 푸코(2003)는 의료화라는 용어를 사용하지는 않았지만, 19세기 정신의학이 가난한 자, 무직자, 범죄자, 미치광이가 섞여 있던 수용소에서 정신이상자를 분리해 내고, 치료자이자 보호자로서 새롭게 환자를 수용하면서 이성의 눈, 즉 정신의학 및 심리학의 눈을 정립하며 정상인의 기준을 만들어 내게 된 과정을 추적한 바 있다. 또한 정신의학의 역사를 정리한 에드워드 쇼터(2009)는 정신 질환자만이 분리되고, 환자에게 규율을 부과하는 일과가 제공되고, 공동체 정신을 갖춘 환경에서 의사와 환자가 도덕 치료를 하는 관계를 형성한 것을 새로운 정신의학 수용소 등장의 특징이라고 지적한다. 이처럼 정신 이상의 의료화의 초기 모습은 정신의학 전문 병원에서의 수용에서 엿볼 수 있다.

그러나 최근에 논의되는 정신 건강의 의료화는 다른 모습으로 나타난다. 1980년대

료화는 그 자체로 부정적인 함의를 갖지는 않는다. 의료화는 의학 지식의 발달과 의료적 개입의 확장을 통해 개인이나 사회가 겪던 문제를 경감하거나 완화할 수 있기 때문이다. 그럼에도 불구하고, 의료화가 개인의 삶이나 사회적 안녕의 개선으로 연결되지 않고 문제를 개별화하여 개인을 고립시키거나 억압하는 결과를 낳는다면 의료화에 대한 날카로운 평가가 불가피하다. 실제로 인간의 마음이나 행동을 둘러싼 의학 지식의 발달과 의료적 진단 및 개입의 활성화로 수렴되는 정신 건강을 둘러싼 의료화는 지금까지 여러 세계에서 많은 문제점을 드러냈기 때문에 활발한 비판의 대상으로 자리매김해 왔다. 특히 의료적 모델의 특성을 강하게 보인 장애 개념은 다양한 학문의 영역에서 비판받아 왔을 뿐 아니라 사회운동을 통해서도 활발히 문제가 지적되었으며 이를 통해 많은 개선이 이뤄지기도 했다(김도현 2009). 흔히 인간의 심리나 행동의 영역을 개인의 생물학적인 차원에서 설명하고 개인의 문제로 취급하는 것을 강하게 비판하며 사회적 차원의 원인과 해결 방안을 고찰하는 접근 방식이 정신 건강의 의료화에 대응하는 사회적 모델로 여겨진다(앞의 책). 중요한 것은 이와 같이 의료와 사회의 양자 대립의 구도에 갇혀 건강을 논의하는 것은 소모적이며, 실제 장애를 둘러싼 개입의 현실을 정

에 우울증 치료제인 프로작(Prozac)의 발명과 함께 약물 치료 가능성이 확대되면서 정신, 성격, 행동의 의료화/과잉 의료화가 나타났으며, 이 국면에서는 제약 회사가 중요한 주체로 조명되기도 한다(콘래드 2018; 프랜시스 2014). 또한 정신 건강에도 생의료화(biomedicalization)가 나타난다고 보는 시각도 있는데, 생의료화를 통해서는 정신 건강의 생명정치화, 과학기술화, 정신 건강 관련 소비의 변형, 정신 질환의 통제가 아닌 정신 건강 향상 의제 강화 등의 특징이 나타나는 특징을 갖는다(Rose 2007; 김환석 2014).

확히 이해하는 것을 오히려 방해한다는 점이다. 이 글에서는 정신적 장애가 의료적인 문제인지 사회적인 문제인지를 평가하거나 구체적인 의료적 개입 방식 자체의 옳고 그름을 평가하기보다는 정신적 장애라는 개념 자체에 배태되어 있는 의료적 관점, 그리고 이런 관점을 전제로 하는 여러 정책과 사회적 시선으로 인해 나타나는 현실을 이해하고 그 의미를 고민해 보는 것을 목적으로 한다.

이를 위해 이 글에서는 대중의 인식 속에 장애는 불편, 한계, 비정상 등의 의미를 띠고, 측은함, 순수함, 무서움 등의 감정을 불러일으키며 제도 속에서뿐만 아니라 일상의 곳곳에서 장애인은 그런 특성을 가진 구분 가능한 인격체인 것처럼 간주되는 현실에 근본적으로 질문을 던진다. 비하나 차별의 의도가 없다고 해도 어떤 사람의 행동이나 모습을 보고 장애인으로 정의 내리는 우리의 사고와 행동에는 어떤 문제도 없는 것일까? '장애인은 천사'라고 이야기되기도 하고, 또 한편에서는 정신적 장애인은 잠재적 범죄자[6]로 상상되기도 하는 모순을 보면, 이런 반응은 정치적·도덕적으로 옳지 않은 것이라고 하기 이전에 장애라는 것의 실체가 있는 것인지, 있다면 무엇인지 의심해 볼 필요성을 보여 준다. 우리는 우리가 상상하는 장애가 구체적으로 어떤 불편이나 아픔인지, 장애로 불리지 않는 불편이나 아픔과 어떤 특별한 차이가 있는지 잘 알지 못한다. 장애라는 개념이 흔히 사용되고, 장애인이라는 인격체가 쉽게 상상되는 것은 오히려 장애가 무엇인지를 잘 알기 때문이 아니라 장

---

6 최근 한국 사회에서 화제가 된 살인 사건 가해자들이 조현병 환자라고 알려지면서, 조현병 환자의 범죄 가능성에 대한 논란이 일었다.

애를 추상적인 결여, 한계, 문제로 생각하고 있기 때문이다. 따라서 이런 장애 개념의 사용이 과연 합리적인지에 대해 짚고 넘어가 볼 필요가 있다.

이 글에서는 장애와 장애인이라는 개념의 쓰임과 그 결과를 직접적으로 경험하는 사람들의 이야기를 살펴봄으로써 이 문제에 대해 생각해 보려 한다. 특히 드림칼리지라는 대안적 교육 시설에서 만난 학생들의 일상 경험을 드림칼리지 바깥 사회에서 겪어 온 경험과 비교해 봄으로써 다른 시각으로 장애를 이해해 보고자 한다.

먼저 드림칼리지라는 독특한 공간을 이해하기 위해 이곳에서 사용되는 고유한 개념인 '어려움'에 대해 알아볼 필요가 있다. 드림칼리지에서는 어려움이라는 말이 자주 쓰인다. 어려움은 드림칼리지의 특수성을 이해할 수 있는 중요한 개념으로, 단순히 장애라는 표현을 용어로서 대체하는 말이 아니다. 교사와 학생은 모두 어려움에 대한 고유의 의미를 이해하고 있으며, 이 개념은 드림칼리지의 철학, 규칙, 일상 등이 작동되게 하는 기반이다. 어려움은 가변적이고, 보편적이며, 관계적인 특성을 가지는다는 점이 중요한데, 이 특성은 장애 개념의 특성과 대비되는 점이 많다.

어려움은 만성적인 경우도 있지만, 그렇다고 만성적으로 지속되는 어려움인 경우에도 누군가의 꼬리표label가 되지는 않는다. 어려움은 새로 생길 수도 있고, 사라질 수도 있으며, 누구에게나 나타날 수 있는 것이기 때문이다. 무엇보다도 어려움은 한 사람에게 속해 있는 것이기보다는, 다른 사람과의 관계나 어떤 상황과의 관계에서 나타나는 것이라고 여겨진다. 따라서 자신이 스스로 느끼는 어려움과 남이 바라보는 어려움은 다를 수 있다. 가령, 누군가의 행동이 지나치게 느릴 때, 느림은 당사자의 어려움으로 여겨질 수 있지만, 그 느림을 누군가 기다리지 못한다면 그 역시 기다리지 못하는 어려움을 겪는 것이 된다. 어려움은 한 개인에게 고정되지 않으며 상호적으로 만들어지고 변하기도 하는, 한편으로는 모호한 개념이기 때문에 어려움의 종류를 고정적으로 범주화할 수 없고 해당되는 그 어려움을 가진 개인 역시 특별한 인격체로 따로 구별하지 않는다는 점에서 장애 개념과는 다르다.

'장애'의 증명과 조정을 요구하는 사회

그렇다면 장애 개념은 한국 사회에서 어떻게 제도화돼 있으며, 장애 개념으로 인해 어떤 경험이 만들어지고 있을까? 드림칼리지에서는 장애 개념이 사용되지 않지만 청년들이 경험하는 학교 바깥의 삶에서는 장애 개념의 부정이나 외면이 쉽지 않았다. 심지어 때로는 장애 개념을 스스로 필요로 하게 되거나, 가족으로부터 필요를 강요받게 되는 불편한 상황에 직면하고 있었다.

2015년 당시 20대였던 드림칼리지 학생들은 대부분 유년기 시절 장애 진단을 처음 받기 시작했고, 초·중·고등학교를 중도에 그만두었다. 이들이 학교를 강제로 그만두게 된 것은 아니었지만, 학교를 그만두기까지 교사들로부터 직간접적인 배제를 당하거나 학생들 사이에서 따돌림을 당하는 과정이 공통적으로 따랐다. 일반 학교는 학생들을 공식적으로 거부하지는 않았지만, 뒤처지거나 적응하지 못하는 학생들을 이끌어 줄 역량이 부족하다는 이유로 특수학교가 학생들에게 더 적합한 곳이라고 권유하기도 했다.[7] 일반 학교를 그만두기를 먼저 바랐던 부모는 드물었고, 많은 경우 부모들은 자녀가 특수학교로 가는 것을 원치 않았다. 일반 학교에서 떠밀리다시피 나와야 하는 상황에서 부모는 자녀를 받아 줄 만한 특수교육 시설이나 특수학급이 있는 학교를 물색했다. 당시에는 현재보다 특수교육에 관한 정보가 부족했던 탓에 부모들은 스스로 발품을 팔아 일반 학교에 적응하지 못하는 자녀에게 맞는 정보를 얻어야 했다.[8] 그러나 특수교육을 받은 학생에게는 별다른 개선이 없었고, 특수교육은 학생이나 부모 모두에게 여전히 불만스러운 경우가 많았다.

왜 부모들은 자녀가 특수학급이나 특수학교에 가는 것을 꺼리거나 특수학교에 불만족했을까? 부모들은 자녀가 장애인을 위한 특수교육을 받게 되면 장애인으로서의 삶에 갇히게 된다고 느꼈고, 그런 미래를 두려워했다. 특수학급이나 특수학교에 다닌다는 것은 장애인이라는 낙인을 공식화하는 계기이기도 했기 때문에 특수교육에 대해서는 막연

7　김원영(2019)은 1990년대 한국의 일반 학교의 학칙에 '장애인 입학을 불허한다'라는 내용이 없어도, 휠체어를 타고 이동 생활을 하는 저자 자신이 일반 고등학교에 진학하려 했을 때 수많은 학교들이 별다른 설명 없이, 기숙사 생활이 어렵다는 이유로 입학을 위한 지원 자체를 거절했던 상황을 언급한 바 있다. 그의 경험은 일반 학교가 공식적으로 "장애인은 받지 않습니다" "장애인은 다닐 수 없습니다"라는 방식으로 장애인을 배제하지 않지만, 그렇다고 장애인이 그 자리에 있을 수 있도록 '허락'해 주는 것은 아니라는 점을 잘 보여 준다.

8　특수교육을 받으려면 2007년 제정된 "장애인 등에 대한 특수교육법"에 따라 지자체 교육청에서 특수교육 대상자로 선정되어야 한다. 등록 장애인과 별도로 따로 '특수교육 대상자'로 인정받아야 하는 것이다.

한 거부감이 있기도 하다. 2016년 서울 강서구의 한 특수학교 건립 과정에서 지역 주민들이 반대하고 학부모들이 허락을 바라며 무릎 꿇었던 사건을 상기해 보면, 한국 사회에서 특수교육 받는 장애인에 대한 시선이 어떤지 상상하기는 어렵지 않다.

또한 특수교육의 대상이 된다는 것은 특수한 인격체라는 낙인을 감수해야 한다는 점에서 달갑지만은 않은 문제다. 그러나 부모들이 특수교육을 기피하는 것이 꼭 부모들이 자녀에게 장애가 있다는 사실을 기피한다는 것을 의미하지는 않는다. 부모들이 특수교육을 기피했던 이유 가운데 하나는 자녀가 특수교육을 받음으로써 특수한 교육만을 받아야 하는 사람이라는 틀에 갇히게 된다는 것이었다. 부모들은 자녀에게 어떤 부족함이나 한계가 있다고 해도 동시에 다른 잠재력이나 성장 및 회복 가능성 또한 있다고 생각한다. 그러나 특수교육 현장은 여러 종류의 장애를 가졌다고 판단되는 학생들이 함께 모여 있지만 잠재력의 한계가 가정되지 않은 '일반 학생'들과는 분리되어 생활하는 공간이었고, 그곳에서는 학생의 잠재된 개별 가능성이 존중될 수 없었다. 따라서 자녀가 특수학급이나 특수학교에 가는 것은 자녀의 능력과 가능성에 한계가 있다는 사실을 완전히 굳히는 것처럼 느껴졌고, 실제로 학생들은 특수교육 현장에서는 다소 제한된 교육을 받을 수밖에 없었다. 특수교육은 특별한 접근이 필요한 이들을 위한 맞춤 교육이지만 한편으로는 특별하다고 취급되는 여러 개인들의 특수한 개별 성향이 충분히 고려될 수 없는 역설적인 문제를 가지고 있다. 결국 많은 학생들과 부모들은 특수교육을 받는다고 해도 학생들이 겪는 문제들은 완화되지 않는다고 느낄 수밖에 없었다. 특수학교에서 이들은 더 이상 따돌림을 당하지 않았지만 그곳의 생활에 만족할 수 없었고, 일상 또한 안정되지 않았다.[9] 이런 상황 속에서 부모들은 자녀를 특수학교에 보낸 뒤에도 계속해서 자녀에게 더 적절한 교육기관을 찾아다녔다.

장애 등록제와 장애 등급제는 한국 장애인 복지 제도의 특징적인 요소이다. 장애의 정도를 수치화, 등급화해 등급에 따라 차별적인 혜택을 부여한다는 점에서 논란이 있어 온 장애 등급제는 2019년 7월부터 순차적으로 폐지되기 시작했다. 장애를 종류에 따라 6개의 등급으로 나누던 기존의 제도는 현재 '서비스 지원 종합 조사'라는 새로운 판정 체계로 장애의 정도를 심한 정도와 심하지 않은 정도, 두 범위로 나누고 지원 내용을 차별화하고 있어, 사실상 장애 등급제는 폐지된 것이 아니라는 비판을 받기도 한다.

드림칼리지 학생과 부모에게 장애 사실을 국가에 공식적으로 등록하는 장애인 등록제는 많은 경우 피하고 싶어도 피할 수 없는 선택이었다. 많은 경우 장애인 등록 절차는 보호자, 특히 부모가 주도하거나 처리하는데, 정신적 장애의 경우는 더욱 그렇다. 장애인으로 등록되면 일종의 신분증 같은 장애인 복지 카드가 발급되는데, 이때부터 장애는 의료적 관점을 기반으로 한 장애 분류에 따라 특정된다. 장애인으로 등록되었다는 사실과 등록된 장애인에게 부여되는 복지 카드는 장애인이라는

---

9   이런 지점은 특수교육 시설이나 인력이 부족해 개인의 맞춤 접근이 어려운 상황과도 관련이 있을 것이다. 특수교육 현장 내에서도 학생들의 개별 상황이나 성향에 맞춘 접근이 요구된다. 현장에서 일하는 사람들은 이에 대한 고민과 지원을 호소하기도 한다.

특별한 인격체의 구분을 구체화하고 확실시한다.

　드림칼리지 학생의 경우는 병역의 의무가 주어지는 남학생들이 장애인 등록제로부터 더욱 자유롭지 못했다. 남학생들은 군 복무를 할 수 없다는 것을 증명하기 위해 장애인으로 등록되어야 했다. 병역 판정에서 질병이나 장애가 있는 경우는 의무 기록이나 검사 결과, 생활기록부를 통해 증명해야 하는데, 장애인 복지 제도에서 인정되는 장애 등급이 있는 경우 그 자체로 병역이 면제로 이어지기 때문이다. 주지하다 시피 한국의 병역 체계상, 만 19세 이후 병역 판정 검사에서 현역 이외의 판정을 내리는 것은 병역기피 논란 때문에 사회적으로 민감한 문제이다. 이렇게 민감한 사회 분위기를 반영한 제도 속에서 자녀가 체력적으로나 정신적으로나 병역의 의무를 수행하는 것이 어렵다고 판단한 부모들은 병역 면제를 확실히 얻어내기 위해 적극적으로 장애 등록을 선택했다.

　가정에서 자녀의 장애를 언급하는 일은 흔치 않았지만, 병역 이행 판정이 다가옴에 따라 장애 등록이 필요해졌다. 그러나 장애 등록 또한 간단하지 않다. 부모들은 자녀의 장애를 증명하기 위해 의료 기록과 지난 생활 기록 등을 모아 당국에 평가받아야 했다. 자녀의 장애를 증명하기 위해 과거의 자료를 모으고, 여러 진단을 받는 과정이 지난하고 불확실하기 때문에 장애 등록 판정은 부모들 사이에서 축하할 일로 여겨진다. 박민혁(가명) 학생의 경우는 부모가 장애 등록에 관한 정보를 충분히 접하지 않고 정신장애 진단도 비교적 늦게 받은 탓에 성인이 될 때까지 장애 등록을 하지 않은 경우였다. 장애 등급 제출 없이 병무청의 신체검사로 대체 복무 판정을 받은 그는 공익 근무를 시작한 뒤에서야 근무처의 담당자들로부터 복무 수행이 불가능하다는 판단을 받았다. 그 때문에 그와 그의 어머니는 번거로운 과정을 겪었고 사후적으로 병역의무가 취소되었다.

반면 여학생들은 장애인 등록을 한 경우가 적었고, 대개 앞으로도 등록을 원치 않았으며, 등록을 했어도 복지 카드는 사용하지 않는 경우가 많았다. 장애인 등록을 하지 않은 여학생들이 드림칼리지의 일상에서 더 높은 소통 능력이나 기술적 능력, 지적 수준을 보이거나 건강하다고 볼 수는 없었다. 다만 많은 경우 당사자들이 장애인 등록을 원치 않았고 실제로 장애 등록을 하지 않은 경우가 많았다.

드림칼리지에는 경제적으로 윤택하지 않은 환경의 학생도 더러 있었다. 이런 경우 교사들은 학비를 지원해 주는 외부 장학제도와 연결해 주기도 하고, 학비 체납을 기다려 주기도 했다. 또 한국의 많은 가정이 그렇듯, 드림칼리지에는 학비가 부담되더라도 무리를 해서라도 비용을 부담하는 가정이 많았다. 보통의 가정이 자녀의 미래를 위한 투자로서 교육 비용을 감수한다면, 장애의 경계를 맴도는 드림칼리지 학생들의 부모는 이들이 일상을 살고, 상대적으로 건강하고 안정적으로 보낼 수 있는 효과를 위해 비용을 감당했다.

같은 맥락에서 부모들은 장애 등록으로 얻을 수 있는 경제적 혜택을 꽤 긍정적으로 받아들이기도 했고, 복지 카드를 소유하고 다니는 학생들은 문화생활에서 받을 수 있는 할인 혜택을 꼼꼼히 챙기고 즐기는 경우도 많았다. 그러나 이런 공과금 및 문화생활비 할인과 같은 경제적 지원이 장애 등록을 실행하게 하는 결정적 요인이 되는 것은 아니었다. 특히 경제적으로 비교적 안정적인 부모들에게는 장애인 등록을 통해 얻을 수 있는 교통비·공과금·문화비·통신비 할인 등은 절박하지 않았고 매력적으로 여겨지지도 않았다.

　고등학교 시절 부모가 자신과 상의 없이 장애인 등록을 처리했던 한 학생은 여전히 장애인 등록을 의미하는 복지 카드를 평소에 소지하지 않으며, 장애인 혜택을 받지 않고 있다고 말했다. 이 학생은 가족에게 복지 카드에 대한 부정적인 감정을 말하자, "네가 장애인처럼 행동하지 않으면 되잖아"라는 말을 들었다. 여기에서 드러나는 장애의 다층적인 모순은 장애는 의료적으로 판정되고 국가에서 인정해 줘야 하는 문제인 동시에, 그런 인정을 원치 않는 당사자가 존재하고, 주로 보호자인 대리인은 장애의 인정을 요구하게 된다는 점이다. 여기에 더해 장애를 인정받거나, 받아야 하는 당사자는 어떤 상황에서는 장애가 있다는 것을 확실히 보여 줘야 하지만, 일상에서는 장애가 없는 것처럼, 혹은 장애가 문제가 되지 않는 것처럼 조절할 수 있다는 기대를 받기까지 한다. 장애 개념이 장애를 겪는 이의 처지를 적절하게 이해해 주기 위한 것이라면 그 사람이 경험하는 문제를 증명하라는 요구와 문제를 스스로 감추거나 조정할 수 있을 거라는 기대를 동시에 부과하지는 않을 것이다.

포착되지 못하는 아픔

우리에게 익숙한 장애라는 개념은 비교적 최근인 1970년대를 시작으로 하여 1980년대에 구체적으로 정의되기 시작했다. 그리고 이 개념에 대한 비판은 당시부터 있어 왔다. WHO는 '국제 장애 분류 기준'International classification of impairments, disabilities and handicaps, ICIDH을 1976년 수립했는데, 여기에서는 장애를 아래와 같은 도식으로 정의했다(WHO 1980).

질병disease → 손상impairments → 장애disabilities

→ 사회적 불리handicap

이런 정의는 질병으로 인해 인간의 신체나 정신의 구조 및 기능이 상실되거나 손실된 상태를 기본으로 보고, 그런 상태로 인해 어떤 활동을 수행할 능력이 제한되거나 결여되는 상황이 발생하는 차원을 장애로 설명한 것이다. 이때 장애는 개인의 정상적인 역할을 제약하며 불이익을 일으킬 수 있는 문제로 파악된다. 이것이 바로 장애를 의료적 모델로 설명하는 방식의 표본이다. 의료적 관점에서의 장애 개념은 문제의 원인을 애초에 개인의 차원에서만 본다는 점에서 비판을 받았고, 미국과 영국의 장애인 운동의 영향과 장애 이론의 발전과 더불어 점차 환경적·사회적 요인에 대한 강조가 나타났다. WHO도 2001년에 이르러서는 분류 기준의 명칭부터 내용까지 전면 수정했지만, 여전히 개인의 구조와 기능의 온전함이 건강한 상태로 전제됨으로써 장애가 비정상으로 취급된다는 문제가 있으며, 사회적 요인은 여전히 장애를 구성하는 하나의 요소로만 취급된다는 점이 비판되기도 한다(김도현 2009). 1972년에 설립된 영국 장애인 운동 단체 '분리에 저항하는 신체장애인 연합'Union of the Physically Impaired Against Segregation, UPIAS은 이미 당시부터 장애라는 개념을 '신체적 손상이 있는 사람들을 사회에서 배제하는 것'으로 설명하고, 신체적 장애를 사회적 억압social oppression이라고 정의하기도 했던 것을 보면 장애를 정의하고 바라보는 방식에 대한 문제 제기는 초기부터 있어 왔지만[10] 오늘날 한국 사회에서는 여전히 의료적 관점으로 구성된 장애 개념과 그것을 바탕으로 한 개입 방식이 지배적이다.

특히나 한국 사회에서는 대중의 인식과 장애인 복지 제도 모두에서 정신적 문제가 의료적으로 이해될 수 있고 의료적으로 접근되어야 하는 문제라는 인식이 강하게 나타나고, 그런 인식은 장애 개념에 강하게 내포돼 있다. 그러나 의료적 관점은 어떤 이의 문제가 이해되도록 도울 수 있을 것이라는 기대와 달리, 당사자가 겪는 문제를 잘 설명해 주지 않을 수 있다는 모순을 갖고 있다. 오랫동안 드림칼리지에서 자원 활동으로 수업을 진행했고, 학생들과 친밀한 관계를 맺어 온 한 교사와의 인터뷰 중 그는 장애가 있어도 세상에 나와 함께 지내는 것이 중요하다는 의견을 내게 말했다.

> 우리 동네에도 장애가 있는 아이가 있었어요. 저희 딸이 그 아이를 보고 "엄마 저 오빠 왜 그래?"라고 묻길래 제가 "아, 저 오빠 마음이 아파서 그래"라고 설명을 해줬어요.[11]

어린 자녀들을 키우며 살던 동네에 발달 장애인 청소년이 있었는데, 그 청소년의 할머니가 늘 놀이터에 데리고 나와 동네 아이들이 있는 공간에 있게 했다는 것이었다. 교사 강지희(가명)는 자신의 딸이 동네에 사는 오빠를 봤고, 그때 딸에게 '저 오빠는 아픈 것이다'라고 말해 줬다는 이야기를 했다. 시간이 한참 흐른 뒤 드림칼리지에서 외부 사람들을 초청

---

10 1975년 11월 UPIAS와 장애연대(The Disability Alliance)의 토론을 통해 정의된 "장애의 기본 원리"의 내용이다.

11 자원 교사 강지희(가명)와의 인터뷰(2015/07/21).

하는 특별한 행사가 있던 날 딸을 데려왔을 때, 그 아이는 한 학생을 보고 "저 오빠는 어디가 아픈 거야?"라고 물었다. 교사는 "글쎄, 딱히 어디가 아픈 건 아닌데……"라며 설명을 잇지 못했다고 했다. 그 학생은 자폐스펙트럼장애 진단이 있는 학생이었고, 자폐스펙트럼장애는 정서적 유대감이나 관심, 지적 능력의 제한, 반복적인 행동 등의 특징을 보이는 장애로 알려져 있다. 교사는 장애를 병리적 문제로서 보거나, 안타까운 처지로 보았기 때문에 아픔으로 설명한 듯 했다. 그렇다면 실제로 이들의 '아픔'은 무엇일까? 누구에게나 있는 나름의 고유한 '아픔'이 아닌 이들만이 스스로 느끼고 공통적으로 묶여야 할 만한 '아픔'은 무엇일까?

드림칼리지 학생들은 공통적으로 학교생활을 수월하게 하지 못해 이탈하거나 겨우 버텨 졸업을 하곤 했다. 그리고 실제로 각각 지적 장애, 자폐증, 자폐스펙트럼장애, 조현병, 우울증, 양극성 정동장애 등의 각자 다른 진단을 가지고 있다.[12] 그러나 대부분의 학생은 자신에게 진단받은 장애가 있다는 것은 알지만, 장애로 정의되는 증상들을 중요한 문제로 보지 않거나, 장애 자체를 자신의 정체성으로 여기지 않았다.[13] 학

---

12 학생들과 부모들의 경험을 참고하면, 정신적 장애의 진단은 빠른 시간 안에 명확하게 확정되지 않고 오랜 시간에 걸쳐, 교사나 가족 같은 주변 사람의 증언, 심리 상담사의 검사, 의사의 진료와 진단 등 다양한 주체들과의 관계 속에서 다중적인 절차를 통해 내려진다. 그리고 궁극적으로는 부모가 진단받기를 멈추고 진단명을 받아들이면서 일시적으로 진단명이 확정된다. 이런 양상이 수치화와 계량화를 통해 비교적 객관적 절차를 통해 진단되는 다른 신체적 질환의 진단과는 다른 특징을 보이는 지점이다. 구체적 과정에 대해서는 이예성(2016)을 참조.

13 이는 학생들이 장애를 인식하는지 자신의 장애를 기피하거나 수용하는지를 말하는 것이 아니다. 드림칼리지에는 단순하고 일방적인 의사소통만 가능한 학생도 있었지

생들은 자신의 인생 전반이나 일상에서 문제가 되는 점을 이야기할 때 정신적 장애를 언급하지 않았고, 정신적 장애로 인한 문제를 지적하더라도 그것을 자신의 정체성 문제로 여기지는 않았다. 마찬가지로 다른 학생 문제에 대해서도 여러 가지 어려움으로 지적했을 뿐, 장애를 문제로 지적하지는 않았다. 물론 학생들 역시도 장애가 사회적으로 얼마나 부정적인 의미를 띠는지 알기 때문에, 그리고 자신에게 장애가 있다는 사실 때문에 불편하거나 폭력적인 경험을 했기 때문에 의도적으로 장애 개념을 피하는 경우도 있다. 부모와 학생이 자신의 장애에 대해 터놓고 얘기하는 경우도 드물며, 이런 기피로 인해 부모와 자녀 사이에서, 혹은 학생 스스로 갈등을 겪기도 한다. 그러나 이런 현실은 일종의 과정으로 이해할 수 있다. 학생과 부모들은 장애 자체를 두고 기피와 갈등 등의 과정을 거치지만 어느 단계에서는 나름의 방식으로 장애를 의미화하는 경우가 많다. 특히 드림칼리지에서 장애인이 아닌 학생으로서 존재하는 경험이나 어려움이라는 새로운 개념을 접하는 것이 이런 과정을 통과하는 데에 큰 역할을 한다.

만, 대부분의 학생은 자신이 받은 의학적 진단과 정의가 무엇인지, 장애인 복지 카드에 기재된 장애 종류와 등급이 무엇인지 알고 있었다. 정신의학적 용어로 설명하자면 병식(病識)이 있는 경우가 대부분이었다. 이들은 상담이나 인지 치료, 약물 치료, 언어 치료 등 다양한 치료의 경험도 있었고, 일상에서 교사나 부모 등을 통해 증상으로 여겨지는 것들을 교정 받아 왔기 때문에 사회적으로 문제시되는 행동이나 사고를 잘 인식하고 있었다. 이런 설명을 덧붙이는 것은 학생들이 장애에 대해 이해하지 못하기 때문에 장애를 문제로 느끼지 않는 것은 아니라는 점을 확인하기 위해서이다. 이 글에서는 치료 가능성에 영향을 미치는 병식의 여부로서 장애에 대한 인식을 보는 것이 아니라, 장애나 질환을 외부에서 정의하거나 인식하는 차원과 당사자가 경험하는 차원에 주목하고 있다는 점을 다시 한번 강조한다.

아스퍼거증후군, 틱 장애, ADHD 진단을 받았고, 장애인 등록이 되어 있는 남학생 박준호(가명)는 자신이 고등학교 1학년 자퇴를 한 계기가 교우 관계 때문이었다고 말했다. 그러나 자신이 가진 어려움이 무엇인지 물었을 때는 틱 장애라고 대답했다. 그는 자신의 의지와 상관없이 소리를 내는 틱 장애 증상에 대해 타인에게 일일이 설명해야 하는 것을 불편해하고 싫어했다. 그는 자신의 지적 능력에 대해서는 의심이 없으며, 장애인 복지 카드에 대해서는 "진짜 어려운 사람이 따로 있는데, 자신이 복지 카드로 특별 대우를 받는 게 아닌가" 하고 생각한 적이 있다고 말했다. 경계성 인격 장애라는 의학적 진단과 지적 장애 3급의 등록 장애 등급이 있는 여학생 김나라(가명)는 자신의 어려움이 "용기가 없는 것"이라고 말했다. 그는 자신의 지능검사 지수도 알고 있고, 자신에게 장애인 복지 카드가 있다는 것도 알고 있지만 장애 자체를 자신의 문제로 지적하지 않았다.

한편, 장애 종류와 관계없이 "왕따"의 경험은 학생들에게 고통스러운 문제로 지적된다. 하루는 수업 시간에 '인생 그래프'를 만들었는데, 아스퍼거증후군[14] 진단이 있는 남학생 장준모(가명)는 본인의 인생 그래프에 여러 굴곡을 표현하고 가장 낮은 지점에 "왕따로 전락"이라고 적었다. 그는 평소 자신에게 장애 진단이 있다는 것도 알고, 그 장애의

---

14 한국에서 정신건강의학 진단의 기초적 기준이 되고 있는 미국의 '정신 질환 통계 편람'인 DSM은 최근 다섯 번째 개정을 통해 아스퍼거증후군이라는 기존의 진단명을 자폐 스펙트럼장애로 재범주화했다. 이처럼 정신 건강 의학 분야 내에서도 정신 질환이나 장애의 범주와 호칭 등은 계속 변하기도 한다.

정의와 특성이 무엇인지도 인지하고 있었다. 일반 학교에서 "장애가 있다는 사실 때문에" 따돌림을 받은 기억에 대해 종종 언급했던 그는 장애를 진단받거나 알게 되었던 사실보다 "왕따"의 경험을 인생의 침체기로 꼽고 있었다. 황예은(가명) 역시 자신이 가진 정신 질환 문제를 충분히 인지하며 받아들이고 있었지만 학창 시절 학교에서 당했던 괴롭힘을 인생에서 더욱 중대한 문제로 꼽곤 했다.

황예은   대학원 다니면, 선생님 친구 많겠네요.

나   같이 공부하는 사람들이 많긴 하지.

황예은   그럼 같이 밥 먹을 사람 많겠네요.

나   응. 같이 공부하다가 밥 먹기도 하지. 그런데 혼자 먹는
          사람들도 많아, 시간이 바쁘면.

황예은   그 큰 책상에서 밥 같이 먹잖아요. 저는 그럴 때 애들이
          랑 같이 먹으려고 하는데, 애들이 껴 주질 않아서 그게
          너무 힘들었어요, 애들이 껴 주질 않으니까. 저는 혼자
          먹는 거 진짜 싫어하거든요. 그래서 저 도저히 학교 못
          다니겠어서 …… 그때 제가 병도 발생했거든요, 고 2때.
          좀 아깝긴 해요. 그래서 담임 선생님도 계속 말리고 좀
          만 참으라고, 상담 이런 거 받으라고 하고 그랬었는데
          …… 도저히 안 되겠어서 그만뒀죠. 제가 옛날에는 되게
          말없고 폭력적이지 않았거든요. 그런데 꿈학교[15] 와서
          이성 문제가 계속되고, 계속되고 그래서 꿈 선생님들 속
          도 많이 썩이고. 힘들었죠. 아무튼 이런 얘기가 있어요.

다음 주에 얘기할 때 개인적인 얘긴 좀 더 자세히 할게
요.[16]

중학생 시절 환청과 환각을 경험하고 조현병 진단을 처음 받게 된 황예
은은 인터뷰를 통해 자신에게 정신 질환이 있다는 사실에 충격을 받았
다는 표현도 했지만, 그 질환이 자신을 힘들게 한다는 말은 잘 하지 않았
다. 오히려 중학생 시절부터 자신이 '멍청'하기 때문에 동기들로부터 괴
롭힘을 당했는데, 그 괴롭힘이 너무 지나치다는 것이 고통이었으며, 여
전히 과도했던 괴롭힘의 기억이 생생하다고 말했다. 학교를 자퇴한 이
후, 자신을 괴롭혔던 동기를 길에서 마주치면서 고통이 다시 강하게 되
살아난 적도 있다고 말했다. 그는 이런 일련의 경험들에 대한 생각을
"누군가에게는 털어놓고 싶었던 속마음"이라고 표현했다.

　유사하게 양극성 조울증의 진단을 가지고 있으며 약물을 꾸준히 복
용해 온 박민혁 역시 삶에 있어서의 가장 큰 문제로 학창 시절 자신을 괴
롭혔던 학생들에 대한 기억을 지적했다. 그는 자신을 괴롭혔던 동기들
에 대해 수시로 이야기를 꺼냈고, 그 때문에 주변 사람들이 불편하게 느
낄 정도였다. 그가 가진 정신 질환의 특성에 따르면 이는 망상이고 지나
친 집착일 수 있지만, 그에게 그것은 정말로 생생하고 현재진행적인 문
제였다. 그는 상담이나 진료를 통해, 또 부모와 교사 등을 통해 이런 태

15　드림칼리지와 모 기관이 같은 청소년 대안학교. 드림칼리지에는 꿈학교를 졸업한
뒤 드림칼리지에 온 학생이 많이 있다.

16　2015년 5월 27일 필드 노트에 기록된 대화.

도에 대해 교정을 많이 받아 왔고, 재활 시설이나 사회 복귀 시설에서 지내 온 경험도 있기에 자신의 태도가 정신 질환의 증상이라고 이야기된다는 것을 잘 알고 있었으며, 그것을 내게 설명할 수 있을 정도였다. 그럼에도 불구하고 그는 당시의 경험으로 인해 특히 여성들과 어울리기 힘들어 했으며, 자신에게 퉁명스러운 여성을 보면 불쑥불쑥 그때의 기억이 떠올라 편견이 강화되었고, 때로는 여성에 대한 혐오감을 드러내기도 했다. 그가 인간관계에서 받아 온 상처와 괴로움의 호소는 듣는 사람을 힘들게 했지만 그가 느끼는 문제의 차원이 어떤 것인지 분명히 알 수 있게 해주었다. 그에게 '당신의 문제는 당신이 가진 정신 질환 때문입니다'라고 말하는 것은 아무 소용이 없을 것 같았다.

이처럼 장애라는 개념은 의학적·제도적으로 범주화되어 있으며 일상에서도 쉽게 사용되지만 실제 당사자들이 체감하는 문제를 지시하지 않기도 한다. 게다가 문제로 지적되는 개인의 특성이나 증상이 꼭 장애라는 개념에 수렴되어야만 문제가 개선 혹은 완화될 수 있는 것도 아니다. -증, -장애, -병 등으로 명명되는 정신적 장애의 종류에는 통증이나 고통을 수반하는 증상에 대한 것도 있지만 정신적 기능의 저하에 대한 것도 있다. 인지 기능의 한계, 사회성 발달의 한계가 그것이다. 따라서 고통을 경험하는 문제의 개선과 기능적 문제의 개선은 질적으로 다른 종류의 것이다. 실제 정신적 장애에 포섭되어 있는 여러 문제들은 그 문제를 겪는 사람에게 경험되는 결이 매우 상이할 수 있다는 것이다. 그러나 무기력함, 극심한 강박, 우울감, 환청이나 환상, 단기 및 장기 기억력 발달의 한계, 복잡한 사고 능력의 한계, 정서적 유대감 발달의 제한 등 매우 다양한 양상을 지닌 장애의 증상들은 외부에서는 마치 비슷한 문제, 즉 어떤 손상이나 결여, 한계 등 가치의 문제로 간단히 뭉뚱그려진다. 학생들은 장애가 있는 자신을, 혹은 다른 치명적인 문제를 갖고 있거나 극적으로 괴로운 경험이 있는 자신을 어떤 특별한 인격체로 구분하지 않지만, 장애라는 개념은 장애인이라는 식별 가능한 특수한 인격체를 상상하고 그에 해당하는 사람들을 하나의 범주로 분류하는 데 기여한다. 역설적이게도 장애라는 개념을 통해 개인의 특수성이 식별되고 이를 바탕으로 다양한 사람들이 장애인이라는 하나의 범주에 묶임으로써, 개인의 다양한 상태나 각자 다른 경험은 은폐되거나 단순화될 수 있는 것이다.

환대의 공간을 찾아서

그렇다고 해서 드림칼리지에서 사용하는 '어려움'이라는 개념이 이 문제를 해결해 줄 수 있는 대안이 되는 것은 아니다. 심지어는 이곳을 경험한 교사나 부모들 중에서는 드림칼리지에서 장애를 말하지 않는 것은 장애를 회피하는 것이며, 이런 분위기가 문제를 더 악화시킨다고 생각하는 사람도 있었다. 실제로 성인이 된 자녀의 장애를 여전히 받아들이지 않거나, 자녀에게 장애가 있다는 사실을 알리는 것을 강력하게 거부하는 부모도 제법 있었다. 드림칼리지는 교육과 직업훈련을 같이 하는 학교라는 이상을 가지고 있었고, 부모들은 그 이상에 공감해 이곳을 선택했으며, 자녀들이 어딘가에서 하루를 편안하게 보내고 온다는 사실만으로도 만족했다.

드림칼리지에서 사용되는 '어려움'이라는 개념은 다양한 학생들을 환대하고, 그런 다양한 성향의 학생들이 서로 함께 어울려 지낼 수 있도록 하는 데 유용한 일상적인 개념이다. '어려움'은 교사들에 의해 일방적으로 사용되는 개념이 아니라, 학생들이 스스로 옹호하거나 다른 사람을 이해할 때 사용하는 개념이라는 것은 당사자의 입장이 반영되고 있다는 방증일 수 있다. 그러나 '어려움'은 드림칼리지 밖에서는 장애라는 개념의 대안으로 발화되지는 않는다. 특히 드림칼리지는 바깥세상과 소통할 때, 오히려 장애라는 개념을 다시 끌어들여야 하는 상황과 마주할 수밖에 없다.

우선 '어려움'이라고 했을 때 사람들이 어떤 의미인지 이해하지 못하는 경우가 많아 드림칼리지의 지향이 전달되지 않는다는 문제가 있었다. 드림칼리지의 홈페이지에 학교를 소개하는 문구의 변화를 살펴보면 이전에는 '가벼운 정신적·정서적 어려움을 가진 청년'이라는 문구가 있었으나 2015년 조사 기간 당시에는 부연 설명으로 '지적 장애, 자폐 장애, 정신 장애'라는 문구가 추가되었다. 이에 대해 교사들은 외부의 이해를 돕기 위해 추가된 문구라고 설명했다. 서두에 보았듯이, 사람들은 자신이 알고 있는 '장애'의 개념을 통해 학생이나 학교의 특성을 이해하곤 했다.

또 학생들이 부담하는 등록금과 가끔씩 이뤄지는 수익 사업, 후원금 등으로 운영되는 드림칼리지는 운영 재원을 보완하기 위해 정부나 장학·복지 재단 등의 지원 사업에 응모하는 경우가 많다. 평소 학생들을 장애인이라고 설명하지도 않고, 학생들을 장애 범주에 따라 구별해 내지 않지만 이때 교사들은 드림칼리지와 학생들에게 지원이 필요하다는 것을 설명하기 위해 장애의 개념을 꺼내게 된다. 최근에는 지적 장애의 정도가 심하지 않으나 사회 적응이 어려웠던 학생들에게 해당될 수 있는 '경계선급 장애'[17]라는 틈새niche를 이용하게 되었다. 하루는 한 교사가 학생들과 함께 지역 라디오에 출연하게 되어 준비하면서 이렇게 말하며 고심했다. "애들을 뭐라고 소개하지? 경계선급 장애? 근데 애들이 다 경계선급은 아닌데, 경계선급 장애라고 하면 애들 너무 위축될 거 같은데……." 교사들은 외부에 소개하거나 토론 등을 진행할 때 학생들이 가진 '어려움'을 어떻게 정의해야 할지 고민하곤 했다.

최근 들어 경계선급 장애인을 지원하는 재단이나 정책이 나타나기 시작했고, 드림칼리지는 그 개념에 포함될 수 있는 학생들을 일부 수용하고 있었다. 실제 이곳 구성원 중에서는 장애 정도가 중한 것으로 진단받은 경우도 많기 때문에 이 개념이 많은 구성원을 포함할 수 있는 것은 아니다. 이는 학생들이 드림칼리지에 오기 전 장애인이라는 범주에 맞닥뜨렸을 때의 상황과 비슷했다. 이들에게 장애는 이들의 상태를 적확하게 설명해 주고, 이들이 처한 상황을 자신뿐 아니라 세상에 이해시키기 위한 출발점이라기보다는 오히려 이해를 차단시키는 개념이었다. 경계선이라는 부가적인 조건은 장애인이라는 기준에 회색 지대가 있을 수 있다는 점을 의미했지만, 경계선급 장애인이라는 범주가 만들어지는 순간 이이 범주에 속하는 이들은 소위 '정상인'이 아니게 된다. 장애

17　의학적 진단으로는 경계선급 지능 장애(borderline level intellectual disability, borderline mental retardation)를 의미한다. 불안정한 정동, 충동성이 광범위하게 나타나는 증상을 지시하는 경계선 성격 장애(borderline personality disorder)라는 진단과 혼란이 있을 수 있다(민성길 외 2015).

와 비장애는 사실상 뚜렷하고 명료하게 정의될 수 있는 문제가 아님에도 불구하고, 개인의 특성이나 문제가 장애라는 개념으로 설명되길 강요하는 힘을 가진다. 그런 힘은 장애를 가진 사람이 보통 사람들과는 본질적으로 다른 인격체인 것처럼 구분하게 하는 힘까지 발휘한다.

학생들이 드림칼리지 밖으로 나가거나 드림칼리지 밖과 소통하게 하려면 계속해서 장애라는 개념에 마주하게 되는 현실은 학생들이 어디에서 어떻게 머무를 수 있는지를 생각하게 한다. 드림칼리지는 모 기관인 꿈학교를 졸업하고 막 성인이 된 학생들이 진출할 곳이 없는 현실에서 설립되었다. 꿈학교 역시 청소년 대안학교로서 학생들을 장애 범주에 따라 구분해서 생활하게 하지 않고, 이들의 가능성을 장애 범주에 따라 한정 짓지 않으며, 개별적인 성향과 상태 자체를 존중하며 다양한 체험의 기회를 중시하기에, 일반 학교에서 이탈한 학생들과 그들의 부모는 이곳에서의 생활에 비교적 만족하고 있었다. 그러나 무사히 청소년 교육을 받고 성인이 된 학생들은 또 다시 갈 곳이 없어졌다. 이런 상황에서 일부 졸업생의 부모들과 교사들이 합심해 학생들을 조금 더 교육시키고 훈련시킬 수 있는 드림칼리지를 만든 것이다.

드림칼리지에 온 모든 학생들이 완벽히 적응한 것은 아니었지만, 많은 경우 적응할 만한 가치를 느끼고 노력하면서 비교적 만족스럽게 드림칼리지에서 머물렀다. 그러나 대학교를 표방해 '칼리지'라고 이름을 붙였음에도 학생들은 시기가 돼도 졸업을 하지 않았다. 졸업한 뒤에 갈 곳이 마땅치 않았기 때문이었다. 결국 '졸업 신청제'라는 제도를 만들었고, 이 역시 학교를 설명하는 중요한 특징이 되었다. 학생들이 압박을 받지 않고 충분히 더 지내도 된다는 것이기도 했다. 이는 우리가 통상 알고 있는 학교의 특성과는 사뭇 다르다. 그리고 동시에 학교와 부모들은 학생들의 일터를 직접 마련하기 위해 오랜 시간 노력했다. 이런 노력으로 꿈학교, 드림칼리지, 꿈작업장, 꿈까페까지 학생들이 계속해서 머무를 곳이 생겨났다. 드림칼리지를 나가 일자리를 얻으려면 또 다시 '장애인'으로서 '장애인'을 위한 일자리에 가야 하는데, 특수학교를 기피했듯이, 장애인 꼬리표 없이 일할 수 있는 터전을 만들어 낸 것이다.

나가며

드림칼리지의 교사, 부모, 학생들에게 중요한 것은 장애라는 개념을 타파하고, 어려움이라는 대안적 개념을 널리 알리는 것이 아니었다. 그들에게 중요한 것은 단지 용어에 대한 고민이나 감수해야 하는 약간의 편견이 아니라, 실제 이렇게 치열하고 복잡한 사회 속에서 어떻게 존재할 것인가의 문제를 장애 개념이 더 심화시킨다는 점이다. 때문에 이들에게 장애 개념을 용어 차원에서 비판하는 것은 실효성 없는 논쟁이었을 것이다. 드림칼리지에서 장애라는 개념은 왜 잘 사용되지 않았을까? 나는 장애의 개념이 학생들의 문제를 이해하고, 그들과 일상을 함께하는 데 있어 유용하지 않았기 때문이라고 생각한다. 반대로 어려움은 문제의 모호함을 인정함으로써 이해와 공존에 유용하게 활용되었다.

장애의 궁극적인 문제는 개념이 지나치게 단정적이라는 점이다. 전문적 영역에서 장애는 지속적인 탐구의 대상일 수 있지만 한국 사회의 일상이나 사회적 제도 속에서 장애는 개인이나 개인을 둘러싼 환경에 대한 이해의 가능성을 심화하고 넓히기보다는 그것을 가두는 개념으로 작동한다. 장애는 범주화를 필요로 하며 범주에 따라 다양한 정체성과 인격으로 구성된 사람들을 장애인이라는 특수한 인격체로 상정하게 해주는 제도와 관습을 용이하게 할 뿐, 정작 이들의 삶이 사회 안에서 유지되도록 돕는 개념은 아닌 것이다. 무엇보다도 장애인을 개별적이고 고정된 인격체로 상상하게 만드는 힘은 개인이 가질 수 있는 다른 잠재력과 가능성에 대한 상상을 가로 막는다. 다르게 표현하면, 장애는 문제가 발생하는 다양한 맥락과 가족 및 보호자를 포함해 장애 및 장벽을 실제로 경험하는 이들의 입장이나 처지를 민첩하게 포착하는 개념이 아니다.

앞에서 장애의 정의가 변해 오는 과정에서 살펴봤듯, 개인이 겪는 아픔이나 기능적 부진 자체로 인해 나타나는 문제와, 그런 상황을 장애로 개념화하고 범주화함으로써 발생하고 경험되는 문제는 서로 다른 층위에 있다. 그러나 장애 개념은 여전히 문제의 원인을 개인에게서 파악하기 때문에 원인을 가진 이들의 주변이나 사회가 어떤 역할을 해야 하는지에 대해 고찰하기보다는 개인들이 이 사회에서 어떤 조건을 갖추고 어떤 역할을 해야 하는지, 오히려 '정상적인' 개인에 대한 허상적 기대에 집중하게 만든다. 그렇기 때문에 장애 개념은 개인의 문제를 설명해 주는 듯 보이지만 정작 개인이 경험하는 문제를 가리고, 개인을 고립시키는 모순을 낳는다.

장애는 어떤 사람의 인격의 다양한 면을 모두 가릴 만한 요소가 아니며, 그렇다고 그 사람의 문제를 모두, 적확하게 이해하게 만드는 도구도 아니다. 어떤 사람에 대해 장애라는 개념을 적용하고, 연민을 느끼거나 친절을 베풀거나, 제도적으로 혜택을 주는 것은 받는 사람이 정당하게 사회에서 자리매김하는 것이 아니라 장애인이라는 인격체를 구분하고 이를 통해 이들의 자리를 분리하고 배척하는 것이다. 여기에서 '정당하게'라는 것은 그 사람이 어떤 사람인지 여러 가능성이 열린 존재로서 존재한다는 것을 의미한다. 그리고 여기에서 가능성은 그 사람의 능력이나 기능뿐 아니라 성향, 성격, 욕구 등을 포함한다.[18] 다시 강조하건대, 장애라는 개념은 사람이 가진 고통이나 문제의 차이를 구체화함으로써 문제를 가진 고정된 인격체를 상상하게 하고 사람마다 가질 수 있는 능력, 욕구, 욕망의 가능성을 차단시키는 것이다. 그러나 국가든, 사회든, 개인이든 다른 사람의 가능성을 박탈할 수는 없고 박탈해서는 안 된다.[19]

이 글은 장애라는 것은 없다거나 장애는 의료적으로 접근하지 말아야 하는 문제라는 것을 주장하기 위한 것은 아니다. 나는 이 글에서 장애

---

18 김원영은 "나는 '야한' 장애인이고 싶다"라는 표현을 사용하며 장애를 사회적인 차별로 보고, 다양한 몸을 있는 그대로 받아들여야 한다고 쉽게 주장하는 것은 여전히 어떤 몸의 고통과 욕망을 은폐한다는 점을 지적한 바 있다(김원영 2019, 236). 탁월한 능력을 보여 주는 장애인에게 느끼는 아름다움은 '숭고함'에 가까운 것으로 이런 미적 경험은 여전히 그 대상이 나의 삶과 무관한 '타자'일 때 느끼는 종류의 것이라고 지적하며 장애가 있는 삶을 그 삶 전체에 통합해서 오랜 시간 축에서 조망해 볼 때 바라보는 사람의 삶 속에서 동등한 아름다움을 발견할 가능성이 있다고 말한다(김원영 2018, 261, 286).

19 이와 관련하여 김현경이 언급한 인격의 '신성함'을 참고할 수 있다. 에밀 뒤르켐이 '인격의 신성함은 사회로부터 온다'라고 언급한 것에서 착안하여 저자는 사회가 구성원에게 존엄을 박탈할 수 있는 것이 아니라 오히려 구성원들을 절대적으로 환대하고, 모두에게 자리를 주고, 그 자리에 불가침성을 선언하는 것이 사회가 성립하기 위한 조건이라고 설명한 바 있다. 특히 조건부의 환대는 사회 안에서 계속해서 전쟁을 불러일으키며 이는 사회라는 개념을 토대에서부터 무너뜨린다고 말한다(김현경 2014, 246-247).

라는 개념의 특성 자체가 인간에 대한 이해를 가리고 사회적 현실에 대한 고민을 방해하기도 한다는 점을 보여 줌으로써, 장애를 보다 신중하게 다른 각도에서 살펴볼 필요가 있다는 것을 보여 주고자 했다.[20] 흔히 사용되는 장애 개념을 해체하는 것은 한편으로는 어떤 무기력함을 낳을 수 있다. 또한 안 그래도 저 너머에 있다고 생각한 장애를 더욱 불투명하게 보이게 한다. 그렇다면 지금까지 사용해 온 장애라는 용어, 장애인이라는 표현을 모두 없애야 할까? 장애 개념의 문제가 보다 뚜렷해지고 핵심적이라고 밝혀진다면 먼 훗날 그런 필요성이 제기될 수도 있을 것이다. 그러나 장애라는 용어에는 편견이 담겨 있기 때문에 용어를 교체해야 한다는 주장은 장애를 둘러싼 복합적인 문제들의 대안이 될 수 없다.

보다 중요한 것은 이 문제의 당사자를 기존의 장애인으로, 그리고 장애 관련 전문가로 가두어 두는 것으로도 이 문제를 해결할 수 없다는 점이다. 나는 이 글에서 장애라는 개념이 왜 필요하고 어떻게 작동하는지 보다 근본적인 질문을 던져야 한다고 말하고 싶었다. 드림칼리지의 사례는 이곳의 학생들이 그동안 한국 사회에서 경험했던 학생들의 고통, 아픔, 한계 등이 과연 그 개인들만의 문제인지, 그들을 특수한 인격체로 정의함으로써 이런 문제를 설명하고 해결할 수 있는지에 대한 의구심을 갖게 해준다. 한국 사회의 구성원으로 살면서 누구나 한번쯤은 장애라는 개념을 인식하거나 사용해 본 적이 있을 것이다. 또 그렇게 장

---

20 최근의 연구로 디빌리티(Debility, 장해) 라는 개념을 사용하여 장애-비장애 이분법을 해체의 필요성을 강조한 자스비르 푸아의 논의를 참고할 수 있다(Puar 2017). 푸아는 기존의 장애학 연구를 비판하며 매개로서의 디빌리티라는 개념을 제시한다.

애 개념의 모순적 의미의 재생산에 참여해 왔을 것이다. 그런 모순의 고착과 재생산이 누군가의 삶에 치명적인 영향을 미쳐 왔을 수 있다. 이런 미묘한 연관성을 고려한다면, 누구든 장애라는 개념을 들춰 보고 의문을 제기해 볼 자격과 책임이 충분하다는 결론에 다다를 수 있을 것이다.

참고 문헌

김도현, 2009, 『장애학 함께 읽기』, 그린비.

김원영, 2018, 『실격당한 자들을 위한 변론』, 사계절

_____, 2019, 『희망 대신 욕망: 욕망은 왜 평등해야 하는가』, 푸른숲.

김현경, 2015, 『사람, 장소, 환대』, 문학과지성사.

김환석, 2014, 「'의료화'에서 '생의료화'로: 정신장애의 사례」, 『과학기술학연구』 14(1).

민성길 외, 2015, 『최신 정신의학』, 일조각.

앨런 프랜시스, 2014, 『정신병을 만드는 사람들: 한 정신의학자의 정신병 산업에 대한 경고』, 김명남 옮김, 사이언스북스.

에드워드 쇼터, 2009, 『정신의학의 역사: 광인의 수용소에서 프로작의 시대까지』, 최보문 옮김, 바다출판사.

이예성, 2016, 「정신적 장애의 개념과 대안적 의미구성: 청년대안학교 드림칼리지의 사례연구」, 서울대학교 대학원 인류학과 석사 학위논문.

정창권, 2011, 『역사 속 장애인은 어떻게 살았을까: 사료와 함께 읽는 장애인사』, 글항아리.

피터 콘래드, 2018, 『어쩌다 우리는 환자가 되었나: 탈모, ADHD, 갱년기의 사회학』, 정준호 옮김, 후마니타스.

Rose, Nikolas, 2007, *The Politics of Life Itself Biomedicine, Power, and Subjectivity in the Twenty-First Century*, Princeton University Press.

Puar, Jasvir, 2017, *The Right to Maim: Debility, Capacity, Disability*, Duke University Press.

The Union of Physically Impaired Against Segregation and The Disability Alliance, 1975, "Fundamental Principles of Disability"(discuss, 22nd Nov.)

WHO, 1980, "International Classification of Impairment , Disabilities, and Handicaps‑ A manual of classification relating to the consequences of disease".

성매개감염 경험이 말해 주는 것

20, 30대 한국 여성들의 HPV 감염 경험을 중심으로[1]

김보영

---

1   필자의 석사 학위논문 「여성의 성매개감염 경험이 제기하는 성적 권리의 문제: HPV 를 중심으로」(2020)의 일부를 수정·보완한 것이다.

흔히 '성병'이라고 불리는 성매개감염Sexually Transmitted Infection, STI, 그중에서도 사람유두종 바이러스Human Papillomavirus, HPV에 관한 이야기를 해보려 한다. '자궁경부암 백신'으로 널리 알려진 '가다실' 같은 백신이 예방하는 바이러스가 바로 HPV다.[2] HPV 감염은 무척 흔하고 대부분 건강 상태에 큰 영향을 미치지 않는 것으로 알려져 있다. 감염 여부조차 모르고 지나가는 경우가 많다. 그럼에도 HPV에 감염되었다는 검사 결과지를 받아 들고 나면 '왜 감염이 되었을까?'를 진지하게 고민하게 된다. HPV에 감염되었다는 사실이 그리 유쾌한 일은 아니니 말이다. 대

2　'자궁경부암 백신'이라는 이름이 정확한 것은 아니다. HPV 백신은 200여 종의 HPV 중 고위험군으로 분류되는 HPV, 그중에서도 일부 몇 가지 종류의 HPV에 대한 감염만을 예방하는 것이지, 자궁경부암 자체를 예방하는 것은 아니다.

부분의 의사는 HPV에 감염된 이와 성관계를 했기 때문에 HPV에 감염되었을 거라고 말할 것이다. 하지만 그 원인을 좀 더 구체적으로 생각해 볼 수도 있다. 누군가는 감염을 예방하는 방법을 몰라서, 백신 접종 같은 감염 예방 수단을 접할 기회를 갖지 못해서, 혹은 감염을 예방하려 했지만 내 의지에 반해 콘돔 등을 쓰지 못했기 때문일 수도 있다. 검사 결과지는 특정 바이러스에 감염이 되었다 혹은 되지 않았다는 단순한 사실만을 드러내지만, 검사 결과지에 드러나지 않는 수많은 이야기가 있다.

나는 HPV 감염 경험에 관한 연구를 진행하면서 HPV에 감염된 여성들이 때때로 감염에 대한 낙인을 경험하거나 파트너와 불화를 겪는다는 것을 알게 되었다. 성매개감염이 무엇인지, 어떻게 감염이 되는지, 치료는 어떻게 이뤄지는지에 대해 잘 알고 있는 사람은 많지 않다. 성매개감염이라는 단어조차 낯선 이들에게 HPV 감염은 단번에 받아들이기 어려운 사실일 수 있다. 또 성매개감염을 혐오하는 사회 분위기 속에서 살아온 이는 감염이 되었다는 사실만으로도 낙담할 수 있다. 누군가에게는 별일 아닐 HPV 감염이, 누군가에게는 하나의 '사건'이 되기도 했다. 나는 HPV 감염이 자신의 삶에서 하나의 '사건'이 된 여성들의 이야기를 보여 주고 싶다. 이 여성들의 이야기에 주목하는 이유는 의사들의 말과는 달리 HPV가 매우 '심각한' 바이러스라거나 반드시 예방해야만 하는 바이러스임을 주장하기 위해서가 아니다. 여성의 경험을 통해 한국 사회가 성매개감염을 어떻게 인식하며 다루고 있는지, 한국 사회에서 이성애 관계를 맺는 여성들이 성매개감염과 관련해 남성 파트너와의 관계에서 겪는 고충이 무엇인지를 이해해 볼 수 있을 것이기에 이 이야기들에 주목해 보자는 것이다.

HPV는 몸의 형태와 관계없이 누구나 감염될 수 있고 가장 흔히 감염되는 성매개감염 바이러스이다. 성매개감염 바이러스란 주로 성적 접촉을 통해 감염이 되는 바이러스라는 뜻이다. HPV는 다양한 질병의 원인이 되고 치료제도 없지만 90퍼센트 이상이 자연 소멸한다고 알려져 있다. 현재까지 밝혀진 HPV의 종류는 대략 200여 종이며, 이들은 고위험군과 저위험군으로 구분되는데, 이 중 고위험군은 자궁경부암을 비롯한 여러 질병을 발병시키는 요인으로 작용할 수 있다. 한국에서는 매년 3300명이 자궁경부암으로 진단받으며 900명 내외가 사망한다고 알려져 있다. 자궁경부암의 주요 원인이 HPV 감염임이 밝혀지면서 HPV 감염은 여성에게 더 큰 질병 부담을 전가하는 것으로 여겨진다.

많은 경우 HPV 감염은 특정한 증상이나 통증을 유발하지 않고, 자연스럽게 소멸됨에도 불구하고, 자궁경부암의 주요 원인이 HPV 감염이라는 사실 때문에 심각한 불안을 초래하곤 한다. 하지만 이때의 불안과 고통은 때때로 비합리적인 것으로 치부된다. 감염이 암으로 이어지는 경우는 드물고, 또 암으로 이어진다 해도 암이 되기까지 상당한 기간이 걸리기 때문에 정기적인 검진을 통해서 충분히 암을 예방할 수 있다는 것이 대다수 의료진의 공통된 의견이다.

의사들은 그런 사람들의 걱정이나 과다하게 걱정하는 이런 부분들을 일부 환자의 문제, 내지는 좀 이 사람이 '오버한다'는 식으로 생각해요. 예를 들면 '남자 친구에게 옮은 걸까요?' '언제 옮은 걸

까요?' '제가 앞으로 성관계를 해도 되나요?' 이런 얘기를 하면 듣

기 싫어하고 '괜찮아요. 백신 맞고 검진 6개월마다 한 번 하세요'

이렇게만 얘기하고 넘어가 버리거든요

산부인과 전문의 A

생의학biomedicine은 질병 및 감염, 그에 따른 신체의 변화와 경험을 가장 적확하게 설명하는 도구로서 권위를 갖고 있지만, 바이러스 감염의 경험은 의학적 언어로 설명할 수 있는 영역에 머무르지 않는다. 의료인류학 연구를 비롯하여 당사자 스스로의 관점과 해석에 주목하는 연구들은 여성이 자신의 상태를 생의학적 체계와 같은 방식으로 규정하지 않음을 보여 주며(Inhorn 2006, 345-378) 질병이나 감염의 경험이 의학의 용어로만 설명되기 어렵다는 사실을 증명한다. 즉, HPV 감염이 대수롭지 않은 것이며 정기검진을 잘 받으면 괜찮다는 의사의 말을 납득한다고 하더라도, 감염 사실을 알게 된 순간부터 시작된 불안을 쉬이 잠재우지 못하는 여성들도 있다. 이 불안은 감염이 암으로 이어질 수 있다는 의학적 사실에서 기인하기도 하지만 '저 의사가 나를 어떻게 볼까' '남들이 내가 성매개감염에 걸렸다는 것을 알면 어떡하나' '애인에게는 뭐라고 말해야 하나' '앞으로 성관계를 피해야 하나'와 같은 질문이 꼬리를 물면서 발생하기도 한다.

우선 질병 서사에 주목해 볼 필요가 있는데, 질병 서사는 질병에 관한 경험을 말이나 글로 풀어낸 것을 말한다(황임경 2013, 81-88). 질병 서사는 환자의 구체적인 경험의 발화를 통해 질병이 가지는 특수한 사회문화적 의미를 알게 해준다. HPV가 곧 질병은 아니지만, HPV에 대한 감

염 당사자 자신이 구성한 서사는 생의학적 설명 체계와는 다른 방식으로 성매개감염에 대한 이해를 가능하게 해준다. 이 서사들을 통해 우리는 성매개감염에 대한 사회적 통념을 추측해 볼 수도 있고, 한국의 이성애 연애 문화를 짚어 볼 수도 있을 것이다.[3]

생의학적 설명이나 환자 자신이 구성한 설명 모두 질병의 원인을 설명하는 단 하나의 진실이 될 순 없지만, 환자가 구성하는 질병의 원인은 질병 혹은 감염과 함께 살아가는 삶의 경험을 결정한다는 측면에서, 또 부지불식간에 개인이 경험하는 사회적이고 구조적인 차원의 문제를 드러낸다는 점에서 의의가 있다. HPV 감염 경험이 있는 여성들의 이야기는 우리가 왜 다른 이의 감염 경험을 함께 이야기해야만 하는지를 보여 줄 것이다.

성매개감염에 대한 '낙인'

우선 HPV 감염 진단을 받은 여성들이 경험했던 낙인에 대한 이야기부터 시작해 보자. 성매개감염은 특정한 여성 집단의 문제로 간주되어 온 역사가 있다.[4] 대표적으로 성노동자 집단을 들 수 있을 텐데 성매개감

---

[3] 젠더 연구자인 로라 넬슨(Laura C.Nelson)은 유방암에 걸린 한국 여성 환자들을 연구한 바 있는데, 이들은 자신의 암 발병 원인으로 스트레스를 지목했다. 스트레스라는 표현 속에는 다양한 사회적 문제들이 연루되어 있었는데 이를테면 여성에게 일방적으로 부과되는 가사 노동, 모성 역할, 파트너 및 가족 관계에서의 문제 등이 스트레스라는 단어로 표현되고 있었다. 병의 원인을 찾는 과정에서 삶의 특정한 경험들은 질병의 '원인'으로 재구성된다. 이렇게 구성된 '원인'들은 무엇이 개인의 삶에서 고통을 유발하는지, 나아가 이 고통이 어떻게 사회구조적으로 형성된 것인지를 보여 준다.

염은 주로 성노동자 여성이 경험하는 것이자 이들의 몸이 주요 통로가 되어 '성병'이 사회로 확산된다는 편견이 있다. 성매개감염의 확률을 높이는 것 중 하나가 다수의 파트너와 성관계를 하는 것이기 때문에 성노동자 여성이 성매개감염을 경험할 확률이 높다고 설명하는 것과 여성 성노동자 집단을 성매개감염 바이러스 확산의 주요 요인으로 규정하는 것은 전혀 다른 문제다. 성매개감염의 원인을 여성 성노동자 집단으로 규정하게 되면, 성매개감염은 '문란한', 그리고 특정한 몇몇 사람들의 문제라는 인식을 강화하며 성매개감염 자체를 드러내기 어렵게 된다. 이는 성매개감염과 성노동자에 대한 낙인을 각각 강화하는데, 이런 낙인이 감염 당사자에게는 감염 자체보다 더 큰 삶의 걸림돌이 되기도 한다.

> 되게 열심히 내가 살았고 내가 문란하게 산 사람은 아닌데 그런 게 일단은 약간 어떤 사회적인 낙인이라든가 나 자신에 대해 검열을 하게 되는 상황이 너무 싫었고. …… 사람들이 나를 어떻게 볼까 그런 것들이 좀 싫었고.
>
> HPV 감염 경험인 B

---

4 특히 성적 경험에 대한 발화 자체가 금기시되는 존재들이 성매개감염에 관한 자신의 경험을 공유하기란 더욱 어렵다. 예를 들어 해마다 한국 청소년의 성매개감염률이 급증하고 있다는 보도가 잇따르고 국회에서도 문제의 심각성을 인지하며 대책 마련의 필요성을 주장하는 목소리가 등장하고 있지만, 성매개감염 경험을 비롯한 청소년의 성적 실천과 그 경험에 관한 이야기는 공적으로 발화되기 어렵다. 청소년의 성적 실천 자체가 금기시되는 한국 사회에서 청소년의 성을 금지의 차원이 아닌, 건강이나 권리의 관점에서 접근하는 시도 또한 찾아보기 어렵다.

사실 제일 걱정된 거는 성병이라는 게 가장 걱정이 됐었죠. 이게 쉽게 누구한테 말할 수도 없고 어쨌든 낙인찍힐 수 있는 거로 생각했어요. 그 부분이 제일 무서웠어요. 그러니까 뭐 친구들한테 얘기하더라도 '성병 옮으면 어떡하지' 이런 식으로도 정말 많은 얘길 들었었고 근데 어떻게 보면 제가 그 바이러스의 숙주가 된 사람이니까. 그게 좀 내가 누군가한테 옮길 수 있고. 그리고 뭔가 내가 아무런 좀 약간 아무런 (정적) 좀 …… 좀 …… 더러워졌다 라는 생각. 별로 이렇게 뭔가 그런 얘기를 들을 거 같은 거예요. 왜 여러 사람이랑 그렇게 자서 이런 소리를 들을 거 같고. 좀 그랬어요. 앞으로 내가 누군가를 만날 수 있을까? 라는 그런 걱정도 좀 있었고.

HPV 감염 경험인 C

HPV 감염 경험에 관한 연구를 진행하면서 만났던 여성 중에는 HPV 감염 경험을 다른 사람에게 털어놓는 것이 처음이라고 말하는 이들도 있었다. 성매개감염으로 인해 병원에서 의사에게 혼이 난 적 있는 여성도 있었다. 단지 '혼전' 성관계를 했다는 이유에서 말이다. 여성의 성적 실천, 특히 결혼 이외 관계에서의 성적 실천을 드러내기 어려운 한국의 문화적 맥락 속에서 여성들은 감염이 되었다는 사실의 괴로움과 자신의 감염을 드러내지 못함에서 비롯되는 이중의 어려움을 겪고 있었다. HPV 감염이 '문란한' 생활의 결과라는 사회적 낙인은 여전히 존재하는데 특히 인터넷 커뮤니티에서 HPV에 관련된 글을 보면 성생활이 '문란'할 경우 HPV 감염률이 높아지는지, 자신의 파트너가 HPV에 감염되었는데 과거에 '문란한' 생활을 했던 것인지 질문하는 경우가 잦다. 또 자신은 '문란'하게 살지 않았는데 왜 HPV에 감염이 되었는지 모르겠다며 하소연하는 글도 자주 올라온다.

HPV에 감염된 여성들은 HPV 감염 자체보다 앞으로의 꾸준한 관리와 검진이라는 의사의 설명을 받아들이면서도 때로는 '문란하지' 않았던 자신의 생활에도 불구하고 HPV에 감염된 것에 대한 억울함, 실제로 다양한 파트너를 만나는 생활을 했던 것에 대한 후회 또는 감염 사실이 알려질 것에 대한 두려움 등이 존재했다. HPV 또는 헤르페스 감염 경험이 있는 미국 여성을 대상으로 진행한 한 연구에서는 성매개감염이 여성에게 건강 위기health crisis뿐 아니라 정체성 위기identity crisis를 초래할 수 있다고 주장한다. 성매개감염을 경험한 여성에 대한 사회적 평가 때문에 스스로 온전하거나 자신이 가치 있다고 느끼지 못하는 경우가 생기기 때문이다(Nack 2008). 이는 HPV 감염에 대한 부정적 체험이 성매개감염에 대한 사회적 인식에 기반함을 보여 준다.

한국의 성매개감염 가이드라인은 성매개감염의 위험성을 평가하는 '위험 인자'의 예로 '마약 중독자' '성 접대부' '길거리 청소년' '익명의 성 파트너'(인터넷 만남, 즉석 만남, 광란의 파티)와 같은 용어를 사용하고 있는데, 이는 현재 보건 의료 영역이 가진 사회적 낙인을 그대로 드러내고 있다(최예훈 2020). 성매개감염에 대한 지배적인 해석 틀, 즉 '문란해서' 성매개감염을 겪는다는 인식은 성매개감염 사실을 드러내지 못하게 하고 또 스스로를 자책하게 만든다.

성매개감염을 '문란한' 생활의 결과로 인식한 여성들은 자신의 성적 실천 자체를 문제 삼는 결론을 내리기도 했다. 그 결과 감염에 대한 죄책감을 느끼며 성관계를 기피하거나 두려워하게 되는 경우도 많았다. 연구를 하면서 만났던 의료진들은 성매개감염을 '문란함'의 결과로 이해하거나 환자에게 그렇게 말해서는 안 된다고 강조했지만, 성매개감염이 문란한 생활의 결과라는 사회적 편견은 여성들의 성매개감염 경험에 많은 영향을 미치고 있었다. 특히 이런 편견은 성매개감염 경험을 공공연하게 이야기할 수 없는 조건으로 작용하면서 성매개감염을 개인의 문제적 행위에 따른 결과로, 그리하여 개인이 책임져야 할 문제로 만들고 있다. 성매개감염에 대한 낙인은 성적 권리가 침해되는 하나의 시작점이다.[5]

스스로 규명한 원인

여성들은 성매개감염이 '문란한' 성생활의 결과라는 사회적 인식을 내면화하며 자신을 자책하기도 하지만 한편으로는 자신이 성매개감염을 경험할 수밖에 없었던 원인을 찾으면서 감염이 내 행동에 따른 문제일 뿐만 아니라 구조적으로 발생한 문제이기도 함을 발견했다.

너무 필요한 건 성교육에서 임신 위험만 얘기하잖아요. 그리고

---

5 성적 권리란 포괄적이고 근거에 기초한 성교육을 받을 권리, 개개인의 몸의 자율성이 존중될 권리, 활발한 성생활에 대한 선택을 할 권리, 합의된 성관계를 맺을 권리, 만족스럽고 안전하고 즐거운 성 생활을 누리며 차별과 낙인으로부터 자유로울 권리 등을 포괄하는 권리 등을 말한다.

[다른] 성병 같은 경우는 증상이 있으니까 검사를 잘할 수 있잖아요 근데 HPV는 증상도 없는데 암으로까지 발전시킬 수 있는 부분인데 전염으로 옮긴다는 거는 반드시 성교육에서 꼭 얘기해야 하는 부분이라고 생각하거든요.

HPV 감염 경험인 D

내가 만난 HPV 감염 경험이 있는 여성들은 공통적으로 청소년기에 받았던 부실한 성교육의 문제를 지적했다. 성매개감염에 대한 성교육이 제대로 이뤄지지 않는 이유는 청소년의 성매개감염 경험을 일부 '일탈적' 청소년의 것으로 여기고 청소년의 성에 대한 논의 자체가 금기시되기 때문이다. 학교 현장에서는 각 과목마다 포함되어 있는 성 관련 내용들을 합해서 성교육 시간을 보고하는 경우가 많고, 성매개감염에 대한 내용이 포함되는 경우는 거의 없다(이정열 외 2012, 72). 청소년의 성매개감염의 증가에 따라 이에 대한 성매개감염 교육의 필요성이 제기될 때에도 감염의 위험성을 강조하여 청소년의 성 경험 자체를 줄이기 위한 목적에서 그 중요성이 강조되는 경향이 있다.

HPV에 감염된 여성들 사이에서는 HPV에 감염이 되고 나서야 HPV에 대해 알게 되었다는 의견이 지배적이었다. HPV에 대한 전반적 인식의 부족은 HPV를 경험하는 여성들에게 큰 영향을 미친다. 주로 인터넷을 통해 정보에 접근하는 여성들은 신뢰할 만한 의료 정보를 얻기 어렵다고 이야기했다. 또 무엇이 맞는 정보인지 판단하기 어려운데 의사와의 짧은 진료 시간 동안 이를 해소하기가 쉽지 않다고 말했다. HPV 감염을 경험한 여성들은 성교육의 부재를 일종의 성적 권리의 침해로

받아들이고 있기도 했다.

하지만 HPV 백신 등 약물을 통한 예방만이 강조되는 의료의 장 안에서는 여전히 성교육의 중요성에 대한 전반적 동의가 형성되어 있지 않다. 내가 연구 과정에서 만난 의료진들은 백신을 통한 HPV 감염의 예방을 강조하면서도 여성들이 감염을 어떻게 받아들이는지는 관심이 없는 경우가 많았다. HPV에 감염된 여성들은 현재 제공되고 있는 실효성 없는 성교육이 아니라 성매개감염에 대한 정보 제공과 감염 대응 방법을 다루는 실질적인 성교육을 원하고 있었다.

또 콘돔에 관한 문제도 자주 지적되었다. E의 경우 체외 사정을 하는 방식으로 피임을 했다고 말했다. 당시에 파트너는 콘돔 사용에 대한 부정적 감정을 이유로 콘돔 사용을 거부했다고 한다. E는 피임약을 먹기 어려운 처지임에도 피임약을 먹는 것이 차라리 나은가 하는 생각도 한다고 했다. 남성들에게 콘돔 사용을 요청하는 일이 어렵기 때문이다. E는 만약 남성을 10명 만난다면 그중 4, 5명은 콘돔을 쓰지 않았고 나머지도 대체로 쓰기 싫어한다고 말했다.

제가 피임약을 못 먹는 처지라서. 왜냐면 흡연도 하고 우울증 약도 먹고 있었고 당뇨도 있어서 여러 가지 사정으로 피임약을 못 먹었는데 그 친구가 하는 말은 자기가 지금까지 사귀었던 여자들은 자기가 다 알아서 피임약을 먹어서 조절을 했다고 그래서 자기는 '콘돔 착용을 안 한다' 왜냐면 자기는 콘돔을 착용을 하면 '현타가 온다' 그렇게 얘기하는데 제가 뭐. 어이가 없어서 더 이상 대화를 지속할, 그럴 가치랄까 그런 걸 못 느끼겠어서 콘돔 끼라고 말해도 들어먹을 성격도 아닌 거 같고 그럼에도 불구하고 제가 그 친구를 많이 좋아했기 때문에 체외 사정을 하는 쪽으로 그렇게.

HPV 감염 경험인 E

성관계를 스물세 살에 했어요. 처음 만난 사람이 서른 몇 살이었는데 콘돔을 그렇게 끼기가 싫다고 그래서, 그때는 진짜 잘 몰랐고 별생각 없으니까 뭔가 아닌 거 같긴 한데 '다 이렇게 한다네' 그래서 했는데 후회를 하게 됐던 거 같고. 콘돔 낀다고 해서 아예 전염 안 되는 것도 아니라고 하더라고요. 그 뒤로 누구한테 더 옮았을 수도 있고 하지만 [그 사람이] 약간 유력하다고 생각했어요.

HPV 감염 경험인 F

이들이 성매개감염에 대해 얘기할 때 주로 제기한 문제 중 하나는 성관계 시 콘돔을 사용하기 쉽지 않다는 것이었다. 이들은 HPV 감염에 대한 억울함을 이야기하면서 공통적으로 콘돔을 쓰지 않으려는 남성들의 태도를 지적했다. 또 콘돔을 쓰지 않으려는 남성들에게 '맞춰 줄' 수밖에 없는 상황에 대해서도 토로했다. HPV가 콘돔으로 100퍼센트 예방이 되는 것은 아니지만 HPV뿐 아니라 임신이나 성매개감염을 예방하는 주요한 도구임에도 많은 남성들이 일방적으로 콘돔 사용을 회피하고 있음을 알 수 있었다. 2015년 전국 성의식 조사 결과에 따르면 성행위 시 콘돔 사용 여부는 남성의 경우는 11.5~13.4퍼센트, 여성의 경우는 11.7~13.4퍼센트에서 매 성행위 시 콘돔을 사용하는 것으로 조사되었으며, 거의 사용하지 않거나 전혀 사용하지 않는다고 응답한 비율은 남성 47.6~48.1퍼센트, 여성 54.1~55.4퍼센트이다(문두건 2015).

내가 만난 HPV 감염 경험이 있는 여성들은 대부분 콘돔을 사용하지 않고 성관계를 했던 경험이 있었다. 그 이유는 남성들이 콘돔 사용 시 자신감이 사라진다거나 '느낌이 좋지 않다'라고 주장했기 때문이었다. 합의를 통해 콘돔을 사용하지 않을 수는 있다. 하지만 남성의 일방적인 주장 때문에 여성의 의사에 반해 성관계 시 콘돔을 사용하지 못한다면 그것은 분명 문제다. 여성들은 자신이 더 강하게 콘돔 사용을 요구하지 못했던 사실을 후회했다.

여성들은 HPV에 감염된 이후에 더는 자신이 통제하지 못하는 상황을 만들지 않으려고 애쓰고 있었으나 쉽지만은 않았다. 콘돔 사용 문제를 비롯해 성관계 전반에서 불평등과 침해, 나아가 폭력적인 경험을 한 적이 있다고 말하는 여성들이 많았다. 여성들은 자신이 성관계 상황을 통제하기 어려우므로 성관계가 남성보다는 여성에게 더 큰 위험을 수반하는 행위라고 판단하기도 했다. 남성 파트너의 직간접적 강요로 인해 자기 몸에 대한 통제권을 상실하는 경험을 했기 때문이다.

여러 이야기를 통해 여성들이 성관계에 주체적으로 참여하기 어려운 현실의 맥락들, 즉 콘돔을 사용하고 싶어도 사용할 수 없고 콘돔 사용에 관한 '협상' 또한 쉽지 않은 상황임을 알 수 있었다. 성관계 전반에서 자신의 성적 권리를 침해당하는 여성들은 HPV 감염 이후 성관계를 하지 않겠다고 선언하며 성관계를 하지 않거나 성관계의 빈도를 줄여 나가는 경우가 잦았다. HPV가 파트너와의 관계를 어떻게 변화시키는지에 대한 연구에 따르면, 연구에 참여한 여성 중 절반이 성관계를 갖고 싶지 않거나 가질 수 없다고 답한다. 그 이유는 치료로 인한 고통이나 추가

감염의 우려 때문이었다(Cherng-Jye Jeng et al. 2010, 407–412).

성매개감염에 대해 파트너와 이야기하고 어떻게 예방할지 함께 고민할 필요가 있다. 하지만 콘돔을 둘러싼 갈등 과정에서 보았듯 이성애 관계에서 성적 실천에 관한 상호 대화와 협의는 실패로 돌아가는 경우가 많았고 여성들은 소통을 통한 해결보다는 성관계를 하지 않는 것을 재감염 예방을 위한 실현 가능한 선택지로 여겼다.

하지만 단순히 성관계를 피하라는 조언은 무엇이 여성의 성적 권리를 침해하고 있는지, 이를 개선하기 위해 어떤 실천이 필요한지 말해 주지 않는다. 콘돔을 둘러싼 상황에서 여성의 자기결정권이 침해되었을 때 그 해결책이 남성과 성관계를 금지하는 것이 될 수는 없다. 성관계를 중단할 수 없는 상황에 놓인 여성이 존재할 뿐만 아니라, 이성애 관계에서 일어나고 있는 권력관계의 문제나 폭력의 문제를 해결해 주지 못하기 때문이다. 단순히 '섹스를 하지 않아야 한다' '콘돔을 사용해야 한다'라는 조언을 넘어서, 성적 권리가 충분히 보장되기 어려운 조건을 구성하는 요인이 무엇인지를 파악해야 한다.

'성적 권리'를 위하여

앞서 살펴본 경험들을 통해 성매개감염을 둘러싼 한국 사회의 편견과 낙인, 이성애 연애에서의 불평등한 성별 권력관계를 짚어 볼 수 있었다. HPV 감염은 '감기 같은 것'이라고도 말하지만, 누군가에게는 삶의 전반을 되돌아보는 계기가 된다. 물론 HPV에 관한 의학적 지식이 대중화되면서 성매개감염의 위험성이 과도하게 강조된 면도 있다. 여성의 성적 실천은 언제든지 HPV 감염 및 자궁경부암 발병으로 이어질 수 있고, 그러니 언제나 위험하고 조심해야 할 것으로 여겨졌다. 성적 실천의 위험성과 부정적인 측면이 강조되면서 HPV 감염을 비롯한 성매개감염이 '피해'나 '고통'의 경험으로만 설명되는 현상도 나타나고 있다.

이를테면 성매개감염을 통해 이성애 관계에서의 불평등을 폭로하는 여성들이 등장한 것이다. 2016년에는 인스타그램에 '성병 패치'라는 계정이 생성되어 논란이 되었다. '성병 패치' 계정은 요도염·매독·클라미디아·트리코모나스·임질 등에 걸린 남성의 신상을 제보받아 그 남성의 사진과 이름, 나이, 병명을 폭로했다.[6] 이는 남성들의 무책임하고 부적절한 관계 맺기 방식을 폭로하기 위한 것이었지만, 성매개감염을 폭로되어야 할 사실로 만듦으로써 오히려 성매개감염에 대한 부정적 인식과 낙인을 강화하는 효과를 가져왔다. 그러나 이성애 관계에서의 폭력 문제를 해결하기 위해서도 성매개감염 그 자체를 비난할 필요는 없다. 그렇게 만들어진 낙인은 언제든 여성을 향할 수 있으니 말이다. 또한 성적 실천을 언제나 위험으로 가득 찬 것으로 만드는 일 또한 여성의 성적 권리를 확장하는 데 별 도움이 되지 않는다. 성적 권리의 확장은 궁극적으로 성적 즐거움을 향해 나아가야 하니 말이다.

성매개감염을 둘러싼 문제들을 해결하기 위해서는 바이러스에 감염된 사람을 비난하고 격리하는 것이 아니라, 성매개감염에 대한 사회적 인식을 개선하고 감염에 대처하는 역량을 기를 수 있는 제반 조건을

---

6   「[이슈인사이드] '성병 걸린 남자들 공개합니다' 신상 터는 SNS 'OO 패치'」, 『중앙일보』(2016/07/11).

마련해야 한다. 우리의 몸은 항상 무언가에 감염되며 살아가고 있다. 이제 감염을 어떻게 이야기할지 함께 고민해 보자. 불안과 괴로움의 말하기, 비난과 폭로의 말하기를 넘어 다른 말하기를 시도해 보자. 그리고 성적 권리를 확장해 나아가는 길을 함께 모색해 보자.

참고 문헌

문두건, 2015, 「전국 성의식 조사」, 질병관리본부 정책연구 용역사업 최종 결과 보고서.

이정열, 2012, 「국내 청소년 등을 위한 성매개감염병 관리 전략 개발」, 질병관리본부
　　　학술연구용역과제 최종결과보고서.

최예훈, 2020/04/30, 「성매개감염의 위험과 쾌락을 협상하기」,
　　　성적권리와재생산정의를위한 센터셰어SHARE 이슈페이퍼.

황임경, 2013, 「의료인문학 교육에서 질병 체험 서사의 활용 방안」, *Korean Journal of
　　　Medical Education* 25-2.

Inhorn, Marcia C., 2006, "Defining Women's Health: A Dozen Messages from More than
　　　150 Ethnographies", *Medical Anthropology Quarterly* 20-3.

Jeng, Cherng-Jye, Helen Lin and Lih-Rong Wang, 2010, "The Effect of HPV Infection on a
　　　Couple's Relationship: A Qualitative Study in Taiwan", *Taiwanese Journal of
　　　Obstetrics and Gynecology* 49-4.

Nack, Adina, 2008, *Damaged goods?*, Temple University Press.

Nelson, Laura C., 2012, "Diagnosing Breast Cancer in South Korea: "Western" Behaviors,
　　　Stress, and Survivor Activism", *Journal of Korean Studies* 17(2).

Starrs, Ann, Alex C. Ezeh and Alaka Basu and Jane T. Bertrand and Robert Blum and Awa
　　　M. Coll-Seck and Anand Grover and Laura Laski and Monica Roa and Zeba A.
　　　Sathar and Lale Say and Gamal I. Serour and Susheela Singh and Karin Stenberg
　　　and Marleen Temmerman and Ann Biddlecom and Anna Popinchalk and
　　　Cynthia Summers and Lori S. Ashford, 2018, "Accelerate progress-sexual and
　　　reproductive health and rights for all: report of the Guttmacher-Lancet
　　　Commission", *The Lancet* 391-10140.

WHO, 2010, "Developing Sexual Health Programmes: A Framework for Action".

'성스러운 몸'과 '무의미한 몸'

반목하는 한국 현대사 속 '손상된 몸'들[1]

유기훈

---

1   이 글은 필자가 참여한 2014년 서울대학교 인류학과 "인류학 연구방법론" 강의에서
     이뤄진 현장 연구 경험을 바탕으로 작성됐다. 수록된 인터뷰는 2014년 3월부터 8월
     사이에 진행됐다.

일반 장애인, …… 그 못사는 사람들 막 도와주는데 상이군인은
가만 보면 박탈감을 느껴요.[2]

상이군경하고, 일반 다른 단체랑은 엄연히 구분이 좀 되어야지.
똑같은 같은 레벨로 볼 것이 아니라. 정부 차원에서도 구분을 해
줘야 할 부분이라고 나는 그렇게 생각을 해. 5·18이라든지 4·19
라든지…….[3]

---

2   베트남전쟁에서 공상을 입고 상이 급수 5급을 받은 이시재(가명) 씨와의 인터뷰
    (2014/03/31).
3   베트남전쟁에서 전상을 입고 상이 급수 3급을 받은 최영우(가명) 씨와의 인터뷰
    (2014/05/13).

'복지국가'와 '민주화'라는 단어가 더 이상 새롭지 않은 2010년대 한국. 평범한 도로변 건물의 낡은 철제 현관문을 열고 들어간 사무실에서, 유공훈장 장식이 인상적이었던 한 가정의 거실에서, 높이 솟은 보훈병원의 한 병실에서, 연구자는 여러 상이군인들을 만났다. 태극기집회에서 군복을 입고 등장하는 참전 군인의 모습만이 익숙했던 필자는, '전쟁'이라는 상흔이 몸에 새겨진 상이군인들에게 지난 수십 년의 한국 현대사가 어떤 의미였는지 알고자 그들에게 인터뷰를 청했다. 그러나 그곳에서 마주한 것은 그들의 '손상된 몸'만이 아니었다. 민주화와 보편적 복지의 이념이 냉전 병영 국가의 논리를 대체해 온 지난 30년의 한국사는, 국가주의를 체화한 수많은 '국가화된 몸'들이 '의료화된 몸'으로 변화할 것을 요청받았던 시기이기도 했다. 이 글에서는 상이군인의 '국가화된 몸'과 '의료화된 몸' 사이의 끊임없는 긴장으로 한국 현대사를 새롭게 읽어 내며, 한국 사회에서 손상된 몸들이 어떻게 반목하게 되었는가를 추적하고자 한다.

국가화되는 몸(1) : '성스러운 몸' 담론의 탄생

남한에서 상이군인의 역사는 한국전쟁과 함께 본격적으로 시작된다. 그 당시 상이군인에 대한 인식은 매우 좋지 않았다. 부상으로 명예 제대한 상이군인들은 마을을 돌면서 구걸하기도 하고, 마음대로 되지 않을 때에는 "목발이나 갈고리로 때려 부수고 물품을 갈취하기"가 다반사였다. 이들의 폭력 행위는 일상생활에서 목격되는 것은 물론 신문에서 늘 보도되었고, 그들은 '전쟁이 낳은 괴물적 존재' '무서운 상이군인 아저씨'로 형상화되었다. 그런 과정에서 상이군인들은 사회를 어지럽히는 폭력적인 존재로 여겨졌고, 이들의 신체 손상은 사회적 '낙인'stigma의 대상이 되었다.

상이군인들의 낙인에 대한 분노는 사회를 향하기도 했지만, '국가권력에 대한' 불만과 대규모 시위로 이어지기도 했다. 따라서 '국가적 문제'로서의 상이군인들은 국가의 관리 속에 포섭되어 '모범적·순종적' 국민으로 재탄생해야 할 필요성이 제기되었다(이임하 2011). 더욱이, '국가적 문제'로서 상이군인의 처리는 이승만 정부의 전쟁 수행 정당성과도 밀접히 연관되어 있었다. 전쟁이라는 국가 간의 정당성 투쟁이 극단화되어 있던 상황에서, 전쟁의 '부산물'이자 성스러운 전쟁의 어두운 측면을 보여 주는 난폭한 상이군인들의 존재가 국가 질서를 어지럽히는 위협으로 다가온 것이다.

> 조국 방위를 위하야 멸공성전에서 부상을 입고 돌아온 상이군인
> 에 대한 원호 문제는 단지 도의적 문제에서 끝나는 것이 아니라
> 실로 전시 국가의 중요한 사회정책의 하나인 것이다. 외국의 역사
> 에 비추어 전시 전후에 상이군인 문제가 중대한 사회문제화하여
> 때로는 국가 사정에 중대한 변화를 일으킨 실례가 있음을 알면서
> 도 당국은 적절한 대책과 실시가 없음은 유감지사이며…… **4**

---

4 「상군 원호책 수립하라: 자유당 담(談)」, 『경향신문』(1952/09/23). 이하 인용문의 밑줄은 모두 인용자의 강조이다.

이처럼, 그들이 일으키는 사회적 혼란은 일반 부랑자들의 그것과는 본질적으로 다른 것이었다. 한국전쟁을 "멸공성전"滅共聖戰으로 정의하고 "희생적 제단"으로 지칭하며 전쟁에 성스러운 자유의 수호라는 상징을 활용하던 이승만 정부에게,[5] 상이군인이란 성전을 수행한 영웅이어야 했다. 그러나 전쟁에서 다치고 나와 고통스러운 나날을 보내며 오히려 사회를 어지럽히는 혼란의 주범으로 취급되었던 상이군인들은 그 성스러운 전쟁의 부정적 단면이자 이데올로기의 순수성을 부정하는 존재였다고 할 수 있다. '멸공성전'이라는 거룩한 수사 뒤에 숨겨진 그 참혹함과 국가에 의한 성스러운 징집의 허구성을 폭로하는 상이군인들의 고통과 분노는, 전쟁의 정당성을 통해 국가 체제의 도덕적 우위를 형성해 내려던 이승만 정부의 논리를 '내부로부터' 위협하는 것이었다.

인류학자 메리 더글러스는 『순수와 위험』에서 부정不淨, Impurity의 관념은 "일반적으로 존중되어 온 사회적 질서를 혼란시키는 존재"에 부여되며, "어떤 체계가 유지되기 위해서는 부정이나 오물은 포함되지 말아야 할 것으로 일컬어진다"라고 말한다. 즉, 하나의 체계를 유지하

---

5 "…… 우리가 다 희생적으로 공헌할 때입니다. 모든 한인(韓人)남녀는 다 같이 사명을 맡아서 고상하고 영웅스러운 공헌이 되어야 할 것입니다. 백만 명의 반수되는 우리 청년들이 희생적 제단에서 저의 생명을 바쳐서 냉정한 담량과 백절불굴하는 결심으로 무도한 공산당의 침략에서 우리를 구해 내기 위하여 싸우는 중입니다. …… 따라서 공산제국주의는 모든 연합국을 대립해서 전 세계의 민족주의를 타도시킬 목적으로 할 것이니 기본적으로 말하자면 우리의 자유를 위해서 싸우는 것이 아닌 세계의 자유를 위해서 싸우는 것입니다. …… 우리가 같이 일하며 희생하며 우리가 같이 싸워서 마침내 승전할 것입니다." 「멸공성전을 종결: 이 대통령의 취임사」, 『경향신문』 (1952/08/17).

기 위해서는 질서가 필요하며 모든 것들은 이런 질서 내에 올바르게 자리 잡아야 마땅하다. 이렇게 질서가 확립된 상태는 '순수'한 것으로 여겨지는데, '순수한' 질서의 예외 상태, 곧 질서 내에 포섭되지 못하는 애매모호한 존재가 바로 '부정한 것'Impurity이라는 것이다(더글러스 1996, 69). 그리고 '순수성'이 확보된 체계는 그 자체로 도덕적 위계를 가지게 되는데, 그 위계의 중심에 성스러움이 존재한다. 따라서 기존의 체계에서 설명되지 않는, 확립된 질서의 순수성purity을 침범하는 '부정'은 곧 질서를 통해 탄생한 성스러움의 위계를 깨뜨리는 "위험"danger한 것으로 규정되며 기존의 질서에서 배제된다. 결국 이런 순수성을 오염시키고 올바른 질서에 위협을 가하는 존재들은 "불쾌하게 여겨지고 난폭하게 밀어제쳐"지거나, "적절한 처리"를 거쳐 기존의 질서로 통합되게 된다(더글러스 1996).

따라서 전쟁을 통해 질서를 재구성하려던 이승만 정부에게, '멸공성전'의 논리 체계에 균열을 가하며 그 정당성을 부정하는 상이군인들의 행동은 질서 자체를 부정하는 "위험"한 존재였고, 배제되거나 어떻게든 처리되어야만 했다. 이런 문제의식을 바탕으로 이승만 정부는 상이군인들의 손상된 몸과 고통에 '국가를 위한 희생'과 '영광'이라는 상징을 부여하고, 이들을 '성스러운 전쟁의 희생자'로 만들며 "적절한 처리" 후 기존의 질서로 통합하고자 했다.

제일 영광스러운 죽음은 나라에 일이 있을 때에 군인이 되어 전쟁에 나아가 순국하는 죽음일 것이다. …… (그)다음으로 가장 영광스러운 사람은 비록 그 몸이 죽기까지는 이르지 못했으나 죽을 자리에서…… 겨우 생명을 보존한 상이군인들이니 그들은 우리나라 사람들 중에서 <u>제일 영광스러운 생명</u>을 가진 사람들이다.[6]

이런 이승만 정부의 전략이 극단적으로 드러나는 부분은 바로 "백의용사"라는 수사이다.[7] 이승만 정부는 '더러운 공산주의'로부터 구분되는 '성스러운 백의용사'라는 담론을 형성하며 성스러운 전쟁의 고귀한 희생자로서 상이군인이라는 성화된 몸을 만들어 낸다. 국가의 건국 과정에서 나타난 적敵은 '우리'의 '희생'을 만들었고, 그 희생으로서의 상이군인의 손상과 고통은 국가와 동일시되며 국가 질서의 최정점에서 성스러움을 획득했던 것이다.

그대들의 당장 곤궁으로 보아서는 몸부림도 치고 싶고 배가 워낙 고파 놓으니 무전취식도 불가피하다고 할 수 있으나…… 우리들 사이에 이간을 붙이어서 어부지리를 취하려고 도처에서 최후발악을 하고 있는 <u>적귀赤鬼의 마수</u>가 그대들을 이용하려고 혈안이 되어 돌아간다는 이 두려운 사실을 그대들은 생각해 본 일이 없는가? …… 그대들은 이 간악한 무리들의 감언이설과 금력에 팔리

---

6   「상이군인 제대식에 보내는 치사」, 『대통령 이승만 담화집』, 공보처, 1953, 169쪽.

7   "이 민족과 이 나라의 통일을 위하여 최전선에서 중국공산군과 또한 김일성 괴도당과 싸우다 불신히도 <u>더러운 적의 총탄</u>에 맞아 부상한 우리의 <u>백의용사</u>들에게 따뜻한 위로를 주고자 사회부에서 그간 설치를 준비하여 오던 동래정양원이 완성을 보게 되어 ……"「정양원 개소식 오늘 상오 거행」, 『동아일보』(1951/01/25).

어서 그대들이 <u>몸에 지닌 명예의 훈장勳章을 더럽힐 수 있단 말인</u>
<u>가?</u>[8]

당시 성스러운 자유세계의 대척점에는 '북괴'와 '공산주의'가 있었으
며, 한국전쟁을 통해 그 질서를 지켜야 한다는 당위성이 전 사회에 부여
되어 있었다. 이렇게 가시적인 적이 설정된 상황에서, 이승만 정권의 질
서의 순수성을 오염시키는 것은 국가 수호 담론과 연계되어 단순한 '질
서 파괴' 그 이상의 위험으로 인식되고, 또 이용되었다. 상이군인의 정
체성이 국가의 '정의 내리는 권력' 속에서 "명예의 훈장"과 "적귀의 마
수"로 이분화되자, 그들은 스스로의 상처의 정당성을 부정하지 않기 위
해서라도 국가가 구성한 '성스러운 경계'의 안쪽으로 들어오지 않을 수
없었다. 상이군인의 사회적 아픔과 그 분출 행위가 국가에 의해 질서의
바깥, 부정한 금기Taboo의 행위로 규정되어지는 상황 속에서, '폭력을
휘두르는 상이군인'은 곧 빨갱이로 밀려났고, 상이군인들은 국가로부
터 주어진 반공 질서를 지키는 것으로부터 스스로의 신체적 손상을 '성
스러운 명예의 훈장'으로, '국가화된 몸'으로 증명할 수 있었던 것이다.

국가화되는 몸(2) : 5·16과 12·12, 그리고 상이군인

1960년 5월 16일과 1980년 12월 12일, 박정희와 전두환은 기존의 질서

---

8 「상이용사에게 고함」, 『동아일보』(1952/11/21).

를 전복하며 국가의 '새로운 질서'를 세워야 하는 상황에 처하게 된다. 이런 상황에서 새로운 질서의 정당성을 확보하는 방법으로 전쟁과 영웅의 기념이 선택되게 되는데(정호기 2007), 이와 동시에 '살아 있는 전쟁의 상흔'으로서의 상이군인들이 국가로부터 다시 소환된다.

박정희는 "공정하고 적절한 원호 사업은 혁명정부의 경제 재건에 못지않은 중요한 혁명 과업"[9]이라 말하며 국가 정당성 확보로서의 원호 사업에 크게 주목했고, 1961년 8월 군사원호청을 설치한다. 이전까지 상이군인에 대한 전담 부서가 없던 상황에서 군사원호청의 창설은 "6·25 전쟁이 끝난 후 거리에서 방황하던 전상 군인들이 처음으로 나라가 자신들을 알아주고 챙겨 주는구나 하는 생각을 갖게" 했으며(김종성 2012, 169), 이를 기점으로 본격적인 경제적 원호가 시작되는 계기가 된다.

이처럼 정권이 전복되어 새로운 질서의 정당성을 재정립할 필요가 있는 시점에 원호 사업의 큰 확장이 이뤄졌다는 사실은 상이군인에 대한 지원이 국가에 의해 계획적으로 수행되었음을 강하게 뒷받침한다. 반공 이데올로기의 속에서 규정되었던 상이군인의 손상된 몸의 상징성은 '쿠데타' 이후의 또 한 번의 정당성의 위기 속에서 다시금 소환되고 이용되어야 했던 것이다.

---

9 「박정희 담화」, 『경향신문』(1962/05/09). 박정희 대통령은 그해 추석에 서울 대방동 의용촌 등 상이군인 마을에 송편을 보내기도 했다(「박의장이 송편 보내: 의용촌 용사들에」, 『경향신문』, 1962/09/12). 이처럼 이승만 정부에 시작되었던 '반공 모범 국민'으로서의 상이군인의 이미지는 이어지는 독재 정권들에 의해 다시 강화되었고, 그들의 손상은 국가의 정당성을 전시하는 상징적 수단으로 활용된다.

박정희 정권의 강력한 개발독재 추진 과정에서 원호는 '전 사회의
군사화된 질서'를 위해 "거족적으로" 이뤄져야 하는 것이었으며,[10] "혁
명정부의 경제 재건에 못지않은 중요한 혁명 과업"으로 인식되었다. 기
존의 반공 투사라는 이미지에서 확장되어, 박정희 정권이 추구했던 반
공-군사화-발전주의로 이어지는 국가주의적 담론의 중요한 연결 고리
로서의 상징성을 가졌던 것이다.[11] 그리고 이런 연결 고리의 끝에는 바
로 베트남전쟁 파병과 유신이 있었다.

그 용기와 슬기 그리고 의를 위한 정열을 다시 한번 조국이 당면
하고 있는 이 현실 속에서 마음껏 발휘합시다. 그리하여 어제의
평화십자군이 오늘의 유신십자군, 구국의 십자군이 되게 합시다.
…… 여러분의 모습을 그 누구보다도 반가워 할 사람은 다름 아닌
동작동 국립묘지에서 고이 잠들고 있는 여러분의 전우들이라고
믿습니다. 우리 모두 오늘의 이 기쁨과 영예를 동작동 전우들에게
다 같이 돌립시다. 그리고 부상을 입고 고통을 겪고 있는 모든 전

---

10 박정희는 원호처 발족 1년 기념식에서 "앞으로는 더욱 원호 사업에 박차를 가해 명랑한
사회질서를 확립해야 한다"라며 "원호 사업은 거족적으로 이뤄져야 한다"라는 것을
강조했다. 「난경 속에도 빛나는 업적」, 『경향신문』(1962/08/06)에서 재인용.

11 이는 5·16 이후 1년 간 군사정권에서 추진한 대표적 입법의 내용에서 잘 드러난다.
원호법과 같이 새로이 제정된 법률은 "국가 재건 과업의 제1목표"로서의 반공법,
병역 100퍼센트 국가를 위한 병역 미필자에 대한 특별조치법, 전원개발과 경제 5개
년 계획의 시행을 위한 한국전력주식회사법 등으로, 당시 정부가 취약한 스스로의
정당성을 반공주의, 군사주의, 발전주의 담론을 통해 형성하려 했음을 알 수 있다.
「혁명 1년의 시정비판」, 『경향신문』(1962/05/08).

우들에게도 이 영광을 나누어 갖게 합시다.[12]

이처럼 원호 정책은 '조국 근대화'라는 발전주의 담론과 반공 국가주의의 맥락 속에서 적극적으로 시행된다. 실제로 상이군인들의 처우는 1961년을 기점으로 크게 개선되었으며, 본인들을 발전의 주체로 호명해 주었던 박정희 정권 시절은 상이군인들에게 묘한 향수의 시대로 남아 있다. 한 베트남전쟁 상이군인은 본인을 전쟁에 파병시키고 두 다리를 잃게 만든 국가를 원망하지 않느냐는 질문에 "그래도 난 박정희를 역대 대통령 중에서 가장 존경해요. 경제를 살렸기 때문에. 원망 안 해요"라고 대답했다. 자신에게 상흔을 초래한 전쟁이 국가의 성립과 번영을 가져온 것으로 인식되고, 전쟁과 국가주의 속에서 성스러운 몸 담론이 강화되고, 상이군인에 대한 실질적인 경제적 지원의 증가가 이뤄지면서, 그들에게 전쟁을 일으킨 국가는 (원망의 대상이 아닌) 오히려 자신들의 정당성을 확인시켜 주는 존재로 자리매김했다. 이에 따라 국가 중심의 이데올로기가 강화되는 것이 곧 상이군인의 '성스러운 몸'의 가치가 인정되며 경제적·정신적 혜택이 증가하게 되는 것과 같은 것으로 인식되었고, 결국 상이군인들로 하여금 자기 몸의 상흔을 인정해 주는 국가의 담론을 더욱 강하게 체화하게 했다.

이처럼 스스로의 손상에 대한 '사회적 낙인'으로부터 탈출하여 손상과 몸의 새로운 의미를 찾고자 했던 상이군인들에게, 국가로부터 부

---

12 「파월장병 개선 환영대회 박정희 대통령의 치사」, 『경향신문』(1973/03/20)에서 재인용.

여된 '성스러운 몸' 담론은 낙인을 지움과 동시에 국가의 바깥을 상상할 수 없게 만드는 효과를 불러일으켰다. 상이군인들의 박정희 정권에 대한 향수나 과잉 보수화된 상황은, 이런 국가주의와 성스러운 몸이 결탁한 역사적 맥락 속에서 해석되어야 하는 것이다. 그리고 이런 성향은 1980년대 한국 사회의 변화를 통해 굴절되어 더욱 급진화되며 '아픔의 국가주의화'에 기여하게 된다.

명예로운 상흔, 무의미한 손상: 상이군인, 장애인, 복지국가

1980년대, 한국 사회는 민주화의 열기 속에서 새로운 국가 질서로의 큰 전환을 맞이한다. 기존에 국가 질서의 밖에 있던 장애인들이 '복지'라는 이름으로 국가의 지원을 받게 되고, 민주화 운동가들이 '빨갱이' '간첩'에서 '민주화 유공자'로 인정되며 새로운 사회질서의 주역으로 떠오르게 된다. 국가주의 질서의 순수성을 유지했던 독재 정권이 무너지고 사회가 민주화되며, 그 질서에 수많은 '타자들'이 들어오게 되었던 것이다. 이런 새로운 질서는 상이군인에게 위협적인 것이었다. 기존에 '성스러운 몸'의 질서를 이루던 국가주의·발전주의·반공주의 담론의 정결함 purity은 외부의 타자로 인하여 '부정한 것'impurity이자 '위험'danger으로 인식되었다.

> 원호처에서 예산을 주다 보니까 큰 것 중에 하나를 선택하게 되어 있다고. 그런데 지금은 보편적 복지주의라 가지고, 장애인도 틈만 나면 걸어 가지고 예산을 많이 확보한다고.[13]

1980년대 이후 사회의 민주화가 진전되고 복지국가 담론이 확산되며, 그동안 사회적으로 드러나지 않았던 '장애인'이라는 집단이 비로소 가시화되며 새로운 국가 질서 안으로 편입되기 시작했다. 1980년대 이전까지 한국 사회에서 보편적 복지의 차원에서 장애인의 권익을 보호하기 위한 법률은 1977년에 제정된 "특수교육진흥법"뿐이었다. 대부분의 장애인들이 마주하는 삶의 문제는 전적으로 그 자신, 혹은 가족이 책임져야 했으며, 사회적 차원에서는 민간 자선단체나 외국 원조 기관 또는 종교단체와 같은 민간 부문으로부터의 도움에 의존해야 했다.

1981년의 "심신장애자복지법"의 제정은 급속한 경제 발전을 바탕으로 복지사회 구현을 내세웠던 전두환 정권 시기에 이뤄진 것으로서, 한국 사회에서 '보편적 복지' 담론이 비로소 국가의 제도 안으로 편입되어 주류적 담론으로 등장하기 시작했음을 보여 주는 것이다. 이후 1988년의 서울 올림픽대회와 함께 개최되었던 장애인올림픽대회는 장애인 문제가 본격적으로 공론화되는 계기가 되었으며, 이에 정부는 대통령 직속의 '장애자복지대책위원회'를 신설하고 1989년에 심신장애자복지법을 "장애인복지법"으로 전면 개정하며 장애인을 제도적으로 지원해야 할 대상으로서 수용하기 시작했다(위계출 2012, 56-61). 이때 장애인복지법과 함께 중요하게 등장한 제도가 바로, '장애 등급제'이다. 장애 등급제는 손상의 경중에 따라 몸을 6단계로 나누어 복지를 차등화하는 제도로, '손상된 몸'의 다층적 특성은 여섯 가지의 정형화된 등급으로 의료화medicalization되었고, 복지 정

---

13 이시재, 앞의 인터뷰(2014/03/31).

책은 당시 함께 시작되었던 '전 국민 건강보험 제도'와 맞물려 '손상된 몸'을 체계적으로 관리하기 시작한다.

이렇게 보편적 복지 담론의 등장과 함께 장애인들이 국가로부터 각종 지원과 혜택을 받게 되면서 이전까지 '손상된 몸'에 대해 국가로부터 각종 지원과 혜택을 받던 상이군인의 독점적 지위가 흔들렸다. 그러자 상이군인 집단은 '손상된 몸'을 바탕으로 이해관계를 공유하는 장애인 집단을 본격적으로 자신들과 대립되는 대항자로서 상정하게 된다. 장애인 집단이 한정된 국가 예산을 가지고 경쟁해야 하는 대상이자 경제적 지원의 비교 대상으로 출현함에 따라, 그리고 본인들의 '성스러운' 손상과 고통을 위협하는 '무의미한' 손상이 사회적으로 부상함에 따라 '그들'과의 구별 짓기에 적극적으로 나서게 된 것이다.

> 지금은 일반 장애인보다 우리가 더 저거를 갖고 있는 거야. 일반 장애인들은 자기네들이 잘못해 가지고 다쳐 가지고 말이지, 뭐 나무에서 떨어져 가지고 다치고, 뭐 차에 치여 가지고 다치고, 이래 가지고 장애인 돼 가지고 말이지, 혜택을 더 받고 있다고 우리보다…….[14]

'나라를 위해 다친' 숭고한 희생으로서의 상이군인들의 '국가화된/성스러운 몸'과 대비시키며, 그들이 상이군인이 아닌 장애인을 묘사할 때

---

14 한국전쟁에서 전상을 입고 상이 급수 7급을 받은 함창희(가명) 씨와의 인터뷰 (2014/04/25).

의 "날 적부터 소아마비" "길 가다 넘어진" "나무에 올라가서 열매 따먹다가 떨어져서 다친"과 같은 표현은, 장애인들의 몸의 손상은 그저 불운한 개인의 책임일 뿐이라는 것을 반복적으로 환기시킨다. 이는 상이군인 자신의 '성스러운 몸'이 지니는 '국가를 위한 희생'이라는 의미와 더 명백하게 대비되며 신체적 손상과 아픔에 대한 위계를 생산해 냈다.

"지난 반세기 동안 서반구에 가장 큰 영향을 미친 사회변동 중 하나"인 의료화의 물결(콘래드 2018, 22)은 한국의 복지국가로의 전환 과정에서 '손상된 몸'을 새롭게 정의하며 도입되었지만, 의료화의 뒤늦은 한국 상륙 이전 '손상'의 영토는 오롯이 '국가화된 몸'을 지닌 상이군인의 영역이었다. "의학적 기준이 사회적 규범의 기준으로 확산 및 정착되는" 손상의 의료화 과정은, 상이군인에게는 '성스러운/국가화된 몸'이 무색무취의 '의료화된 몸'으로 치환되어 갈지 모른다는 위기의 과정이기도 했다.

어쩌면 두 집단은 사회적 낙인과 손상된 몸의 장애화disablement, 그 속에서 겪는 개인의 고통이라는 측면에서 많은 점을 공유하고 연대할 수 있었을지 모른다. 그러나 상이군인의 국가화된 몸 이데올로기 앞에서, 상이군인의 손상된 몸과 장애인의 손상된 몸은 오히려 반목의 대상으로 전락하게 된다. 몸으로 스며든 국가주의는, 몸의 손상과 이로 인한 개인의 고통이라는 두 집단의 공통점보다는, 국가의 이데올로기를 체화한 몸과 체화하지 않은 몸을 나누며 국가의 질서를 다시 재생산하는 방식으로 작동했다. 한국 사회 속 아픔과 아픔은 그렇게 멀어지고 서로 반목하게 되었다.

새로운 국가이데올로기의 상징, 민주화 운동

여당의 대권 주자인 김영삼이 대통령으로 당선되고, 군사독재 정부와의 '선 긋기'를 위해 문민정부가 행한 것은 국가 이데올로기의 상징을 바꾸는 것이었다. 문민정부는 이전의 군사독재 정권이 확립한 반공·국가 수호 이데올로기를 민주 발전의 이념으로 대체하는 작업을 수행한다(하상복·형시영 2013, 93). 국가 이데올로기 재정립의 핵심 사업에는 국가유공자 제도에 민주화 유공자를 포함시킴으로써 '성스러운 몸' 담론을 재구성하는 것이 있었다.

'민주 정부'를 기치로 내건 문민정부는 국립묘지의 상징적인 기능에 주목해 민주화 유공자들을 국립묘지에 안치시킴으로써 이전 군사독재 정부의 이데올로기와 비견될 만한 민주 발전의 상징을 확립하려 했다. 그 일환으로 1994년에는 광주 망월동에 5·18민주 유공자들을 안치시킬 신묘역이 조성되었다. 광주 망월동 신묘역은 "광주의 유혈은 이 나라 민주주의의 밑거름이 되었"음을 선언하고, 5·18 민주 유공자들이 "이 나라의 민주화에 헌신한 만큼 떳떳하게 그 명예가 회복"되었음을 알리는 새 시대의 이데올로기를 담은 상징물이 되었다(하상복·형시영 2013, 96). 국립 5·18민주묘지의 건립에 따라 기존의 서울과 대전에 있던 국립묘지는 국가 이데올로기를 반영하는 유일한 것에서, 여러 상징들 가운데 하나로 여겨지게 되어 독점적이었던 지위에 상징적 위기가 발생한다.

마찬가지로 상이군인들의 '성스러운 몸' 역시 새로운 이념을 몸에 새기고 들어온 바로 '민주화 유공자'에 의해 새로이 자리매김했다.

'5·18 민주 유공자'는 대표적인 민주화 유공자로, 비교적 최근인 1990년에 새로이 보훈 대상으로 인정받았다. 5·18 민주화 운동과 관련된 이들은 1990년 8월 "광주 민주화 운동 관련자 등에 관한 법률"에 의해 일차적인 보상과 명예 회복을 받은 이후, 2002년 1월에 제정된 "광주 민주 유공자 예우에 관한 법률"에 따라 '5·18 민주 유공자'라는 명칭을 얻게 되어 국가 보훈 체계에 속하게 된다. 상이군인 집단은 '성스러운 몸'을 공유하려는 '민주화'라는 이질적 이념과 집단에 대해 호의적일 수만은 없었다.

> 개념이 우리 그…… 상이군경하고, 일반 다른 단체랑은 엄연히 구분이 좀 되어야지. 똑같은 같은 레벨로 볼 것이 아니라, 정부 차원에서도 구분을 해 줘야 할 부분이라고 나는 그렇게 생각을 해. 5·18이라든지 4·19라든지…… 우리 상이군경들은 자의가 아니라 타의로 국가가 불러서 가서, 부상을 당한 사람들이거든. 국내에 불법으로 해서 그런…… 4·19나 5·18 같은 경우에 희생된 사람은, 죽은 것은 똑같지만은, 우리 군인들이 총을 쏴서 죽은 거잖아. 6·25라든지, 파병이라든지 국가에서 불러서 국방의 의무를 하기 위해서 파월 월남까지 가서 다치고 상처를 입고 했으면,

> …… 죽고 다치는 것은 같다고 할지라도, 개념 자체는 틀리게 봐야지. 그렇지 않겠어요? 나는 그렇게 생각하는데…… 내가 자의가 아니고, 타의로 불려 간 것이라고. 안 그래요? 국방의 의무를 하기 위해서.[15]

베트남전쟁 상이군인 인터뷰이는 민주화 유공자들이 보훈 체계로 들어온 것에 대해 "원호의 개념"과 "원칙"이 무너졌다고 표현한다. 그들에게 '성스러운 몸'은 반공주의, 국가주의, 발전주의 이데올로기가 뒤섞여 투영된 영웅적 상징이었으며, 전쟁이라는 극한 경험의 결과물로서 보훈의 위계에서 가장 상위에 놓여 있는 것이었다. 국립묘지가 민주화묘지의 건립으로 위상에 위협을 겪었던 것과 동일하게, 민주화 유공자들의 등장은 상이군인들이 내재화하고 있던 '성스러움'의 가치를 떨어뜨림과 동시에, '성스러움'을 구성하고 있던 이념 체계들에 혼란을 불러일으키는 사건이었다.

> …… 선진국엔 국가를 위해 희생하는 사람이 최고의 대우를 받는다고. 근데 우리는 안 그래. 민주화된 것이 보다 더 큰 대우를 받는다고. 그러니까 잘못이 된다고. 민주화도 국가의 발전에 큰 바탕이 된 것은 사실이라고. 인정해. 그러나 국가를 지킨 것은 다르다고. 국가를 지킨 것 안에 민주화가 있는 거지 국가가 없는데 민주화가 있어? …… 그런데 서울대에선 오히려 박종철 민주화 운동 동상만 세워 두지. 이게 잘못된 것이라고 ……[16]

이처럼 상이군인들이 내재화한 '성스러운 손상' 이데올로기 속에서 민주화 유공자들은 기존 체제를 어지럽히는, 순수한 영역에 잘못 놓인 이

---

15   최영우, 앞의 인터뷰(2014/05/13).
16   이시재, 앞의 인터뷰(2014/03/31).

질적 존재들이었고, 상이군인들은 '성스러운 몸' 바깥의 영역으로 그들을 밀어내려 했다. 그리고 그 속에 자리 잡은 국가적 폭력의 피해자로서의 고통이라는 공통의 연대 가능성은 잊혀지고, 한국 사회에서 손상된 몸을 지니고 살아가는 개인의 힘겨움 또한 국가와 성스러움의 이면으로 사라진다.

국가화된 몸을 넘어서

1950, 1960년대, 손에 갈고리를 끼운채 동네를 위협하고 다니던 '상이군인'이라는 존재는 동네 아이들 사이에서 두려움의 대상이 되고는 했다. "엄마 말 안 들으면 상이군인 아저씨가 잡아 간다"라는 당시 널리 퍼져 있던 이야기처럼, 상이군인들은 전쟁의 상흔을 몸에 품은 채 사회의 빈민층으로 전락했다.

그리고 시간이 지나 2010년대, 상이군인 집단은 '고엽제 전우회'와 같은 보수 집회의 주축이자 '태극기 부대'의 구성원으로 다시 사회에 등장했다. 이제 그들의 손상된 몸은 그 위에 포개진 군복과 함께 '자유 대한민국'을 수호한 영광스러운 상흔이자 이념 수호의 징표로 상징된다.

상이군인에게 자신의 손상된 몸은 일차적으로 쓰라린 과거를 돌이키게 하고 생활에 불편함을 초래하는 상처이자 흔적이지만, 동시에 국가에 대한 자신의 공헌과 희생을 증명하는 훈장으로서 복합적인 의미가 중첩되는 장이었다. 상이군인들은 자신의 손상된 몸에 그 의미들을 투사하며, 동시에 외부에서 주어지는 의미들을 주체적으로 구분 짓고 위계화한다. 그로써 상이군인들의 '성스러운 몸'은 개인과 사회적 경험이 만나는 공간으로서의 '사회적 몸'social body이자(Shepher-Hughes and Lock 1987), 이를 둘러싸고 자신의 존재 가치를 규정하는 역동적 상징 투쟁의 현장이 된다.

복지도, 민주화된 제도도 없었던 상황에서, 전후 한국에 의료화보다 먼저 상륙했던 것은 반공과 국가주의 질서였고, 낙인을 해소하고 경제적 지원을 받을 수 있는 유일한 방법은 반공 국가주의에 순응하는 '성스러운/국가화된 몸'을 체화하며 '원호'와 '보훈'의 테두리 안으로 들어가는 것이었다. 시간이 흘러 1980년대 후반, 민주화 운동 유공자와 장애인 집단으로 대표되는 '민주화'와 '보편적 복지'의 이념이 '손상된 몸'을 둘러싼 상징 투쟁의 장에 새롭게 등장하며, 상이군인들이 체화했던 국가주의와 갈등을 일으키게 된다.

이처럼 냉전과 독재, 제3세계 민주화와 복지국가의 발전이라는 전지구적 역사는 질곡의 한국 현대사 속 손상된 몸에 스며들어 와, 그들의 몸의 경험과 끊임없이 조우하며 서로 반목하는 '몸들'을 만들어 냈다. "또 하나의 냉전"(권헌익 2013)과 "코스모폴리탄"의 시대를 동시에 살아가는 오늘날 한국에서, 서로 반목하는 몸들의 화해를 이끌어 내는 방법은 무엇일까. 화해는 우리 몸속에 스며들어 있는 여러 겹의 중층적 의미를 발견하고 이해하는 것으로부터 출발할 수 있을 것이다. 국가주의·냉전 이데올로기의 체화, 민주화의 기억을 둘러싼 상반된 이해, 소수자 권리 보장에 대한 의견 대립 등의 '해결되지 못한 과제'들이 복잡하게 뒤엉킨 한국 사회 속 우리의 몸이 놓인 맥락을 성찰하는 것으로부터, "사회적 고통"(Kleinman et al. 1997)을 매개로 한 '손상된 몸들' 간의 연대가, 아픔과 아픔의 대립을 넘어선 화해가 이뤄질 수 있는 것은 아닐까.

참고 문헌

권헌익, 2013,『또 하나의 냉전: 인류학으로 본 냉전의 역사』, 민음사.

김호기, 2007,「박정희 시대의 '동상건립운동'과 애국주의」,『정신문화연구』.

김종성, 2012,『보훈의 역사와 문화』, 국학자료원.

메리 더글러스, 1997,『순수와 위험』, 유제분 옮김, 현대미학사.

이임하, 2011,「상이군인, 국민 만들기」,『중앙사론』 33.

위계출, 2012,『장애인차별금지법의 실효성 확보 방안에 관한 연구』, 서울시립대학교 사회복지학과 박사 학위논문.

피터 콘래드, 2018,『어쩌다 우리는 환자가 되었나: 탈모, ADHD, 갱년기의 사회학』, 정준호 옮김, 후마니타스.

하상복·형시영, 2013,『국립묘지와 보훈』, 필코in.

Arther, Kleinman and Das, Veena and Lock, Margaret, 1997, *Social Suffering*, University of California Press.

Scheper-Hughes, Nancy and M. Lock, Margaret, 1987, "The Minful Body: A Prolegomenon to Future Work in Medical Anthropology", *Medical Anthropology Quarterly*, Vol.1 No.1.

오염의 경계선 찾기

신종 담배 출현으로 본 의료화의 현실

김관욱

너무 오래되고 일상이 되어 버린 주제

이 글은 비흡연자에게는 조금은 낯선 신종 담배(궐련형 전자담배 혹은 가열 담배)를 중심으로 의료화 현상에 대해 이야기하려 한다. 그리고 조금은 더 낯선 '오염의 경계선' 이야기를 하려고 한다. 이런 낯선 주제를 시작하기 위해서는 먼저 그나마 익숙한 흡연 문제에 대해 환기가 필요할 것 같다. 의사이면서 인류학자로 흡연을 연구해 오다 보니 자주 농담조로 '어느 편인지' 답변을 요청받고는 한다. "그래서 너는 흡연이 좋다는 쪽이야 나쁘다는 쪽이야?" 특히, 가족이나 친밀한 관계에 있는 흡연자들의 경우 더더욱 진심을 추궁하곤 한다. 나는 자라는 동안 가족 및 친척들의 여러 흡연 관련 질병들을 겪어 오면서 이런 질문들을 직간접적으로 경험했다. 직접 담배를 만들기까지 하셨던 애연가 할아버지(대장암), 양은 냄비 크기의 재떨이를 안방과 거실에 두고 줄담배를 피워 오신 아버지(담관암), 집 안 곳곳 남편과 아들의 담배 연기와 함께 살아온 큰 고모(폐암), 안방에서 줄곧 흡연을 해온 작은아버지(뇌졸중)가 빈 담뱃갑으로 안방 벽을 장식하는 걸 지켜본 작은어머니(췌장암)의 사례까지 교과서에 나오는 거의 모든 흡연 관련 질병들을 지켜봐 왔다. 그 과정 중 내가 목격한 것은 이들 중 누구도 질병의 직접적 원인으로 담배 자체를 심각하게 탓하지 않았다는 점이다. 그보다는 병까지 걸리게 된 자신들의 삶 자체에 대한 회의에 젖어 있거나 그런 모습을 지켜보는 가족과 주변인들의 시선에 민감한 것처럼 보였다. 이 모든 과정을 함께 지켜본 친척의 표현처럼 이 "지긋지긋한" 문제를 머릿속에서 떨궈 낼 수 없어서 지금까지 흡연 연구에 몰두하는지도 모르겠다.

개인 경험은 그렇다 치더라도, 만일 흡연 관련 질병을 국가 단위로 옮겨 보면 상황이 어떨까? 흡연 여부를 떠나 흡연이 건강에 해롭다는 것을 아는 것과 그것이 실제로 어느 정도의 질병과 사망을 초래하는지 현실에서 체감하고 있는 것은 온전히 일치하지 않는 것 같다. 예를 들면, 수치상으로만 볼 때 2017년 흡연 관련 질병 사망자 추정 수치는 6만 1723명에 이른다.[1] 이것은 2013년 5만 7993명에 비교해 6.4퍼센트나 증가한 수치라고 한다. 이 중 폐암 관련 사망자만 2017년에 9768명에 이른다. 2017년 통계 수치로 볼 때 하루에 169명이 사망하는 셈이다. 이처럼 높은 사망률을 듣는 것만으로 일반 흡연자들이 흡연의 해로움을 쉽게

---

1 「금연 늘었지만 흡연으로 인해 한해 6만 1723명 숨져」, 『중앙일보』(2019/08/28).

파악할 수 있을까? 코로나19 사태와 비교한다면(물론 직접적 비유가 불가능하다는 것을 알고 있지만), 제대로 체감하고 있다고 볼 수 있을지 모르겠다. 전염성 바이러스와 흡연은 전염 가능성 뿐만 아니라 질병을 발생시키는 데 걸리는 시간에서도 차이가 난다. 코로나19 바이러스는 즉각적으로 비극적 결과를 초래할 수 있지만, 흡연은 질병이 발생한다고 하더라도 보통 20년 이상의 시간이 걸린다고 한다. 그 시간들이 무감각과 무관심을 키우고 있는 것은 아닐까? 2020년(3분기)에 코로나19 여파 속에서도 통계가 작성된 이래 50년 만에 술과 함께 담배의 월평균 가계 소비액이 최대치에 도달했다고 하니 적어도 코로나19 사태(예를 들면, 흡연으로 기관지가 약해서 코로나19 감염 확률 증가한다는 등의 정보) 속에서도 담배의 이미지가 더욱 추락한 것은 아닌 듯하다.[2]

돌이켜보면, 과연 한국 사회에서 흡연이 하나의 사건으로 기억되는 일이 있었는지 의문이다. 가장 최근의 일로 2020년 11월 20일 국민건강보험공단이 담배 회사(케이티앤지, 한국 필립모리스, 브리티시 아메리칸 토바코 코리아)를 상대로 "흡연 때문에 추가로 발생한 진료비를 배상하라"며 제기한 약 530억 원의 손해배상 소송에서 법원은 원고 패소 판결을 내렸다. 6년 만의 결론에서 법원이 흡연과 폐암 발병 사이의 인과관계를 인정하지 않는 것이다. 그런데, 현실에서 이 기사는 얼마만큼 사람들을 주목시켰을까?[3] 개인적 판단이지만, 이목을 집중시키기에는

---

2 「코로나 집콕에 술이 늘었네⋯⋯ 주류, 담배 소비 50년 만에 최대」, 『조선일보』(20
   21/01/01).

3 「법원, 또 담배 회사 손 들어줘⋯⋯ 500억대 소송서 건보공단 패소」, 『동아일보』(20

흡연이 너무나 오래되고 일상이 되어 버린 주제처럼 느껴진다. 그런데, 유사한 사건이 미국에서도 있었는데, 이것은 한국과 매우 다른 양상을 보였다. 조금 상세히 소개하자면, 1999년에 러셀 크로우와 알 파치노가 주연한 <인사이더> 영화가 개봉되었다. 이것은 1994년 브라운 앤 윌리엄스 담배 회사 연구 개발 부사장 제프리 와이건(러셀 크로우) 박사의 실화를 바탕으로 제작된 것이었다. 영화가 상영될 당시 실제로 미국 플로리다 법원은 담배 회사 브라운 앤 윌리엄스와 필립모리스사에 자사의 담배를 구매한 흡연자들에게 무려 240조 원을 배상하라는 판결을 내렸다.[4] 이로써 당시 수많은 미국인들에게 초대형 담배 회사들의 위선적인 불법행위가 적나라하게 폭로되고 '각인'되게 되었다.[5] 즉, 담배가 비난과 분노의 대상으로 새겨지는 사건이 발생한 것이었다.

흡연과 관련해 발생한 미국의 이 사건이 얼마나 큰 효과를 불러일으켰는지 객관적으로 측정하기란 어려울지 모르겠다. 단순히 흡연율만 비교해 본다면, 2017년 기준 18세 이상 미국 남성의 흡연율은 19.3퍼센트(Wang et al. 2018, 1225)로, 한국의 수치 38.1퍼센트보다 19포인트나 적

20/11/20).

4 해당 담배 회사들은 배심원들이 영화 <인사이더>를 보지 못하게 해 달라고 요청할 정도였다고 한다. 영화에서 와이건 박사는 "니코틴을 폐에 신속하게 흡수시키기 위해 암모니아를 첨가함으로써 뇌와 중추신경계에 직접적인 영향을 준다"라고 말한다. 이와 관련 "담배 회사 대표가 청문회에서 위증을 했다"라고 진술했다.

5 미국 흡연율은 1960년대 중반부터 전반적으로 감소 추세를 유지해 왔기 때문에 영화가 흡연율 자체를 극적으로 감소시킨 것으로 볼 수는 없다. 하지만 영화를 본 관객의 경우 담배 산업에 대한 부정적인 견해가 형성되었다는 연구가 있다. 자세한 내용은 다음의 논문을 참조. Dixon, Hill, Borland, Pzxton(2001, 285-291).

었다(통계청 2019, 111). 어쩌면 이 19포인트의 차이만큼 한국 사회가 담배에 대해 보다 긍정하는 것이 아닐까. 2002년(4월 15일 첫 방영) 월드컵을 얼마 앞두고 공개된 고 이주일 씨의 금연 광고가 있다. 그는 폐암(2001년 10월 판정)으로 투병을 하는 중에 공익 광고에 나와 "담배 맛있습니까? 그거 독약입니다"라는 인상적인 증언을 했다. 이 공익 광고가 실제로 61퍼센트였던 2001년 성인 남성 흡연율을 2003년 57퍼센트로 급감시키는 데 영향을 끼쳤다는 조사 결과도 있다.[6] 하지만 이는 미국의 배상 판결 사례처럼 시민들에게 담배에 대한 비판과 분노의 감정을 각인시킨 것이 아니라, 유명인의 죽음에 대한 애도에서 연유한 것으로도 보인다. 혹자들이 흡연의 좋고 나쁨의 양자택일에서 망설이는 이유가 이런 누군가의 죽음에 대한 '안타까움'과 불법을 저지른 담배 회사에 대한 '분노' 같은, 집단적 기억의 차이에서 오는 것은 아닌지 생각해 본다.

금연, 의료화의 대표적 사례

앞서 흡연이 너무 오래된 일상의 주제이기에 그 해로움에 대한 경각심이 실제 그 피해만큼 크지 못하다는 이야기로 시작했다. 이번에는 그와 대척점을 이루는 금연을 중심으로 한 의료화에 대해 소개해 보고자 한다. 우선, 흡연의 해로움에 대한 일상의 무감각이 흡연 행위 자체에 대한

---

6   관련 내용은 한국금연운동협의회(www.kash.or.kr)와 금연 길라잡이 홈페이지(www.nosmokeguide.go.kr)를 통해 확인할 수 있다. 보다 자세한 내용은 유혜선(2003) 참조.

사람들의 무관심을 뜻하지는 않는다. 한국에서 과거처럼 아무 곳에서나 흡연을 시도한다는 것은 이제 상상할 수 없는 현실이다. 그중 시민들이 일상에서 체감하는 가장 민감한 문제 가운데 하나가 바로 공동주택에서의 층간 흡연 문제일 것이다. 나 역시 이사한 아파트의 화장실에서 밤늦은 시간 밀려오는 담배 냄새로 힘들었던 경험이 있다. 냄새 자체가 주는 불쾌함과 함께 간접흡연으로 인해 건강에 해로운 결과를 미칠 수 있다는 우려 때문에 더욱 민감해지는 것 같다. 누구나 인터넷 검색을 통해 쉽게 층간 흡연이 초래한 간접흡연의 해로움을 확인할 수 있고('금연 길라잡이' 홈페이지[7]), 서울시의 경우 문제의 심각성을 고려해 2018년 1월에 공동주택 관리 조례에서 '간접흡연 예방 및 갈등 해결' 항목을 개설했다.

주거 공간뿐만 아니라 거리의 풍경도 과거와 확연히 달라졌다. 강남 한복판 높은 빌딩들을 가로지르는 넓은 도로들과 깨끗한 인도들에서 담배 연기를 찾기 어렵다. 2012년 전국에서 유동 인구가 가장 많은 강남대로(강남역 2호선 인근)의 금연 구역 설정에서부터 시작된 '금연 정책'[8]이 만들어 온 변화라 할 수 있겠다. 물론 이것이 그 자체로 흡연자 수치의 감소를 의미하는 것은 아니다. 빌딩 뒤편으로 들어서게 되면 완전히 정반대의 풍경을 목격하게 된다. 빌딩 옆과 뒷길에는 수많은 무리의 직장인들이 흡연을 하는 장면이 펼쳐진다. 소위 담배 '쩐' 거리로 불리는 공간

---

7 보건복지부 '금연 길라잡이' 인터넷 사이트를 통해 '층간 흡연'에 대한 자세한 의학적 연구 결과들을 확인할 수 있다. https://www.nosmokeguide.go.kr

8 관련된 법안은 국민건강증진법 제9조 및 서울특별시 강남구 금연 환경 조성 및 간접흡연 피해 방지 조례 제5조가 해당한다.

들이다. 또한 빌딩 뒤 거의 모든 코너마다 24시간 편의점들이 들어서 있고, 편의점 안으로는 화려한 담배 광고들 아래 수십 종의 담배가, 편의점 밖으로는 흡연자들을 위한 간이 테이블들이 마련되어 있다. 편의점 매출의 45퍼센트가 담배 매출이라고 하니 화려한 담배 광고들과 각종 담배 제품들이 계산대 앞에 즐비해 있는 것은 어찌 보면 당연한 일일지 모른다.[9] 그렇지만, 대로변의 금연 거리와 가깝게 공존하는 모습이 매우 어색하기만 하다.

앞서 이야기한 금연 거리 조성은 물론이고 담뱃세 중 건강증진부담금 책정, 2015년 담뱃값 80퍼센트 인상, 2016년 12월 23일 담뱃갑 경고 그림 부착 등의 성과들을 이어 온 가장 큰 계기는 1995년 "국민건강증진법"의 제정이었다. 한국에서 흡연량 감소 혹은 금연 운동 확산의 계기로 손꼽히는 이 국민건강증진법이야말로 의료화의 가장 성공적이고 주요한 사례로 꼽힐 수 있다. 직간접 흡연의 해로움에 대한 의학적 사실들이 이런 법안을 통해 정책으로 현실에 개입하면서 한국 사회에서 흡연의 일상은 많은 변화를 겪어 왔다. 사회학자 피터 콘래드가 의료화를 일종의 '사회통제'로 해석했는데, 한국의 금연 정책이 그 예가 될 수 있을 것이다.

---

9   아이러니하게도 담배 판매 금액의 73.8퍼센트는 세금으로서 일선 편의점들은 점포 총 매출의 약 3분의 1이 담배 세금으로서 마치 과세 징수처가 된 듯하다고 말하기도 한다. 이런 세금 항목 중에는 '건강증진부담금'(4500원 중 3318원이 세금이며 그중 841원이 건강증진부담금)도 포함돼 있다. 세금의 차원으로만 본다면 편의점은 국가 세입을 위해, 흡연자는 편의점 수익을 위해 매우 중요한 비중을 차지한 셈이다. 관련해서 다음의 기사를 참조. 「편의점의 '계륵' 담배…… 점주들 "남는 것 없이 매출만 뻥튀기"」, <조선비즈>(2018/04/03).

흡연의 일상과 의료화의 충돌: 신종 담배의 출현

금연을 위한 흡연의 의료화 과정은 결국 흡연자 개인의 일상적 삶과 갈등을 일으킬 수밖에 없다. 특히, 더 많은 흡연자를 확보하려는 담배 회사와 금연율을 높이려는 보건 분야의 충돌은 어찌 보면 예견된 미래다. 이런 상황에서 담배 회사의 오래된 숙원 사업은 해로움을 최소화한 담배를 발명하는 것이었다. 지금은 익숙한 담배 필터가 그 노력의 시작이었다. 이후 잘 알려진 전자담배(니코틴 용액을 가열 코일로 기화시켜 그 증기를 흡입하는 방식으로 현재 '액상형' 전자담배로 불림)가 개발되었지만, 담배 특유의 맛과 향에서 단점이 많아 일반 담배를 대체하기에는 무리가 있었다. 이런 와중 새로운 패러다임의 담배가 2017년 6월 한국에 처음 소개됐다.[10] 공식적으로 '궐련형 전자담배'라는 명칭을 가진 이 담배는 담배 스틱을 불로 태우는 대신 찜통으로 찌듯이 고온 가열해 연기를 발생시켜 사용한다.

이 담배의 출현은 내게도 충격이었다. 어떻게 태우지 않고 담뱃잎을 피울 수 있는지 너무 의아했고, 관련 제품을 구해 작동시켜 보았다. 비흡연자라 할 수 있는 내게 궐련형 전자담배는 충분히 '담배'다웠다. 냄새가 줄긴 했지만 깊이 흡입하기는 어려웠고 기침을 참을 수 없었다. 필립모리스는 공식적으로 "일반 담배 대비 유해 물질이 평균 90퍼센트 이상 감소"했다고 주장하고 있으며, 한국 식품의약품안전처는 "궐련형 전

---

10 제일 처음 필립모리스의 '아이코스'가 한국에 출시됐다. 곧 이어 케이티앤지의 '릴'과 브리티시 아메리칸 타바코의 '글로'가 출시됐다.

자담배와 일반 담배의 유해성을 단순히 비교하기 어렵다" "궐련형 전자담배가 일반 담배보다 덜 유해하다는 근거는 없다"라는 입장을 견지하고 있다.[11] 명칭에 있어서도 논쟁이 있다. 기존 일반 담배와 유해성에서 확연히 다른 제품으로 인정받기를 원하는 담배 회사는 순한 이미지를 불러일으키는 '(궐련형) 전자담배'로 불리기를 원하며, 금연학회는 그런 오해를 막기 위해 '전자'라는 명칭 대신에 '가열담배'로 명칭을 정했다. 찌는 방식의 신종 담배가 '전자담배'의 한 종류인 것처럼 불리면서 기존의 '(액상형) 전자담배'의 유해성에 대한 논란까지 다시 불거지게 되었다(정유석 2018, 61-70). 사안이 이렇게 되니 언론에 보도되는 전자담배 유해성 논의가 신종 담배에 대한 것인지 기존의 전자담배에 대한 것인지 혼돈을 불러일으키기도 했다.[12] 또한 이런 와중에 2019년 5월에 한국 시장에 소개된 액상형 전자담배 '쥴'(니코틴액이 함유된 일회용 액상 키트를 결합해 사용하는 간편한 휴대용 기기)을 사용하던 미국의 젊은이들이 중증 폐질환으로 갑작스럽게 사망하는 일이 발생하자, 미국 샌프란시스코에서 해당 제품의 제조·유통 및 판매가 금지되었고, 전자담배 안전성 논란이 더욱 불거졌다.

---

11 이와 관련해서 자세한 내용을 보려면 2018년 6월 7일 필립모리스가 직접 식품의약품안전처에 반대 의견을 전달한 다음의 전문을 참조.
https://www.pmi.com/markets/korea/ko/news/details/statement-on-MFDS-assessment

12 새로운 '궐련형' 전자담배와 기존의 '액상형' 전자담배의 혼란에서부터 시작된 전자담배 유해성 논의에 대해 본격적으로 다룬 책으로 정유석·문옥륜·김공현의『전자담배 위기인가 기회인가』, 노스보스, 2019가 있다.

사실 일반인의 경우, 특히 비흡연자라면 이런 논쟁이 그리 와 닿지 않을 것이다. 논란이 어떻든 피우지 않으면 그만이지 않느냐고 반문할 수도 있을 것이다. 최근에는 코로나19 사태가 발생하면서 전자담배 논란도 점차 언론의 주목을 받지 못했다. 하지만, 이러는 사이 담배 회사들은 빠르게 새로운 업그레이드 제품들을 출시해 편의점 광고판을 메우고 있다.[13] 유별난 관심 때문에 흡연 관련 질병의 통계를 수시로 확인하는 나는 담배 회사들이 말 그대로 사활을 걸고 전자담배 제품 개발에 몰두하고 있다는 기사를 접할 때마다,[14] 그리고 편의점에서 그 결과물을 실시간으로 확인할 때마다 조금은 아찔한 심정이다. 나는 이 상황이 단순히 새로운 담배의 출현과 그에 따른 논란 정도로 보이지 않는다. 앞서 이야기한 오래된 흡연의 일상화와 의학 지식의 일상화가 상호 충돌하며 탄생한 결과물로 바라보게 된다. 즉, 흡연의 확산을 추진하는 측과 이를 억제하려는 측이 경합하는 과정에서 신종 담배가 출현한 것이라고 말이다. 이번 글에서 나는 그 충돌의 중심에서 신종 담배를 '선택'한 실제 흡연자의 경험을 소개하려고 한다. 그들의 선택이 흡연의 유해성과 흡연자에 대한 불편한 시선 때문인지, 혹은 단순히 신제품에 대한 호기

---

13 아이코스는 벌써 세 번째 버전이 출시됐고, 릴의 경우 '릴 플러스' '릴 미니' '릴 하이브리드' '릴 하이브리드 2.0' 등 출시 3년 만에 일곱 개의 신제품을 쏟아 내고 있다.

14 케이티앤지는 궐련형 전자담배 관련 연구 개발에 총력을 기울이고 있다. 한 기사에서 "전자담배 시장은 담배 '브랜드'보다는 누가 더 기술의 혁신을 빨리 이뤄 패러다임을 변화시키는 주인공이 되느냐의 싸움"이라며 "혁신을 가속화해 혁신적이고 새로운 전자담배 플랫폼을 만들어 세계 담배 시장을 주도하는 것이 우리의 미래 목표"라고 강조한다. 「궐련형 전자담배 둘 중 하나는 '릴'⋯⋯ '늦깎이' 반란」, <이데일리>(2021/01/26).

심 때문인지 살펴봄으로써 개인의 기호를 넘어서는 사회문화적 요인들에 대해 다가가고자 한다.

신종 담배에 대한 남성 흡연자들의 경험

1) 직장인 남성 M(30대 후반), '건강하지 못한' 흡연에 미안해하다

저희 회사가 여의도인데 어느 순간부터 대로변을 다 금연 구역으로 지정해 놨더라고요. 점심시간만 되면 진풍경이 되는 게 뒷골목에 수백 명이 모여요. 담배를 피는데 멀리에서 보면 불 난 거 같아요. 연기가 자욱해서 건물과 건물 사이에 연기로 가득 차거든요. 최근에 보면 비율이 대부분 80퍼센트는 일반 담배 피던 사람들이 최근 1년 사이에 역전이 됐더라고요. 대부분이 A제품 이거 들고 있다는 게. 그걸 보면서 느꼈던 게 주변에 피해 주기 싫고 그런 의도에서 금연을 결심한 사람들의 경우에는 [신종 담배가] 냄새가 덜 나기 때문에 피해를 덜 준다고 생각하고 대체용으로 사용한다고 봐요. 그러면서 금연 클리닉을 이용하는 분들이 적어지고 오히려 자기 위안 삼는 분들이 많은 것 같아요.

위에서 언급한 사례는 신종 담배가 출시되고 1년이 지난 후 변화된 모습을 뚜렷이 보여 준다. 점심시간이면 마치 불이 난 듯 담배 연기가 자욱했던 여의도 거리에 이제 일반 담배가 아닌 A 제품이 다수를 차지하게 됐다는 이야기다. 담배 없는 거리 정책으로 건물 뒤로 밀려난 흡연자들이 이제 타인에게 '피해를 덜 준다'는 신종 담배로 바꾸며 '자기 위안'을 삼고 있다는 지적은 시사하는 바가 크다. 30대 후반의 증권가 직장인 M의 경우도 신종 담배가 담배 회사의 광고처럼 해로움이 적어서 피우는 것이 아니었다. 그는 오히려 니코틴이 더 강하다고 느꼈으며, 가래가 감소하기는 했으나 그것으로 유해성이 줄었다고 받아들이지는 않았다. 그가 신종 담배로 위안을 삼은 것은 바로 '냄새'가 적어 주변 사람들이 덜 불쾌해한다는 사실이었다. M은 11세(딸), 7세(아들), 2세(딸)의 자녀를 두고 있어서 자신의 흡연 행위에 대해 많은 주의를 기울여 왔다. 첫째 아이가 임신되면서부터 아내로부터 금연을 권고받았다고 한다. 처음에는 보건소 금연 클리닉에 방문하고 6개월가량 금연을 시도했을 정도로 노력했지만, 영업직인 그는 업무 스트레스를 해소하는 방편이기도 했던 흡연이 갈급했다. 그렇게 흡연과 금연을 반복하다가 막내가 태어나면서 지금의 신종 담배로 전환했다고 한다.

> 일단은 기사에도 나온 것처럼 [궐련형 전자담배의] 유해 성분이
> 나 그런 기사들도 접해서…… 개인적 생각으로는 [궐련형] 전자
> 담배도 어차피 안 좋은 거라고 생각을 했지만, 가족에게 냄새 안
> 풍기는 거 선택하자 해서…… 끊기는 힘들 거 같고, 그래서 지금
> 은 A를 피우고 있어요.

그는 아내가 막내 출산 이후 자신에게서 담배 냄새가 나질 않아 금연을 하고 있다고 믿는다고 말했다. 그렇게 신종 담배를 통해 가족에 대한 '불편한 마음'이 줄어들었다며 나름 만족했다. 그는 스스로 '나쁜 생각'이

라고 전제를 하며 담배를 억지로 참는 스트레스도 만만치 않기 때문에 금연에 부정적이라고 이야기했다. 그렇지만 그는 절대로 가족이, 특히 자녀가 보는 앞에서는 집 밖이라 할지라도 절대로 흡연을 하지 않는다고 강조했다. 그는 자녀에게 흡연 장면을 보이는 것 자체가 '좋지 않다'고 믿었다.

M의 사례가 내게 오랫동안 기억에 남았던 이유는 그가 너무나 전형적인 한국의 직장인처럼 느껴졌기 때문이다. 인터뷰를 진행할 때에도 반듯한 정장을 갖춰 입은 그의 모습에서 업무에 눌린 고단함이 전달되는 듯했다. 여느 증권가 직장인처럼 점심 식사 직후 담배 거리에서 연신 흡연을 하고 고객과의 상담 전후로 긴장을 없애기 위해 짧은 흡연 휴식 시간을 갖는 모습이 이야기를 나누는 동안 선명하게 그려졌다. 그래도 가족을 생각해 집 밖에서도 냄새가 적은 신종 담배를 피우려 했다. 담배 회사가 주장하는 유해성 감소를 위해서도, 의사들이 주장하는 흡연 자체의 유해성 증가를 깨닫게 되어서도 아니었다. 그에게 흡연의 유해성은 가족에게 맞춰진 것이었다. 즉, 그가 우려한 것은 흡연에 의한 자신의 신체적 오염이 아니라, 아빠로서의 책임을 다하지 못했다는 도덕적 오염이라 볼 수 있을 것이다.

2) 직장인 남성 H(30대 후반), '건강해진' 흡연에 만족하다

H는 생후 100일이 지난 아이를 둔 30대 중반의 영업직 회사원이다. 앞선 M과 영업직에 종사하는 것은 똑같았지만 흡연에 대한 태도는 사뭇 달랐다. 그는 가족에 대한 이야기보다 담배 자체의 특성에 대한 자신의

경험에 더욱 초점을 맞췄다. 젊어서부터 '맛없는' 국산 담배는 피우지 않았다면서 자신의 흡연 편력을 소개하는 H는 2017년 6월 신종 담배가 출시되자마자 지인의 추천을 받고 이 '외국산' 담배를 줄곧 피워 왔다고 이야기한다. 그는 자신의 경험에 비춰 이 신종 담배가 일반 담배보다 몸에 좋다는 확신을 지니고 있었다.

> 내가 A가 연초보다 몸에 좋다고 느낄 때는 술 마실 때에요. 내가 원래 술을 잘 못 마셔요. 그리고 담배도 사실 잘 안 맞는다는 걸 알고 있죠. 연초를 많이 피운 날 다음 날 아침에는 몸이 피곤해요. 물론 A제품으로 넘어간 후 몸 자체가 좋아진다는 것을 별로 느끼진 못했어요. 그런데 술 마실 때는 몸 좋아진 것을 확실히 느껴요. 연초 피울 때는 연초가 촉매제처럼 느껴졌어요. 술을 마시면 '핑' 하고 취했죠. 그런데 술을 마시면서 A를 피우면 '핑' 취하는 느낌이 없어요. 이것을 직접 느끼니깐 A가 연초보다 더 낫다는 느낌이 들었죠. 그래서 안심했어요. 연초보다는 낫다고. 그리고 바꾸면서 가래도 좀 줄어든 것 같아요.

H의 설명은 아주 구체적이었다. 그는 자신이 몸으로 체험한 것을 믿으며 "뉴스 같은 거는 참고는 하지만 믿지 않는다"라고 말했다. 나는 신종 담배에 대해 이처럼 강력하게 긍정적인 취지로 설명하는 것을 들은 적이 없을 정도였다. 이것은 그의 액상형 전자담배의 사용 경험 때문이었다. 그는 2015년 결혼을 하면서 담배 냄새를 끔찍이도 싫어하는 아내를 위해 전자담배를 피기 시작했다. 물론 집 밖에서는 여전히 일반 담배를

피웠다. 그런데 액상형 전자담배의 단점들을 경험을 통해 알게 되면서 이것이 연초보다 오히려 건강에 해로운 것은 아닌지 의하게 되었다고 한 다. 전자담배에 니코틴 용액을 기화시키는 유리섬유가 있는데 그 가루 를 흡입하게 되는 것은 아닌지 걱정했으며, 기계 결함으로 니코틴 용액 이 자주 입으로 들어오는 것을 불편해 했다. 하지만 신종 담배는 "원래 담 배이잖아요! 성분도 연초에 무슨 화학물이 더 있을지는 모르지만 (액상 형) 전자담배보다는 찜찜한 게 덜하죠"라고 설명한다.

H는 앞의 M과 달리 자신은 스트레스 해소가 아니라 습관성으로 흡 연을 한다고 강조했다. 이제는 안 피우면 안 될 것 같다며, 피우지 못하 는 상황이 엄청난 스트레스를 준다고 말한다. 그런 그에게 신종 담배는 덜 해롭고 만족스러운 흡연 생활을 유지하게 해주면서 아내에게 일반 담배 대신 '건전한' 전자담배'만'을 피우는 남편으로 인식하게 만들어 주는 최상의 제품이었다. 그가 나와의 대화에서 강조하려고 했던 것은 담배로 가족에게 피해를 주지 않겠다는 약속도 지키고 건강까지 챙기 는 '건전한' 애연가라는 점이었다. 즉, 가장으로서 신체적·도덕적으로 덜 오염된 흡연자인 지금의 상태를 만족스럽게 여기고 있었다.

H는 오랜 흡연으로 훗날을 걱정하기도 했지만 자신이 50, 60대가 되면 폐암 백신이 만들어지지 않겠느냐며 농담했다. 앞선 M과 달리 시 종일관 밝게 자신의 흡연 경험을 이야기했던 H도 그 강력한 '습관성'에 대해서는 어쩔 수 없어 했다. 그는 단 한번도 '중독'이라는 부정적 표현 을 사용하지 않았지만, 흡연 행위를 할 수 없는 상황(처가 방문 등)에 처하 면 극도의 스트레스를 받는다는 이야기에서 그런 면을 간접적으로 느 낄 수 있었다. 이것은 다만 H에게만 국한된 것은 아닐 것이다. 중요한 사

실은 이런 점을 '습관' '중독' 등 어떤 표현으로 언급하는지가 아니라, '어찌할 수 없다'라며 당연한 것으로 받아들이고 있다는 점이다. H에게 흡연이 마치 숙명처럼 여겨지는 것처럼 말이다.

신종 담배에 대한 여성 흡연자들의 경험

1) 엄마 Y(40대 초반)의 되찾은 호흡

너무 좋아요…⁚… 정말 좋아요…… 너무 만족해요……
신세계예요…… 자유로워지고…… 대인 관계도 좋아졌어요.

주어를 생략하고 맥락을 빼고 읽으면 이렇게 좋은 것이 무엇일까 싶을 정도다. 마치 건강에 좋은 신약처럼 들린다. 그러나 이것은 Y가 신종 담배 사용 경험에 대해 나눈 이야기이다. 영업직 사원으로 일을 하며 갖은 스트레스를 흡연으로 달래며 지냈던 Y는 30대 후반에 결혼과 함께 아이 둘을 출산하게 되었다. 평생 결혼도 금연도 할 생각이 없었던 그녀에게 "애기 엄마"로서의 삶은 독박 육아와 함께 그토록 의지하던 담배를 가장 큰 스트레스의 요인으로 만들었다. 임신과 출산으로 아이에게 "죄 짓는 엄마"가 되기 싫어 중단했던 흡연도 연이은 가족들의 사망 소식으로 고통스러운 시간을 겪으며 다시 시작했다고 한다. 그렇지만, 아이들이 깨기 전 새벽 시간이나 아이들이 잠들고 난 후에야 초조하게 피우던 담배. 그러던 중 냄새가 적다는 주변의 권고에 신종 담배를 시도하게 되면서 Y의 삶은 그녀의 표현대로 "신세계"로 바뀌었다.

저는 애연가예요. 담배가 정말 좋아요. 평생 담배를 끊을 생각이 없었어요. 결혼도 안 할 생각이었고 담배를 평생 피울 생각이었는데 애기 낳고 키우다 보니까 애기 친구 엄마들, 어린이집 때문에, 내가 아니라 애기 엄마가 되다 보니까 제약이 너무 많아지는 거예요. 그전에는 그냥 술 먹으면 계속 담배 피웠어요. 옆집 아줌마 보든 말든. 이제는 '애기 엄마'가 붙으니까 못 하는 거예요. 그런데 사실 스트레스를 풀고자 담배를 피우는 게 가장 컸는데 그게 이제는 너무 큰 스트레스가 된 거예요. 나는 스트레스를 풀기 위해 담배를 피웠는데 애기 엄마니깐 숨어서 피워야 하고. 이거 자체가 스트레스예요. 머리에 담배 냄새 나고 향수 뿌리고 섬유 유연제 챙기고. '왜 담배를 피워야 돼?' 이런 고민을 하던 차에 A가 나온 거예요. 맛은 떨어지지만 다른 데서 주는 만족감이 정말 크죠.

인터뷰를 하는 내내 그녀는 신종 담배 전도사가 된 듯 열정을 다해 그동안 자신이 경험한 변화를 증언했다. 그는 무려 세 종류의 궐련형 전자담배 기계를 구매해서 특성에 따라서 적재적소에 활용하고 있었다. Y는 내게 일반 담배를 '구운 삼겹살'로, 신종 담배를 '수육'으로 비유하며 기기의 원리와 맛의 차이를 설명했다. 이런 담배에 대한 대화 자체가 그에게는 즐거운 일인 것 같았다. 특히, 그는 이제 어린이집 버스에서 아이들이 내릴 때 거리낌 없이 다가가 선생님과 다른 학부모들에게 웃으며 인사를 나눌 수 있다는 사실을 무척이나 만족했다. 20여 년 동안의 흡연 경험으로 담배의 해로움에 대해 모를 리 없었지만(가족 중 폐암으로 사망한 분도 있다), 그것이 자녀에게 영향을 주지만 않는다면 위험 요소로 받아들여지지 않았다. 그에게 담배의 유해성은 엄마로서의 도덕적 의무와 부딪힐 때만 의학적 사실로 받아들여졌다.

2) 딩크족 기혼녀 J(30대 중반)의 청정한 공기

> 미세 먼지가 심했잖아요…… 비염 환자이고…… 문을 열어 놓을
> 수도 없고…… 집에 돌아가는 길에 행복하구나 느꼈죠. …… 마음
> 에 초조함이 없어졌어요. 정신적인 초조함이 없어진 거죠.

두 번째 사례 역시 주어를 빼고 보면, 극심한 미세 먼지를 해결해 줄 새로운 공기청정기를 구입한 소비자의 표현인 것처럼 들린다. 그렇지만, 이 역시 신종 담배가 주어였다. 30대 중반의 대기업 사원인 J씨는 계절성 비염 환자다. 약을 주기적으로 복용하고 있고 미세 먼지에 매우 민감하다고 말한다. 물론 미세 먼지를 걱정하면서도 흡연을 하는 자신이 한심하게 느껴질 때도 있다고 한다. 그렇지만, 아이를 가질 생각이 없는 딩크족 가정인 그에게는 15년간 즐겨 온 흡연을 중단할 이유보다 즐겨야 할 이유가 더 컸다. 비염 환자인 J에게 걸리는 문제는 미세 먼지가 많은 실외에서의 흡연을 최대한 피하는 것과 담배에서 나오는 미세 먼지 역시 최소화하는 것이었다. 그래서 신종 담배를 선택해서 실제 실험까지 해보는 나름의 노력을 기울였다.

> 저는 계절성 비염이 있고 그런데 그게 담배를 피우면 당연히 어디
> 든지 안 좋겠죠. 안 좋겠지만 미세 먼지가 정말 심한 날이 있잖아

요. 그때 밖에서 연초를 피우면 내가 뭐 하는 건지 약간 자괴감이 들 때가 있어요. 미세 먼지 누렇게 사람들 마스크 쓰고 지나가고 눈도 뻑뻑하고. 그런데 거기서 내가 발암 물질을 피우고 있으면 나는 뭐하는 거지 생각이 들 때가 있더라고요. …… 한국에 A 제품이 출시돼서 피우게 됐는데 맛이 없지만 미세 먼지가 심했잖아요. 여성 흡연자이기 때문에 집에서 자유롭게 피울 수가 있는데 집에서 문을 열어 놓고 피울 수가 없는 거예요. 아이러니한데 저는 미세 먼지에 민감하거든요. 그래서 실험을 해봤어요. 집 안에서 일반 연초를 피우면 공기 청정기 끝 숫자 9를 찍어요. 그런데 바로 공기청정기 센서 옆에서 A를 저랑 남편이 막 피워도 숫자가 올라가지 않아요. 잘못 됐나 해서 공기 청정기 두 대 가지고 해 봤는데 확실히 괜찮구나. 찐내가 나기는 나는데 금방 괜찮으니까…… 아시겠지만 A가 일반 담배에 실제 10배인가 5배인가 발암 물질이 높다, 그런 기사가 나왔는데 저는 약간 그거랑 다르게 생각해요. 공기청정기로 실험해서 확인했고, 피웠을 때 일반 연초는 필터 부분에 노란, 그게 치아에 착색되는 건데 그게 없잖아요. 물론 그거 까 보면 찌꺼기가 있기는 있어요.

이렇게 직간접적 실험까지 거치면서 신종 담배에 대한 나름의 확신을 얻은 것은 비염 환자인 J에게 큰 수확이었다. 이와 더불어 회사에서의 흡연 생활에 있어서도 큰 변화를 경험하게 됐다고 한다. 평소 그녀는 힘든 직장 생활을 스스로 정한 스케줄에 맞춰 규칙적으로 생활하는 것으로 극복하고 있다고 말한다. 흡연도 그 규칙에 속했다. 그녀에게는 하루의 기승전결을 흡연으로 마무리하는 것이 중요한 의례였다. 그럼에도 점심시간이든 휴식 시간이든 정해진 스케줄대로 흡연하기 위해 '초조하게' 동료 및 상사의 눈이 닿지 않는 먼 곳까지 걸어가 몇 대를 이어서 펴야만 했다. 왜냐하면 J는 자신의 흡연 사실을 철저히 감추고 있었기 때문이다.

> 제가 다니는 회사는 남초 회사예요. 대기업 건설 회사거든요. 그 러다 보니까 거기에 다니고 있는 여성 직원이 비중도 적고 보이는 시선도 굉장히 중요하거든요. 회사에서는 전혀 모르실 거예요. 알리고 싶은 생각도 없고. 회사에 여직원들도 있고 친한 여직원이 있는데 절대 오픈하지 않아요. 제가 흡연하는 거는.

그렇지만, 이제 신종 담배를 사용하기 시작하면서 담배 냄새 때문에 회사에서 들킬 걱정도 없어졌고, 타인의 시선을 피할 수 있는 다양한 전략들이 추가로 생겨났다. 그래서 이제 동료들 몰래 멀리 떨어진 안전한 장소에서 흡연할 기회를 기다리며 초조해할 필요가 없어졌다. J는 이렇게 근무 시간 내 여유롭게 자신의 흡연 시간을 관리할 수 있게 되면서 정신적 초조함도 사라지게 되었고 짧은 시간에 줄담배를 피우던 습관을 버리자 오히려 하루 흡연량이 줄게 되었다고 한다. 이처럼 신종 담배는 비염 환자임에도 미세 먼지를 흡입하는 자신에 대한 자괴감과 직장에서 흡연 사실을 감춰야만 했던 초조함을 벗어나게 해주었다.

신종 담배가 쏘아 올린 해로움에 대한 논쟁

지금까지 신종 담배에 대해 남녀 두 명씩 총 네 사람의 사례를 소개했다. 물론 이들의 경험이 모든 흡연자를 대변하는 것은 아니겠지만, 적어도 내가 그동안 면담을 진행했던 사람들이 공통적으로 언급했던 부분들을 포함하고 있다. 특히, M, H, Y, J라는 이니셜로 표시했지만, 이들이 내게 말한 인상적인 표현들은 여전히 생생하다. 업무의 피곤함이 채 가라앉지 않은 채 기운 없는 목소리로 천천히 답을 이어갔던 M, 반면 초롱초롱한 눈빛과 자신감 있는 어조로 신종 담배의 활용법에 대해 설명하던 H, 그리고 특유의 빠른 말투로 쉴 없이 신종 담배를 극찬하며 백과사전식 정보를 쏟아 내던 Y, 차분한 목소리로 조심스럽게 자신의 실험 결과를 소개하던 J까지 뚜렷한 얼굴의 표정과 목소리가 잊히지 않는다. <표 3>는 이들 네 명에 대해 간략히 항목별로 정리한 것이다. 물론 이들을 포함해 흡연 인터뷰 대상들의 흡연 유형을 몇 개의 범주 안에 분류한다는 것은 성급한 일반화일지 모르지만, 이런 접근법은 담배 회사가 자주 활용하는 마케팅 방법의 일환이기도 하다. 다국적 담배 회사들은 실제 흡연자에 대해 문화인류학자 등의 질적 연구자들을 고용해 위와 같은 흡연자군의 특징을 '범주화'하는 작업을 한다고 전해진다.[15]

---

15 이와 관련해서는 담배 규제 활동가이자 유명한 샌프란시스코대학 의과대학 교수였던 스탠튼 글란츠의 논문(Glantz 2002, 908-916)에 잘 드러나 있다. 글란츠는 담배 회사의 내부 문서들을 조사해 이들 기업들이 18세에서 24세의 젊은 연령층을 연령(10대, 젊은 성인층, 성인층) 및 직업 종류(화이트칼라, 블루칼라)에 따라 흡연의 역할을 그래프로 도식화한 자료를 보여 주고 있다. 또한, 삶의 단계에 따라 다양한

	남		여	
	30대 후반 M	30대 후반 H	40대 초반 Y	30대 중반 J
건강 고려도	적다	크다	적다	크다
목적	스트레스 해소	습관성/여가	스트레스 해소/여가	스트레스 해소/여가
민감도	아내와 자녀에 대한 도덕적 의무에 민감	아내, 처가, 부모 시선에 민감	아이에 대한 도덕적 의무, 주변 시선에 민감	직장 내 여성흡연자에 대한 시선에 민감
표현	"불편한 마음" "나쁜 생각"	"건전한 전자담배" "폐암백신"	"애기 엄마" "죄 짓는 엄마"	"청정기 실험" "정신적 초조"

<표3> 성인 남녀 네 사람의 신종 담배 흡연 경험 비교

담배 회사의 입장에서 분석한다고 했을 때 한국 남녀 흡연자의 가장 큰 공통점과 차이는 무엇일까? <표3>을 통해 생각해 본다면, 아마도 공통점은 바로 냄새에 대한 타인의 시선에 민감하다는 점이며, 차이점은 그 대상이 남성의 경우 가족에 집중된 반면, 여성의 경우 직장 및 사회생활을 하며 마주하는 주변인들(직장 동료, 학부모, 선생님 등)에 집중된다는 점일 것이다. 반면, 건강에 대해서는 남성과 여성이 통일되는 공통점과 차이점을 찾기에는 개인차가 존재했다. 이를 종합해 보면, 핵심은 '담배 냄새'가 주변인들에게 주는 불쾌함과 그것과 결합된 흡연 행위에 대한 도덕적 잣대라 볼 수 있다. 만일 담배 회사가 이런 남녀 공통된 문제의식

담배 제품들이 어떤 위치에서 어떤 의미로 소비되고 있는지도 표와 그래프로 정리한 문서도 보여 준다. 필자는 글란츠가 2015년 국내에 방문했을 때 대화를 나눌 기회가 있었는데 그는 미국에서 인류학자들이 담배 회사의 마케팅 분야에 많이 고용되는 현실에 대해 설명해 주었다.

을 찾아냈다면, 개발해야 할 제품의 가장 큰 특징은 바로 도덕적 낙인이 덧씌워진 '냄새'를 최소화하는 것일 테다. 궐련형 전자담배가 바로 그 결과물인 셈이다.[16]

반대로 금연 정책을 세워야 하는 입장에서 앞의 사례를 분석해 적용해 본다면, 담배 냄새가 주는 부정적 이미지를 오히려 강화시키는 쪽이 유리할 것이다. 실제로 공중 보건의 영역에서는 '낙인'을 주요한 정책의 수단으로 활용해 왔으며(Williamson et al. 2014, 333-335), 흡연은 그 대표적 사례라고 할 수 있다. 소위 '비정상화'(혹은 비규범화)denormalization 정책으로 불리는 이것은 흡연 행위를 도덕적으로 올바르지 못한 행위로 '규범화'하는 것이다(Bell et al. 2014, 795-799). 즉, 담배를 피우는 행위가 소위 '매력적' '멋진' 행위가 아니라 그 반대임을 받아들이게 분위기를 조성하는 것이다. 일명, 흡연에 저항하는 문화를 형성시키는 것이다. 예를 들면, '흡연 갑질'을 주제로 한 금연 캠페인("당신은 오늘 몇 번의 흡연 갑질을 하셨습니까?"), "전담은 노답, 나는 노담"이라는 청소년들의 미닝 아웃 meaning out 기법을 활용한 캠페인이 있다. 이 같은 '비정상화' 금연 정책에

---

16 이런 평가는 신종 담배에 대해 긍정적인 요소를 강조하기 위함이 전혀 아니다. 이번 글에서는 신종 담배가 실제 흡연율 감소와 금연율 상승으로 연결되거나 궁극적으로 흡연의 해로움을 감소시키는 데 보건학적으로 어떤 의미를 지니는지 다루지는 않을 것이다. 다만, 오해의 소지를 제거하기 위해 필자가 진행한 관련된 연구 결과로 이야기하자면, 신종 담배의 영향에 대해 낙관적인 전망을 내놓기는 어렵다고 본다. 한국에서 신종 담배는 단일 흡연보다는 일반 담배를 중복해서 사용하는 경우가 많았으며, 신종 담배를 사용하다가 중단하는 경우는 금연으로 이어지기보다는 기존의 일반 담배로 회귀하는 경우가 거의 대부분이었다. 자세한 연구 내용은 다음의 논문을 참조. Kim, Kim, Cho(2020, 43).

대응한 담배 회사의 전략은 담배에 대한 부정적 이미지를 최소화하는 '재정상화'renormalization라고 할 수 있다. 즉, 해로움과 냄새를 줄인 신제품 개발과 이에 대한 적극적 홍보와 같은 것이다. 앞서 소개했던 M, H, Y, J 사례 모두가 신종 담배를 통해 도덕적 규범으로부터 벗어날 전략을 획득했다는 점을 상기시켜 본다면, 일정 부분 성공을 거둔 것으로 볼 수도 있다.

오랜 기간 이 같은 비정상화와 재정상화의 경쟁을 목격하면서 가지게 된 의문이 있다. 그것은 건강 증진을 목적으로 '낙인'을 어느 수준까지 사용해도 좋은지에 대한 논의는 뒤로하더라도, 과연 '비정상화' 정책이 문제시하는 해로움이란 것이 담배의 독성 물질인지, 혹은 그 같은 유해 물질을 흡입하는 사용자인지의 여부다. 즉, 신체에 해로운 담배에 오염되는 것을 피하는 것인지, 그런 담배를 사용하는 사람들과의 접촉을 불결하게 느끼는 것인지 말이다. 이와 관련해서 영국 인류학자 메리 더글러스가 제시했던 '오염'의 경계선에 대한 논의는 시사하는 바가 크다. 그녀는 한 사회의 오염에 대한 기준('경계선')이 외적 혐오감이나 위생 차원에서 시작된 것이 아니라 통제를 위해 '상징'적으로 선택된 것으로 보았다. 그녀는 '식탁 위의 신발'을 사례로 오염의 상징성을 설명하는데, 그것은 아무리 깨끗한 신발이라 할지라도 신발장에 있을 때에만 깨끗하다고 인식될 뿐 식탁과 같이 정해진 경계선을 벗어나서 위치할 때는 더러운 것으로 인식된다는 것이다. 나의 현지 조사 경험을 예로 들자면, 여성 흡연자들에게 소위 '흡연 천국'이라 일컫는 직장, 콜센터가 적합한 사례라 할 수 있겠다(김관욱 2015). 여성의 몸에 대한 흡연의 의학적 해로움은 그 여성이 어디에 존재하느냐와 상관없이 동일하지만, 여성 흡연에 대한 부정적 시선은 콜센터라는 특정한 공간으로 들어갈 경우 해체되는 경향을 목격했었다. 고용주 측은 과다한 감정 노동에 따른 상담사들의 탈진된 감정 상태를 회복시키는 데 흡연 습관을 적극적으로 활용하고 있었다. 평균적인 여성 성인 흡연율이 콜센터 밖에서는 7퍼센트 정도인 데 반해, 콜센터 안에서는 40퍼센트에 육박하는 것을 고려한다면, 적어도 한국 사회에서는 콜센터가 여성 흡연에 대한 부정적 시각이 유예되는 하나의 '오염의 경계선'이라고 할 수 있을 것이다.

흡연자에 대한 낙인적 시선은 이처럼 상황에 따라 선택적으로 작동한다. 그로 인해 무엇이 낙인을 초래하는 원인이고 그 결과인지 혼란스러운 경우가 생길 수 있다. 예를 들면, A라는 흡연자가 흡연하기 때문에(원인) 불결한 사람으로 낙인찍히는 것인지(결과), A가 불결한 사람이라고 낙인찍혔기 때문에(원인) A의 흡연 행위가 당연한 것으로 받아들여지는 것인지(결과) 말이다. 전자가 '담배를 피우다니 몹쓸 사람이다'라면, 후자는 '원래 저런 애들이 담배 피우는 거야'라고 할 수 있다. 필자가 신종 담배를 통해서 찾고자 하는 오염의 경계선은 바로 이처럼 원인과 결과를 구분 짓는 경계선들이다. 하나는 오염의 원인이 담배에서 흡연자로 넘어가는 '일차적 경계선'이며, 다른 하나는 그 원인이 흡연 행위에서 그 인물 자체로 넘어가는 '이차적 경계선'이다. 이차적 경계선 너머에 다다르면, 흡연이 초래하는 신체적 해로움은 이제 논의의 대상에서 제외되기 쉽다. 즉, 담배 회사와 의료인 간의 신종 담배 유해성 논쟁은 그 의미가 퇴색되어 버릴 것이다. 마치, 어떤 담배를 피우든 흡연자는 그냥 '나쁜' 사람이며, 그가 '나쁜' 이유는 흡연 때문이 아니라 원래부터 '나빴기' 때문으로 받아들여질 수 있다는 사실이다.

그런데, 여기서 가장 당혹스러운 사실은 이 같은 오염에 대한 일차적·이차적 경계선의 전이가 금연 정책을 통한 '의료화'가 진행될수록 커질 수 있다는 점이다. 영국 보건학자 힐러리 그레이엄은 영국의 임신부, 여성 흡연자의 흡연율에 대한 계층별 차이에 대해 오랫동안 연구해 왔다. 그녀는 다년간의 연구 결과를 토대로 공중 보건 정책이 발전할수록 흡연에 대한 사회적 인식이 부정적으로 변하게 되고 이것이 흡연율 감소에 긍정적 기여를 하게 되었지만, 동시에 그와 같은 부정적 인식이 흡연자에게 무조건적 낙인을 찍는 문화가 동반되었다고 지적했다 (Graham 2012, 83). 더불어 그레이엄이 가장 큰 문제로 지목한 것은 사회경제적 격차에 따른 흡연율의 차이가 점차 벌어진다는 사실이었다. 즉, 사회경제적 지위가 높을수록 흡연율은 낮고 지위가 낮을수록 흡연율이 높은 상황이 발생하게 되자 흡연 행위가 마치 그/그녀의 사회경제적 지위를 가리켜 주는 징표(그레이엄은 이를 '계급 표지자'class signifier라고 불렀다)가 되어 버렸다고 설명한다. 이런 우려는 단순히 한 국가 안에서만 발생하는 것이 아니다. 인류학자 스테빈스는 다국적 담배 회사들이 1990년대 이전부터 자국 내 금연 운동 확산으로 인해 국내 담배 판매율이 하락하자 이를 만회하기 위해 아직까지 금연 정책이 확립되지 않고 흡연에 대해 호의적인 제3세계 국가를 공략하고 있는 현실을 폭로했다(Stebbins 1990). 담배의 유해성에 대한 의학적 근거들이 정책을 거쳐 일상의 영역으로 확산될수록, 흡연을 경유한 낙인적 시선이 더 낮은 계층으로, 더 열악한 국가로 집중된다는 모순된 현실이다.

그레이엄과 스테빈스의 지적처럼, 의료화의 확산은 흡연율은 물론이고 낙인마저 특정 계층과 국가에 집중되게 만드는 결과를 초래할 수 있다. 그런데 의료화의 확산에 대항하기 위해 출시된 신종 담배 또한 이 같은 결과를 초래할 수도 있을지 모른다. 궐련형 전자담배의 경우 제품 구매에 여유가 있어야 함은 물론이고 충전 및 사용 방식에 익숙한 흡연자이어야만 한다. 이런 진입 장벽이 전자담배와 일반 담배 사용자를 사회경제적 지위에 따라 구별 짓게 될지 모를 일이다. 그리고 이런 차이는 국가 간(제1세계 대 제3세계 간) 차이로 이어질지도 모를 일이다. 여의도 증권가 회사원인 M은 신종 담배가 판매된 지 일 년 후 여의도 흡연 거리에서 신종 담배의 점유율이 일반 담배를 역전했다고 말했다. 그런데 증권가가 아닌 새벽 인력시장에 모인 일용직 구직자의 경우는 어떠할까. 적어도 내가 직접 목격한 새벽 거리의 모습은 예전 모습 그대로였다.

또 다른 오염의 경계선 긋기를 마주하며

2017년 6월 신종 담배가 국내에 출시될 때 나는 이것이 가져올 또 다른 '담배 전염병'tobacco epidemic의 확산에 대한 걱정을 하고 있었다. 이런 제품이 출시되었다는 것은 담배 회사들이 이보다 더 전에 흡연자들이 주변의 낙인적 시선 때문에 흡연을 불편히 여긴다는 점을 파악했다는 것을 의미한다. 그렇게 불이 아닌 전기로 담배를 즐길 수 있는 '건전한' 신종 담배를 출시한 것이다. 의학 지식을 바탕으로 흡연에 대한 낙인을 활용해 왔던 금연 캠페인과 정반대의 길을 선택한 것이다. 그런데, 나를 더 놀라게 한 것은 신종 담배 출시 직후 전자담배 안정성 논란이 있었던 것 외에도, 코로나19 대유행을 거치는 동안 각종 담배의 급격한 변화에 대한 어떤 관심도 체감하기 어려웠다는 사실이다. 편의점 가판대에 화려한 담배 광고들이 형형색색 서로 경합을 벌여도 그것이 모순적이라고 아무도 생각하지 않는 듯 보였다. 그렇다면, 담배 냄새로 인한 다툼(예로, 층간 흡연, 간접흡연 등)을 제외하고 일반적인 흡연 소식들에 시민들이 적은 관심을 보이는 것은, 지금 당장은 담배가 초래할 질병이 보이지 않아서일까? 혹은 앞서 다뤘던 것처럼 흡연을 하는 사람 자체에 대한 낙인적 시선 때문일까? 즉, 보건학자 힐러리 그레이엄이 영국에서 흡연이 일종의 '계급 표지자'가 되었다고 지적하듯, 흡연이 원래 담배를 피울 만한 사람이 피우는 것으로 낙인찍어 생각함으로써 나와 상관없는 문제로 받아들이게 된 것은 아닐까. 의료화의 주요한 특징은 질병 발생의 사회경제적·정치적·환경적 요인들을 배제하고 모두 개인의 문제로 환원시키는 소위 '탈정치화'라 할 수 있다. 이것은 단순히 개인이 자신의 건강 습관에 모든 책임이 있다는 것만을 뜻하는 것을 넘어선다. 앞서 오염의 경계선이 새로이 선택되고 전환되는 과정(담배 > 흡연자 > 흡연하는 사람 자체)에서 보았듯이 건강하지 못한 습관을 선택하고 질병을 앓는 것이 필연적인 존재로 낙인찍힐 수도 있다는 사실이다. 하지만, 태어날 때부터 담배를 피울 운명에 빠진 사람은 없으며, 설령 흡연을 한다고 해도 그것이 평생 지속되어야 할 그 어떤 당위성도 없다. 오히려 사회가 '중독에 빠져' '흡연에 빠져' '도덕적으로 타락한 행위에 빠져' 살 사람과 그렇지 않은 사람이 애초에 정해져 있는 것처럼 상상하는 것은 아닌지 성찰해볼 때가 온 것은 아닐까. 지금 우리를 잠식한 코로나19 바이러스처럼 '흡연'이라는 단어를 교체할 수많은 위협 요인들이 창발하는 시대에 살고 있다는 사실이 마음을 더욱 조급하게 만든다.

참고 문헌

김관욱, 2015, 「'오염'된 공간과 몸 만들기: 콜센터의 노동통제 및 여성 흡연자의 낙인 형성 과정」, 『한국문화인류학』 48(2).

정유석, 2018, 「전자담배, 패러다임을 바꿀 때: '트로이 목마'와 '해로움 줄이기'」, 『대한금연학회지』 9(2).

정유석·문옥륜·김공현, 2019, 『전자담배 위기인가 기회인가: 전자담배 위해 감축 이론의 근거 중심적 접근』, 노스보스.

Bell, Kirsten, et al., 2010, "Smoking, stigma and tobacco 'denormalization': Further reflections on the use of stigma as a public health tool. A commentary on Social Science & Medicine's Stigma, Prejudice, Discrimination and Health Special Issue 67(3)", *Social science & medicine* 70.6.

Dixon, H., D. J. Hill and R. Borland and S. J. Paxton, 2001, Public reaction to the portrayal of the tobacco industry in the film The Insider, *Tobacco Control* 10(3).

Graham, Hilary, 2012, "Smoking, stigma and social class", *Journal of Social Policy* 41.1.

Glantz, Stanton, 2002, "Why and how the tobacco industry sells cigarettes to young adults: Evidence from industry documents", *American Journal of Public Health* Vol 92, No.6.

Kim, Kwanwook, Jinyoung Kim and Hong-Jun Cho, 2020, "Gendered factors for heated tobacco product use: Focus group interviews with Korean adults", *Tobacco Induced Diseases* 18.

Ling, Pamela M., Stanton A. Glantz, 2002, "Why and how the tobacco industry sells cigarettes to young adults: evidence from industry documents", *American journal of public health* 92.6.

Stebbins, Kenyon Rainier, 1990, "Transnational Tobacco Companies and Health in Underdeveloped Countries: Recommendations for Avoiding a Smoking Epidemic", *Social Science and Medicine* Vol. 30.

Williamson, Laura, et al., 2014, "Stigma as a public health tool: Implications for health promotion and citizen involvement", *International Journal of Drug Policy* 25.3.